解码硅谷

创新的生态及对中国的启示

马晓澄 著

DECODING SILICON VALLEY'S
TECHNOLOGY INNOVATION ECOSYSTEM:

LESSONS FOR CHINA

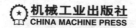

作为世界科技产业的中心,硅谷是怎么形成的?硅谷创新的秘密是什么?硅谷面临哪些挑战?中国可以从硅谷得到什么启示?本书对这些问题做了回答,解析了硅谷科技创新生态系统的运作秘密,介绍了美国斯坦福大学和加州大学伯克利分校的产学互动经验,硅谷科技公司的创新方法,以及美国政府、风险投资、社会文化、华人华侨等在硅谷创新中发挥的作用,并对中国创新事业的发展提出了建议。本书对中国科技产业的从业者、政府官员、大学老师、创新研究学者,以及对硅谷和科技创新感兴趣的读者,都会有重要的参考价值。

图书在版编目(CIP)数据

解码硅谷:创新的生态及对中国的启示/马晓澄著. —北京:机械工业出版社,2019.10
ISBN 978-7-111-63779-0

Ⅰ. ①解… Ⅱ. ①马… Ⅲ. ①企业创新-创新管理-研究-美国 Ⅳ. ①F279.712.3

中国版本图书馆 CIP 数据核字(2019)第 217190 号

机械工业出版社(北京市百万庄大街 22 号　邮政编码 100037)
策划编辑:李新妞　责任编辑:李新妞
责任校对:李　伟　责任印制:张　博
三河市宏达印刷有限公司印刷
2019 年 11 月第 1 版第 1 次印刷
145mm×210mm・9.875 印张・231 千字
标准书号:ISBN 978-7-111-63779-0
定价:59.00 元

电话服务　　　　　　　网络服务
客服电话:010-88361066　机 工 官 网:www.cmpbook.com
　　　　　010-88379833　机 工 官 博:weibo.com/cmp1952
　　　　　010-68326294　金 书 网:www.golden-book.com
封底无防伪标均为盗版　机工教育服务网:www.cmpedu.com

谨以此书献给我的家人

序言　探寻硅谷成功秘诀的佳作

中国创新能力的发展，取决于国家创新体系的完善，同时也高度依赖于区域创新体系的优化。美国的科技创新主要集中在旧金山湾区和大波士顿地区两处，而中国的科技创新不仅聚集在京津冀、长三角、粤港澳等三大区域，更是在杭州、合肥、南京、成都、武汉、西安等新一线城市加快进行创新驱动发展的有效探索。中国的"多区域创新中心"发展模式，将极大地带动中国的创新驱动发展战略，必将引领世界科技创新的潮流。

然而，建设区域科技创新体系，需要科学的规划和系统的组合，其中研究型大学、创新型企业、风险资本、区域创新文化乃至政府需要有条不紊地协同互动，才能真正发挥区域创新系统的价值，期间的失败教训也不计其数。

研究硅谷这个人类历史上最成功的科技创新之都，无疑对促进中国的区域创新驱动发展有强烈的借鉴意义。本书作者马晓澄在加州大学伯克利分校访学的一年间，准确分析了硅谷地区一流的研究型大学、世界一流的创新型企业、高效的政府政策和管理、风险资本的有效发展和区域创新文化的建设五大关键层面的成功要素，深入采访了上百名硅谷的建设者、学习者和研究者，这项规律探索与实证采访相结合的硅谷研究，无疑是十分精彩和成功的。本书所呈现的成果，对我国的国家创新体系的完善、区域创新体系的优化，特别是进一步打造具有国际影响力的科技创新中心，具有重要的价值，我郑重向广大读者推荐此书。

陈　劲
教育部长江学者特聘教授
清华大学技术创新研究中心主任

前言
PREFACE

中国正在经历一波创新创业的大潮。当创新驱动发展已经成为共识,从中央政府到地方政府,从大学到科研院所,从传统产业到新兴产业,从老牌企业到初创企业,从银行管理者到风险投资家,所有人都希望成为创新时代的弄潮儿。放眼世界,中国的对标者在哪里?全球有哪些先进经验可以借鉴?在思考这些问题的时候,很多人都不约而同将目光投向了太平洋对岸的硅谷。在大约100年的时间里,这个地方从一片果园跃升为世界科技创新的中心。硅谷的创新能力飞跃是如何实现的?大学、企业、政府、风投等创新系统的重要参与者都是如何鼓励创新的?中国可以从中学到什么?又有哪些教训需要避免?

带着这些问题,从2018年10月开始,我在加州大学伯克利分校进行了为期一年的访学。在这一年里,我走访了硅谷的多家科技公司和风险投资机构,采访了多名硅谷创新的参与者和观察者,翻阅了大量的书籍著作、研究报告和新闻报道。随着研究的深入,硅谷创新的秘密逐渐清晰起来,本书即是对硅谷创新密码的深入解读和系统梳理。

本书特点

第一,系统剖析硅谷成功秘密。硅谷的成功是多种复杂因素综合起来的结果:加州温暖舒适的气候、聚集的多所高水平研究型大学、两次世界大战和冷战催生的军事高技术需求、信息产业的不断迭代创新、富有创新进取精神的企业、丰富的风险资本……这其中有很多偶然事件,却也蕴藏着一些必然规律。显然,单一的因素无法解释硅谷成功的原因,我们必须采用系统性的方法观察硅谷,才能得出全面和富有说服力的结论。硅谷是一个成功的创新生态系统运行的产物,它的特征是要素的高度聚集、多要素之间的复杂聚合,以及由此产生的惊人聚变。本书对构成硅谷创新系统的大学、企业、政府、资本、孵化器等要素分别进行了解析,并探讨它们之间的互动模式。

第二,用中国视角观察硅谷。在很长时间里,硅谷的发展似乎跟中国毫无关联。但事实上,不管是硅谷发展的早期历史,还是美国斯坦福大学、加州大学伯克利分校等高校的发展过程,都跟中国有着千丝万缕的联系。在探讨硅谷的经验时,本书始终突出中国人的视角:中国在硅谷发展中起了哪些作用?硅谷的做法跟中国有何不同?有哪些值得中国借鉴的地方?本书最后两章也跟中国息息相关,一章介绍华人华侨以及中国公司在硅谷科技产业中的发展状况和作用,一章聚焦中国科技创新的真实现状和所面临的挑战,并揭示硅谷对中国的启示意义。

第三,权威人士提供多重视角。本书每个章节后都附上了我对一些硅谷研究人士的采访,他们有来自斯坦福大学和加州大学伯克利分校等高校的教授,也有来自科技产业界的资深人士,他们是硅谷奇迹的亲历者、参与者、建设者和观察者,他们的观点从不同侧面解析了硅谷成功的秘密。不少受访者都跟中国有着密切联系,这使得他们对硅谷的细致观察能够放在中美对比的视角之下进行,他们的建议对解决中国创新事业当前面临的挑战也更有针对性。

第四,紧密结合时代动向。硅谷发展日新月异,本书尽量采用最新的数据,力求给读者展现硅谷发展的最新态势。更重要的是,我在硅谷的这一年,恰逢美国政府不断升级对华贸易战和科技战,并不断波及中美两国正常商业、科技和教育交流合作。在此期间，我真切感受到美国政府逆全球化的态度对硅谷科技创新生态正常运行的干扰和破坏，这些最新动向都在书中得到了展现。

第五，平衡展现硅谷正反两面。长期以来，硅谷被披上了"神化"的色彩，似乎硅谷的一切都是值得借鉴的先进经验，是值得其他地方学习的科技文明典范。因此叙述硅谷的作品，大多聚焦在硅谷光鲜亮丽的一面，对硅谷的阴暗面和面临的挑战鲜有涉及。但是，硅谷也有很多需要被批判的阴暗面。在本书中，我系统分析了硅谷面临的各方面的挑战，这些挑战可以作为反面教材，提醒我们在走向科技产业升级的道路上，需要特别注意避免走上哪些弯路。

本书结构

本书的结构分成以下几个部分。在第一章，我们将介绍硅谷的基本情况，展现硅谷最显著的特征：奢华气候、亮眼经济和耀眼公司。我们还将穿越时空，回到硅谷在 19 世纪的"欢心谷"时期，讲述硅谷电子工业的早期萌芽，介绍硅谷早期历史上最重要的两个人：威廉·肖克利（William Shockley）和弗雷德里克·特曼（Frederick Terman）；以及最重要的公司：仙童半导体（Fairchild Semiconductor）。我们还将回顾硅谷从半导体产业到个人电脑、从疯狂增长到泡沫破灭、从发展低谷走向再次繁荣的过程。同时，本章将阐明本书的结论：硅谷的奇迹是创新要素高度聚集的结果，形成了包括大学、企业、政府、风投、法律、咨询等科技服务体系在内的完整创新生态，而创新生态内部各个要素之间，特别是"大学—产业—政府—资本"的"四轮驱动"是硅谷成功的直接原因。

在第二章，我们将深入研究硅谷的两所知名大学——斯坦福大学和加州大学伯克利分校。斯坦福大学在硅谷成功中所扮演的重要角色是举世公认的,它是世界上"创业型大学"的最杰出代表。创建斯坦福工业园、推行荣誉合作项目、建立技术转移办公室、设立斯坦福研究院,是支撑斯坦福大学良性产学互动的四根支柱。相比斯坦福大学,加州大学伯克利分校在硅谷崛起中的作用往往容易被人忽略,但伯克利强大的基础研发实力,以及在校内建立的扶持创业的完整生态体系,共同支撑了硅谷的繁荣。在对两所学校分析的基础上,我们将进一步总结出硅谷大学和产业之间的互动经验。

在第三章,我们将深入硅谷创新的主角——企业,选取谷歌、英特尔和苹果这三家在创新能力方面最具代表性的公司,逐一分析它们不竭创新动力背后的秘密。我们将会了解到谷歌的"人本式创新",即找到最优秀的人,营造好的环境,让他们的创意自由生长。我们会看到英特尔独特的"开放式创新"模式,即跟大学建立深层次的联系,利用外部资源增强自身创新能力。我们还会分析苹果公司的"颠覆式创新",看到鲜明的创始人个性是如何影响公司创新战略的,了解其在科学和艺术结合方面树立的难以逾越的标杆,以及苹果公司在技术创新、设计创新、模式创新和营销创新四个方面齐头并进、系统创新的策略。我们还将结合对脸书、特斯拉、领英等其他科技公司的观察,进一步总结硅谷科技公司具有的共同创新特点和模式。

在第四章,我们将分析政府在硅谷崛起中的作用。美国政府在整个国家科技研发中的角色定位是不断演化的,二战后美国科学研究和发展办公室主任万尼瓦尔·布什(Vannevar Bush)发表的报告《科学:没有止境的前沿》,从根本上影响了美国政府的科技政策。现在,美国政府在硅谷乃至全国的科技产业发展上扮演的角色可以概括为方向的领导者、规则的制定者、科研的投资者和产品的消费者。美国政府积极指导科学方向,通过"信息高速公路计划""量子科学计划""人工智能计划"等协调全国一段时间内的科研资源投入重点。美国政府还颁布了诸如《拜杜法案》等一系列扶持创新的法律法规，扫清了国家实验室和大学将联邦政府资助的成果进行转化的障碍。政府通过国家科学基金会、国立卫生研究院等机构，对大学的基础科研进行了支持。诸如全球导航系统、图形用户界面、语音识别等政府支持的基础科技的发展，为硅谷的个人电脑、互联网、移动网络、人工智能等产业繁荣铺平了道路。此外，美国政府还是硅谷产品的重要采购者，在半导体产业早期发展中扮演了不可或缺的角色，现在也依然通过政府采购等方式，提供了科技公司亟须的采购合同。

在第五章，我们将介绍硅谷的资本等科技支撑服务体系，其中包括风险投资公司、孵化器、加速器、法律公司以及咨询公司。我们将回顾硅谷风险投资公司发展的历史，他们不仅提供了初创公司亟须的资金，更重要的是提供管理建议和引入外部资源，不断支持公司成长。以 Y Combinator、Plug and Play、500 Startups 为代表的孵化器和加速器，从实践中摸索出了举办创业营、路演日等独具特色的做法，搭建了大小公司进行资源对接的创新平台，加速了初创公司的成长。在律所和咨询公司方面，诸如威尔逊律师事务所等法律机构不仅仅提供专业法律服务，凭借其在硅谷的人脉资源，也为初创公司提供了很多附加服务，其收费方式有时也因应初创公司特点，采取了用股权替代律师费的创新做法。诸如伯克利研究集团等咨询公司，由于集中了在业界有着丰富经历的人才，得以提供多个领域的专业顾问服务。

在第六章，我们将进一步探讨硅谷成功的深层次因素：硅谷的文化。很多地方都具有类似硅谷的创新要素，特别是美国东部波士顿周围的 128 公路，但是却没有取得类似硅谷的成功。究其原因，硅谷的文化起了根本性作用。其中，企业家精神是硅谷最核心的动力，改变世界的梦想、追求创新的精神、敢于冒险的勇气、质疑权威的态度等，是硅谷企业家的一些共同特征。硅谷的成功还得益于从"淘金热"时期就开始形成的移民文化，这让硅谷得以吸引了全世界最优秀的人才。而硅谷通过人才的频繁流动、人与人之间紧密联系等方式建立起来的复杂连接网络，也是使其成为一个复杂有机的生态系统的重要原因，是硅谷最难以被复制的地方。

在第七章，我们将揭开硅谷繁荣背后的阴暗面。跟全球很多地方一样，硅谷也患有典型的大都市病：高昂的生活成本、难以负担的房价以及极度拥堵的交通。相比表面的光鲜，硅谷的基础设施建设严重滞后于社会需求，特别是讨论多年的穿越硅谷和加州中央谷地，连接加州首府萨克拉门托、旧金山、洛杉矶的高铁项目，历经多次反复，在2019年年初被加州新任州长加文·纽森宣告正式抛弃。此外，硅谷也存在日益严重的不平等：财富不平等、性别不平等和种族不平等，要打破少数族裔以及女性发展存在的玻璃天花板，硅谷依然任重道远。而随着科技发展，"双刃剑"效应也日渐显现，不论是硅谷的科技巨头还是初创公司，近些年来屡屡陷入巨大的争议之中。有些争议是因为管理不善、认知偏差，有些则是因为科技本身带来的隐私侵犯、巨头垄断、信息泛滥、智能危机、算法歧视等，能否解决这些问题，事关硅谷的可持续发展。相比上面这些挑战，美国政府反全球化的态度如果不能得到有效扭转，将会成为硅谷最致命的挑战。

在第八章，我们将把视角投向在硅谷的中国公司和华人华侨群体。我们将走进百度、京东等中国科技公司，了解它们在硅谷的研发和运营。它们所设立的研究中心起了开发前沿技术、吸引优秀人才和对接中美资源的作用。我们还将走进几家硅谷的华人华侨初创公司，这里面既有专注自动驾驶和自动物流的人工智能公司，也有成立不久但已经颇具知名度的风险投资公司，它们代表了一种新生的力量。这里的华人华侨还组建了各种各样的专业技术协会和校友会，建立了一个相互支持的网络。

在第九章,我们将回答本书最重要的问题:中国能从硅谷的成功中得到哪些经验和借鉴?我们将分析日益甚嚣尘上的"中国科技威胁论",剖析美国媒体对中国科技产业存在的"间谍论"、"背景论"和"超越论"三大谬误。我们还将看到一些中国媒体在报道中国科技发展状况的真实位置时,也往往陷入"缺位"、"越位"和"错位"的误区。客观认识当前的中国科技实力,要看到中国存在大学创新机制有待健全、企业创新能力有待提升、政府创新角色有待优化、资本创新服务有待增强四大挑战。借鉴硅谷的成功经验,我们也对提升中国大学、企业、政府和风险投资行业的创新能力提出了一系列建议,作为本书的结尾。

致谢

本书得以面世，有赖于很多人的宝贵帮助。首先我要向新华社广东分社的领导与同事致以最诚挚的谢意，正是因为有广东分社领导与同事们的大力支持，我才能得到这次去美国公派访学的机会，也才会有此次课题的研究。

来自人事局、国际部、音视频部、参考消息报社、财富传媒集团等新华社总社部门和单位，以及旧金山分社、洛杉矶分社等多个兄弟分社的领导与同事都给予了大量帮助，在此一并致谢！

我要感谢我在加州大学伯克利分校的导师茆胜教授，他的邀请让我得以走进伯克利这所世界知名学府，近距离观察和研究硅谷。无数次的深入讨论和悉心指导，也让我不断加深了对硅谷的认识和理解。

我要感谢清华大学技术创新研究中心主任陈劲教授和中心的很多老师，在我申请出国访学和出版此书过程中给予了无私帮助，在我对创新系统的研究上给予了很多宝贵的指导和建议。

我要感谢在百忙之中抽空为本书写推荐语的中国科学院南海海洋研究所所长张偲院士、优客工场创始人毛大庆先生、京北投资创始合伙人桂曙光先生、东方富海投资管理股份有限公司董事长陈玮先生，他们的推荐为本书增色许多。

我还要感谢我在美国期间的所有采访对象。这里由既有在知名科技公司工作的朋友，也有大学教授、风险投资人、孵化器、律师事务所和咨询公司的负责人。他们抽出宝贵时间接受我的采访，使得本书得以超越我个人认识的局限,集合了多人的智慧。由于各种原因,不少人只能匿名处理,他们对我的信任和慷慨相助让我感动。

最后,我要感谢我的家人。从读书到工作,家人一直给予我最大力度的支持。在我出国学习的这段时间里,他们的鼓励是我坚持完成此书的最大动力。

写作此书,于我而言也是一个学习的过程。书中很多议题还需要做更深入的研究,希望本书能起到抛砖引玉的作用,和更多朋友共同探求创新发展的规律。研究中参考了众多资料,虽尽力标注出处,但难免有所疏漏,在此向所有启发我的作者致谢。此外,文中所述仅代表我本人和受访者的观点,跟供职单位无关,书中谬误亦恳请方家不吝指正。

本书和相关研究成果得到中国国家留学基金委员会"国际区域问题研究及外语高层次人才培养项目"的资助,在此亦致以诚挚谢意。

序　言
前　言
致　谢

第一章 硅谷　/1
　　第一节　硅谷概况　/2
　　第二节　硅谷历史　/8
　　第三节　硅谷生态　/24
　　专访《硅谷百年史》作者皮埃罗·斯加鲁菲：硅谷是
　　　　"集群中的集群"　/32

第二章 大学：知识的源泉　/39
　　第一节　斯坦福大学的创新支柱　/40
　　第二节　加州大学伯克利分校的创新创业经验　/52
　　第三节　硅谷的产学互动之道　/67
　　专访加州大学戴维斯分校教授马丁·肯尼：产学互动
　　　　价值"难以衡量"　/72

第三章 公司：硅谷的主角　/79
　　第一节　谷歌：人本式创新　/81

第二节 英特尔：开放式创新 / 88
第三节 苹果：颠覆式创新 / 95
第四节 硅谷公司的创新方法论 / 101
专访加州大学伯克利分校教授大卫·蒂斯："动态能力"助公司从创新中获取价值 / 107

第四章 政府：创新的推手 / 115

第一节 方向的领导者 / 116
第二节 规则的制定者 / 121
第三节 科研的投资者 / 127
第四节 产品的消费者 / 139
专访加州大学戴维斯分校教授弗雷德·布洛克：美国政府在硅谷扮演"活跃角色" / 145

第五章 资本：硅谷的支撑 / 153

第一节 活跃的风险投资 / 154
第二节 孵化器和加速器 / 161
第三节 法律和咨询服务 / 165
专访"硅谷创业大师"史蒂夫·布兰克：风险投资是硅谷创新的"关键转折" / 171

第六章 硅谷的文化 / 177

第一节 企业家精神 / 178
第二节 开放的移民文化 / 184
第三节 复杂的连接网络 / 188
专访硅谷历史协会主席约翰·麦克劳克林：文化是硅谷成功的根源 / 195

第七章 硅谷的挑战 / 201

第一节　高房价及交通拥堵 / 202

第二节　收入、性别和种族不平等 / 208

第三节　科技伦理困境 / 214

第四节　反全球化 / 220

专访加州大学伯克利分校教授理查德·沃克：揭开硅谷的阴暗面 / 227

第八章 硅谷的中国公司和华人华侨 / 233

第一节　在硅谷的中国科技公司 / 234

第二节　华人华侨初创企业 / 238

第三节　硅谷的中国移民组织 / 244

专访中关村科技园驻硅谷首席顾问谈锋：华人华侨对硅谷创新"功不可没" / 248

第九章 硅谷对中国的启示 / 255

第一节　舆论场的"中国科技威胁论" / 256

第二节　中国创新面临的挑战 / 260

第三节　对中国创新事业的建议 / 273

专访创新工场董事长李开复：中美创新生态"几乎相反" / 284

后　记 / 293

第一章 硅　　谷

　　硅谷,创新的代名词,高科技公司的集中地,财富创造的象征。《美国新闻与世界报道》2019年世界排名前四的大学里,有两家在硅谷,分别是斯坦福大学和加州大学伯克利分校。2018年世界市值最高的五家公司,有三家在硅谷,分别是苹果、谷歌(Alphabet)和脸书。2017年,硅谷最核心的圣何塞都市圈人均产值为12.8万美元,如果被当成一个国家,其在世界上的富裕程度仅次于卡塔尔。缔造硅谷辉煌的秘密是什么?

第一节　硅谷概况

打开世界地图，在太平洋东岸、美国西部的加利福尼亚州旧金山湾，从旧金山往南延伸到圣何塞有一片狭长的地带，以斯坦福大学为中心，南北长度大约 100 千米，这就是举世闻名的高科技之都——硅谷。

硅谷并没有一个明确的地理范围定义，它不是一个统一的行政区域，也没有一个单一的地方政府管理。不过，有一个名为硅谷联合投资（Joint Venture Silicon Valley）的非营利性组织，其每年发布的"硅谷指数"（Silicon Valley Index），成了跟踪硅谷的前沿风向标。

根据硅谷指数的定义，早期硅谷只包括圣塔克拉拉县以及圣马特奥、阿拉米达以及圣塔克鲁兹几个县临近圣塔克拉拉县的部分区域。后来，硅谷的范围不断扩大。从 2009 年开始，硅谷指数已经把整个圣马特奥县包括进去，之后因为旧金山市区的科技产业蓬勃发展，所以旧金山也被纳入硅谷指数的统计范围内。[⊖]现在，广义的硅谷还可以包含整个旧金山大湾区。

除旧金山外，硅谷的另一个主要城市是圣何塞，其城市人口在加州仅次于洛杉矶、旧金山，在全美国则排第十位。从圣何塞往西北，硅谷的主要城市还包括英特尔所在的圣塔克拉拉、雅虎所在的森尼维尔、苹果所在的库比蒂诺、谷歌所在的山景城、斯坦福大学所在的帕洛阿尔托、脸书所在的门洛帕克、甲骨文所在的红木城等。

⊖ Joint Venture Silicon Valley, Silicon Valley Index 2019,https://jointventure.org/publications/institute-publications/1760-2019-silicon-valley-index

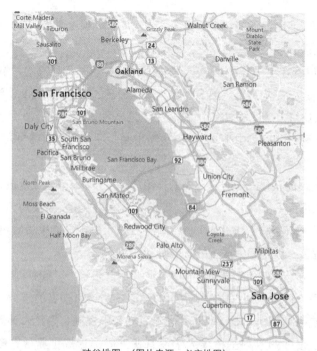

硅谷地图。(图片来源：必应地图)

▶ "奢华"气候

如果问刚到硅谷的人对这个地方的第一感觉,几乎每个人都会对加州的阳光和气候有深刻的印象。阳光可以说是加州最明显的标签,所以加州也经常被称为"金州",加州的其中一支 NBA 球队即"金州勇士队"。加州大学伯克利分校的官方颜色有两种,其中一种就是金色,代表加州的阳光。

硅谷所在的加州属于典型的地中海气候,拥有这种气候的地区只占全球土地面积的 2%,堪称"奢华"气候。其分布于南北纬 30°至 40°的大陆西岸,包括地中海沿岸、黑海沿岸、美国加利福尼亚州、澳大利亚西南部伯斯和南部阿德莱德一带、南非西南部，以及智利中部等地区，因地中海沿岸地区最典型而得名。

2008年至2015年的统计数据显示，硅谷每年最冷的月份为12月和1月，平均最低气温为5摄氏度，最高大约15摄氏度。最热为7月和8月，最低气温为14摄氏度，最高为25摄氏度。5月到9月基本无雨，降雨集中于12月到次年1月，平均降雨量在30毫米到40毫米之间。⊖

加州的气候在硅谷形成中的作用功不可没，很多人就是被硅谷的气候吸引而来。后面将会讲到，硅谷发展过程中扮演重要角色的弗雷德里克·特曼（Frederick Terman），在波士顿求学结束后回到硅谷，很大程度上就是因为这里的气候有利于他养病。

创办硅谷知名加速器Y Combinator、被称为"硅谷创业教父"的保罗·格雷厄姆（Paul Graham）在他一篇知名的文章《如何成为硅谷》（How to be Silicon Valley）中提到，为什么计算机学科实力很强的卡内基梅隆大学没有在其周围形成创新区？答案很简单，其所在的匹兹堡气候太差，特别是冬天，所以没有人愿意住在那儿。即使有很强的技术极客可以创办企业，也没有人去投资他们。⊜

▶ 亮眼经济

若把旧金山湾区所在的加州当成一个国家参与全球经济排名，2017年其经济总量在全世界可以排在第五位。加州经济何以如此之

⊖ Timeanddate.com, Climate & Weather Averages in Silicon Valley, California, USA https://www.timeanddate.com/weather/@6940309/climate
⊜ Paul Graham, How to be Silicon Valley, May 2006, http://www.paulgraham.com/siliconvalley.html

强？这其中，旧金山大湾区科技产业的贡献功不可没。

根据旧金山湾区委员会（San Francisco Bay Area Council）的统计，2017年，旧金山大湾区GDP接近8 000亿美元，是美国第三大都市圈，仅次于纽约和洛杉矶都市圈。如果把旧金山大湾区当成美国一个州来看的话，其经济体量可以排在美国所有州中的第六位。如果把它当成一个国家或单独地区，在世界上可以排在20位以内，高于瑞士和沙特。受益于科技产业的高成长性，旧金山湾区的经济增长率表现抢眼。在2015—2017年的三年时间里，其经济增长率为4.3%，差不多是同期美国全国经济增长率的两倍。⊖

自从2018年中国正式启动粤港澳大湾区建设以来，旧金山大湾区也成为中国湾区建设的对标。以下为世界四大湾区2017年主要数据对比。

湾区名称	旧金山大湾区	粤港澳大湾区	纽约湾区	东京湾区
土地面积（平方千米）	17 886.4	55 905.5	21 478.5	36 898.3
人口（百万）	7.6	69.6	20.2	44.0
GDP（10亿美元）	781.2	1 513.4	1 657.5	1 774.2
GDP增长率（%）	5.3	7.0	0.9	1.9
人均GDP（美元）	102 230	21 750	82 050	40 360

数据来源：香港经贸局，各地政府数据
http://hong-kong-economy-research.hktdc.com/business-news/article/Guangdong-Hong-Kong-Macau-Bay-Area/Statistics-of-the-Guangdong-Hong-Kong-Macao-Greater-Bay-Area/bayarea/en/1/1X000000/1X0AE3Q1.htm

从中可以看出，虽然旧金山大湾区从土地面积、人口、GDP总

⊖ Bay Area Council's Economic Institute, Bay Area GDP Surges in 2017-Now World's 18th Largest Economy, http://www.bayareaeconomy.org/bay-area-gdp-surges-in-2017-now-worlds-18th-largest-economy/

量来看都是四个湾区里面最小的，但是在更能代表发展质量的人均 GDP 方面却遥遥领先，其经济增长率也仅次于粤港澳大湾区，远远高于另外两个同样位于发达地区的湾区。

根据美国商业新闻网站"商业内幕"（Business Insider）的分析，硅谷地区的圣何塞都市圈和旧金山都市圈分别位列美国 2017 年经济最强劲地区的头两位。硅谷还是风险资本的高度聚集地，两个都市圈共接受了美国 40% 的风险投资。⊖

此外，根据美国国家统计局的数据，典型的旧金山家庭每年收入为 9.7 万美元，是全美国家庭收入中位数 5.8 万美元的近两倍。

▶ "耀眼"公司

硅谷是高科技公司的代名词，高科技也是硅谷最显著的特征。那么硅谷的公司已经在多大程度上融入了我们的生活？要回答这个问题，我们不妨先来跟随在硅谷科技公司工作的工程师吉姆一天的生活。

早晨，苹果公司（Apple）的一部 iPhone 手机的闹钟把吉姆从睡梦中叫起，他一天的工作从回复邮件开始。吉姆打开了内有英特尔（Intel）芯片的手提电脑，打开浏览器，上了谷歌的 Gmail 邮箱，回复邮件。

吃完早餐，吉姆开了一部特斯拉（Tesla）汽车出门去公司上班。

⊖ Leanna Garfield and Andy Kiersz, The San Francisco Bay Area's economy is 'defying gravity' — and it reveals how powerful the tech industry has become, Business Insider, Apr. 25, 2018. https://www.businessinsider.com/san-francisco-area-best-us-economy-2018-4

公司的电脑系统使用的是甲骨文（Oracle）的数据服务。他在工作电脑里完成了一个项目计划书，保存为奥多比（Adobe）公司的 PDF 文件，把文档放在一个闪迪（SanDisk）的 U 盘中，到一台惠普（HP）的打印机上打印出来。之后他要去旧金山市区见一位客户，考虑到市区不好停车，于是叫了一部优步（Uber）网约车出门。办完事后，他叫了另一个网约车公司 Lyft 的车回公司。

午餐时间到了，吉姆不想在公司食堂吃饭，想点外卖。于是上了点评网站 Yelp，看一下顾客们对餐厅的评价后下单。吃午餐的时候，他想看看晚上有没有什么地方好玩的，访问在线活动策划网站 Eventbrite，看到周末有场 NBA 金州勇士队的篮球赛，于是登录卖票网站 Stubhub，使用在线支付平台 PayPal，几分钟时间就把票买好了。

下午继续工作，吉姆感觉电脑运行速度有点慢，于是使用赛门铁克（Symantec）公司的杀毒软件，对电脑进行了一次体检杀毒。吉姆马上要跟一个新的合作伙伴有一个电视电话会议，会议开始前登录了领英（Linkedin），看一下合作伙伴的简历。然后使用 Zoom 公司的软件进行了视频会议。

晚上是放松休息的时间。吉姆打开冰箱发现家里没有饮料了，于是上亿贝（eBay）下单，订单显示过两天就会送到家里。他访问视频服务提供商奈飞（Netflix）网站，一边欣赏最新的美剧，一边通过脸书（Facebook）和推特（Twitter）跟朋友聊天。临睡前，他看了一下谷歌日历，看看明天还有哪些日程。

吉姆是一个虚拟的人物，但他的生活，展示了科技公司已经如何渗透到人们生活的方方面面。而上面提到的这些公司都有一个共同的地理位置：硅谷。

第二节　硅谷历史

很难想象,现在被称为"硅谷"的这片世界高科技产业的心脏,直到 60 多年前还是一片果园。这里的历史性巨变,发生于第二次世界大战以后,全球信息技术革命的前夜。时势造英雄,硅谷正是乘着时代潮流而动,而硅谷也塑造了时代。

▶ "欢心谷"

很长一段时间,现在被称为硅谷的这片土地一直由印第安人居住。19 世纪 40 年代,因为"淘金热"的兴起,很多人来到加州。但能淘到金子的幸运儿毕竟只是少数,当很多"淘金者"正准备失望而归时,他们在淘金地周围发现了另一种"黄金"——拥有肥沃土壤、适合种植农作物的圣塔克拉拉谷,并且定居下来。1850 年,圣塔克拉拉开始形成了小村庄。

因为美丽的景色、宜人的气候、无数的果树,这里被人们称为"欢心谷"(Valley of Heart's Delight)。围绕着水果的相关产业开始发展起来。1869 年,随着跨太平洋铁路的建成,这里的水果开始被运往美国其他地方。1906 年,这里的人口增长到 5 000 人。[⊖]

到了 20 世纪 20 年代和 30 年代,这里的水果产业已经相当繁荣:18 家罐头厂、13 家包装干水果的工厂和 12 家物流公司把新鲜水果和蔬菜运往全球各地。繁荣的水果产业需要大量工人,而当地劳动力市场无法满足,当时早期的中国和日本移民填补了这个空白。随后,

---

[⊖] City of Santa Clara, A Brief history of Santa Clara, http://santaclaraca.gov/government/about-santa-clara/city-history

更多的移民来到这里,包括意大利人、东欧人、菲律宾人和墨西哥人等,进一步形成了硅谷的移民文化。

▶ 电子工业的早期崛起

很多人将硅谷的起点追溯到惠普公司成立的 1939 年,或者瓦里安联合公司成立的 1948 年,并且认为硅谷是从一个农业地区跨越常规发展阶段,一跃成为世界科技工业中心的。这种说法忽略了硅谷早期的工业基础。事实上,硅谷的工业根基可以追溯到 20 世纪初,随着电报、无线电通信、电话等技术的成熟,硅谷已经在这些电子工业技术上崭露头角,也为后来的快速发展奠定了坚实基础。

1909 年,斯坦福大学电子工程专业毕业生西里尔·埃尔维尔(Cyril Elwell)成立了联邦电报公司(Federal Telegraph Company),成立过程中得到斯坦福大学首任校长大卫·斯塔尔·乔丹(David Starr Jordan)的支持。埃尔维尔先是开发了新的无线语音通信技术,并且在距离斯坦福大学不远的斯托克顿(Stockton)及加州首府萨克拉门托(Sacramento)之间建立了一条实验线路,邀请公众体验,引起了不小的轰动。当时萨克拉门托市长、一些富有的中国商人及当地银行高管都尝试了这项技术。随后,项目获得了外部资金支持,联邦电报公司正式成立。

1912 年,联邦电报公司因其远超竞争对手的技术优势,很快获得了美国海军的合同,进行舰船之间的远距离通信。第一次世界大战期间,美国海军不仅大量采购了该公司的产品,也不断要求联邦电报公司提升技术参数,以适应越来越复杂的战争需要。

为了进一步提升功率和技术成熟度,联邦电报公司使用了斯坦福大学和加州大学伯克利分校的实验室。作为交换,公司捐给学校无线电通信仪器，教授们则用仪器做物体的绝缘实验，并且根据实验结果发表了论文。从这个过程可以看出，早期硅谷产学互动的实践在联邦电报公司已经开始了。

随着一战结束，海军订单骤然减少，联邦电报公司结束了其黄金时代，被迫开始寻找新的商业合同订单。他们当时还一度想为中国建设跨太平洋的通信系统，并为此跟中国签订了合作协议，不过因为中国政局动荡，这一计划最终未能实现。20世纪20年代中期，联邦电报公司被收购。不过，在联邦电报公司短暂独立运营的时间内，它也派生出了好几家初创企业。㊀

除了联邦电报公司之外，20世纪三四十年代，硅谷在短波无线通信、电视、录音机等领域都有所发展，在美国电子工业版图上已经有了一席之地。

在硅谷历史上起重要作用的联邦电报公司旧址。（图片来源：作者摄）

㊀ Timothy J. Sturgeon, How Silicon Valley Came to be, Understanding Silicon Valley: the Anatomy of an Entrepreneurial Region/edited by Martin Kenney, CA. Stanford University Press, 2000

▶ "硅谷之父"弗雷德里克·特曼

如果说无线电通信等技术的发展为硅谷奠定了基础,二战后,随着半导体产业的崛起,这里才真正成为高科技产业圣地。在这个过程中,有两个人功不可没,他们就是弗雷德里克·特曼以及威廉·肖克利。

特曼曾经担任斯坦福大学工程学院院长和教务长,到目前为止,斯坦福大学历史上还没有哪一个教职员能够像特曼一样留下如此鲜明的印记。正是在特曼的倡导鼓励下,斯坦福才确定了跟产业界良性互动、支持创新创业的办学定位,使斯坦福成为硅谷创新的不竭源泉。他自己也身体力行,帮助学生创新创业。

特曼出生于 1900 年,在他 12 岁的时候,特曼的父亲成了斯坦福大学的心理学教授,研究领域是儿童天赋。[⊖]于是,特曼跟随父母搬到了斯坦福大学。特曼从小就在斯坦福大学风景如画的校园内长大,他展现了过人的天赋,在斯坦福大学获得化学学士学位和电气工程硕士学位。

1924 年,特曼在美国东部的麻省理工学院获得电气工程博士学位,他的博士生导师是后来对美国政府支持科研活动产生巨大影响的万尼瓦尔·布什。布什后来担任了美国科学研究和发展办公室负责人,在他的倡议下,美国在战后设立了国家科学基金会。麻省理工学院和布什对特曼一生带来了深远影响,让他知道学校教授不应该只是埋头做学问,大学也不应该和产业界脱节,而是要把理论和实践相

⊖ Dawn Levy, Biography revisits Fred Terman's roles in engineering, Stanford, Silicon Valley, Stanford News Report, Nov. 3, 2004 https://news.stanford.edu/news/2004/november 3/Terman-1103.html

结合。

在特曼获得博士学位的那一年，他患上了肺结核，大部分时间需要卧床休息。1925年，特曼回到他成长的斯坦福大学任教，加州宜人的气候是吸引他回来的重要原因，因为这有利于他养病，回到加州后他的病情确实也得到了缓解。

在斯坦福，特曼教授真空管、电路等实用课程，说服产业界给学校捐献仪器设备，他的研究也聚焦于解决产业界需求的方向，他会组织学生到当地的一些公司进行田野调查。他的学生中，就包括后来创立惠普公司的大卫·帕卡德（David Packard）和威廉·休利特（William Hewlett）。

帕卡德后来回忆这些田野调查的经历时说道："在这里，我第一次看到年轻企业家在他们自己建立的公司里研发新设备。一天特曼教授跟我说，我们参观的很多公司以及这个国家大量的公司，都是由没有经过正规教育的人所创办的。如果这些人能够得到正规的工程教育，再配合少量的商业教育，这些公司会更加成功。"

正是在这种氛围的影响下，两位学生也萌生了创业的想法。在特曼的辅导下，1939年帕卡德和休利特创办了惠普。惠普的第一款产品是音频振荡器，这个产品方向也来自于特曼的指导。靠着在业界的广泛人脉，特曼还为他的学生列出了25个潜在客户，其中包括最早购买这款产品的迪士尼公司首席音频工程师，这成了美国西岸的旧金山科技产业以及洛杉矶娱乐产业相互促进发展的一个经典案例。

二战期间，特曼被派往哈佛大学领导无线电研究实验室，该实验室开发的技术用于建设干扰发射台，作为对德国雷达的反制措施。在此期间，他也承担对诸如通用电气等军方工业合作伙伴的教学任务，教他们如何生产器件。

这段经历进一步加强了他对工业界的理解。他在写给一位同事的信中说道:"我学到了很多东西,我从来没有意识到,当你有了一个很好的设备工作原理后,要让它达到可以生产的程度,还有那么多工作要做。比如大量的图纸、一系列详细的设计,需要解决具体的测试、标准化等问题。"

二战后特曼回到斯坦福大学,担任工程学院院长。他在 1951 年提议设立了斯坦福工业园,这个举措对斯坦福大学后来的发展产生了深远影响。斯坦福工业园使得校园周边聚集了一些高科技企业,也吸纳了大量的斯坦福毕业生,产生了良好的产学互动。特曼后来在 1955 年到 1965 年间担任斯坦福大学教务长,使得他可以在全校的平台上推行自己的理念。

特曼曾经说过这么一段话,高度概括了他所参与创造和见证的硅谷奇迹。他说:"当我们在硅谷刚刚开始创建一个技术专家组成的社区时,这里几乎一无所有,而世界看起来巨大无比。现在,世界的很大部分就在这里。"

弗雷德里克·特曼教授。(图片来源:斯坦福大学官网,https://news.stanford.edu/news/2004/november3/Terman-1103.html)

斯坦福大学之前的工程角,建筑正上方还留有"工程"字样。(图片来源:作者摄)

肖克利半导体实验室和"八叛徒"

硅谷历史上,还有一位灵魂人物,他就是威廉·肖克利。肖克利在英国出生,后来移民到了美国,在加州理工学院接受本科教育,后来在麻省理工学院获得博士学位,毕业后进入贝尔实验室工作。在那里,他和其他人一起发明了晶体管,并且于1956年获得了诺贝尔物理学奖。

二战期间,肖克利应美国国防部要求提供了一份研究报告。这份报告指出,如果美国对日本本土发动全面进攻,要达到打败日本的目的,预计会造成美方170万~400万人伤亡。这份报告给美军提供了重要参考，促使美军下决心投下原子弹，由此也加速了日本无条件投降。

1955年，肖克利回到家乡帕洛阿尔托，成立肖克利半导体实验室。肖克利之所以愿意过来，还因为帕洛阿尔托就是他长大的地方，他母亲也是斯坦福大学的毕业生。当时母亲年事已高，肖克利也希望来到离母亲近一点的地方工作。

当肖克利从贝尔实验室出来时，本来想说服几位同事跟他一起出来，但认识他的人都了解他糟糕的脾气，没有人愿意跟他共事，他于是从全国各地物色了很多优秀的年轻科学家加入。

肖克利是慧眼识人的高手，而且在学术和研发方面能力突出，但他的个性和管理风格难以令人忍受。很多人形容他傲慢、专断、听不进去意见，经常威胁员工说要解雇他们。一次，他的秘书在握门把手时把手弄伤了，肖克利固执地认为是有人故意陷害，要求用测谎仪对员工们进行测试。事后证明，这名秘书只是不小心被图钉刺伤了而已。他跟下属之间的间隙越来越不可弥合。

真正让矛盾爆发的，是肖克利在研发方向上与团队成员之间出现了分歧。于是在短短两年后的1957年，他团队中的八个科学家要求当时肖克利半导体实验室的资助者贝克曼更换领导，遭到拒绝后，他们八个愤而集体辞职，成立了仙童半导体公司。肖克利为此大发雷霆，斥责这些人是"八叛徒"。

晚年，肖克利还因为坚持人种的"基因优劣论"而备受争议，他认为白人和黑人之间存在智力差异，而处于所谓社会底层的黑人生了更多孩子，这种模式对社会无益。显而易见，任何一个文明社会都不可能容忍这种言论。1989年，肖克利在众叛亲离中死去，他的儿子也是在报纸上才读到他的死讯。

威廉·肖克利。(图片来源：Alcatel-Lucent USA Inc., Computer History Museum)

▶ "黄埔军校"仙童半导体

离开肖克利的这八个人都是在各自领域富有天赋的顶尖人才，他们发明了批量制造硅晶体管的平面处理技术，发明了集成电路技术，从而进一步打开了电子产业的大门。1960 年到 1965 年之间，仙童半导体无论从技术还是市场角度衡量，都是半导体产业的龙头老大。

不过好景不长，到 1965 年，仙童半导体内部管理也产生了问题，之前给予他们投资的仙童照相和仪器公司买断了仙童半导体的控制权，这让创始人们变得富有，但是也让他们失去了创业的热情。一些创立者相继离开。1961 年，包括让·霍尼（Jean Hoerni）在内的四个肖克利半导体的"叛徒"离开仙童半导体创业,之后离开的是查尔斯·斯波克(Charles Sporck),他带领四个同事加入了国家半导体公司,1968年,另外两个重量级人物罗伯特·诺伊斯和戈登·摩尔也离开了,仙童半导体遭受了毁灭性打击。

事实上,仙童半导体可谓半导体产业界的"黄埔军校",在其工作过的人衍生出来的公司,后来在硅谷叱咤风云。据统计,在接下来20年时间里,有65家新创立公司可以追溯到仙童半导体的渊源。

比如,罗伯特·诺伊斯和戈登·摩尔离开仙童半导体创立了英特尔公司;尤金·克莱纳后来和同伴成立了知名投资公司凯鹏华盈;曾经在仙童半导体做过市场推广的唐纳德·瓦伦丁创立了红杉资本。

"八叛徒"。(图片来源:Wayne Miller Photos, Computer History Museum)

于肖克利半导体实验室和仙童半导体公司而言,这些人的不断离去是一大损失。但是这却在硅谷形成了一个影响深远的传统,即离职后另起炉灶自主创业。这种叛逆精神和人才的频繁流动也成为硅谷文化的一个重要部分。

▶ "硅谷"诞生

1971年1月11日,曾经在仙童半导体工作过的记者唐·霍夫勒(Don Hoefler)第一次在媒体上使用"硅谷"这个词。

在20世纪60年代的时候,一些政府官员在访问这里的国防合同承包商时就使用了"硅谷"这个词。当时霍夫勒是一份名为《电子周报》(Electronic News)的杂志的记者。这份周报在当地很有影响力,每周一上午会投递到电子产业管理者和经理们的办公桌上,他们会阅读完才开始一周的工作。在当地甚至有个说法,如果有什么新闻没有出现在这份报纸上,就相当于它没发生过。

当时霍夫勒已经花了数周时间撰写一篇描述20世纪60年代圣塔克拉拉谷半导体产业繁荣的报道。一天,有位做市场推广的朋友打电话给霍夫勒,邀请他前去旧金山共进午餐。在交谈时,其中一个人提到了"硅谷"这个词。

当时,霍夫勒的眼睛顿时发光,问:"硅谷?这个名字从哪里来的?"这名朋友说:"大家都这么叫。"当时大家只是觉得这个说法很好玩,没有太在意,然后就开始谈论下一个话题了。⊖

回到办公室时,霍夫勒本来已经完成了报道,但他马上打电话给纽约的周报办公室,要求改标题。当他的报道刊出来时,读者们都注意到上面用了一个醒目的标题:美国硅谷。此后,硅谷这个词就开始流行起来了。

⊖ David Law, "Who named Silicon Valley?", Computer History Museum, Jan 07,2015, http://www.computerhistory.org/atchm/who-named-silicon- valley/

第一章 硅谷 019

唐·霍夫勒。（图片来源：Computer History Museum，https://www.computerhistory.org/atchm/who-named-silicon-valley/）

"硅谷"第一次出现在大众媒体上。（图片来源：Computer History Museum，https://www.computerhistory.org/atchm/who-named-silicon-valley/）

从半导体到个人电脑

从仙童半导体离开的罗伯特·诺伊斯和戈登·摩尔于1968年创办了英特尔公司。1969年,另一家重要的半导体公司超威半导体(AMD)诞生。

20世纪60年代末到70年代初,半导体产业发生了根本性变化。早期,对半导体产业的最大需求来自军方。20世纪60年代,美国军方采购占半导体产业市场比例的50%,之后该比例开始下降,到了1972年,美国军方采购只占半导体产业的12%。另一方面,消费电器对半导体产品的需求则在不断上升,硅谷的主要服务对象开始从"军"转"民"。

1972年,从仙童半导体离职的尤金·克莱纳和汤姆·帕金森等一起创立了风险投资公司凯鹏华盈,风险投资产业在硅谷开始渐成气候。

与此同时,围绕半导体的制造也衍生出很多其他产业链条,包括仪器和测量设备等。

20世纪70年代的硅谷,创立公司、找到投资、寻找场地、雇用员工、开始运作……这些甚至可以在数周内完成。一种乐观的情绪在硅谷弥漫,人们创业的热情被极大地点燃,工程师们都有这样一个信念:只要你能制造出一个伟大的产品,你的门槛就会被人踏破。这个时代也被乔布斯称为制造"疯狂而伟大的产品"的时代。

之后,半导体产业开始面临来自日本供应商的激烈竞争,日本产品的价格更加低廉,这给硅谷的公司带来了很大压力。1986~1992年,硅谷当地的经济增长只有0.7%。

到了20世纪70年代末80年代初,硅谷的发展重点开始从半导体转向个人电脑制造和电脑软件。最具代表性的是1976年苹果公司诞生。1977 年,甲骨文公司诞生。1982 年,太阳微系统公司诞生。

1994 年,杨致远和斯坦福大学的同学大卫·费罗创办了雅虎,同年马克·安德森和吉姆·克拉克创立了网页浏览器公司网景,他们共同开启了互联网时代。

英特尔公司的成立,是 20 世纪六七十年代硅谷的标志性事件。(图片来源:作者摄)

从疯狂增长到泡沫破灭

自从集成电路发明以来,硅谷就获得了爆发式增长。以就业岗位为例,1959 年硅谷大概有 1.8 万高技术岗位,1971 年达到 11.7 万,1990 年达到 26.8 万。从 1992 年到 1999 年,硅谷增加了超过 23 万个工作岗位。⊖

电子产业、电脑产业和电脑软件业创造了巨大财富的同时,房价

⊖ Michael Aaron Dennis, Silicon Valley, Encyclopedia, Britannica, https://www.britannica.com/place/Silicon-Valley-region-California

也开始疯涨。2000年，硅谷房价中位数已经是全美大都市区中位数的两倍。

一股狂热的情绪在硅谷蔓延，资本的贪婪和膨胀达到了顶峰。当时，美国知名风险投资家、凯鹏华盈公司合伙人约翰·多尔（John Doerr）有一句名言，他称互联网为"这个星球历史上最大的一波合法财富创造"。

在这样的背景下，大概从1995年开始的短短五年时间内，互联网公司股票市值疯长到远超实际价值，危机也在慢慢酝酿。

2000年，互联网泡沫正式破灭。2005年，硅谷互联网公司的市值只剩下高峰时期的1/3，这也使得硅谷的工作机会大大减少，失业率攀升。硅谷的风险基金也从2000年的1055亿美元，锐减到了2004年的209亿美元。

在此后的2008年金融危机中，被炒高的硅谷住房泡沫也破灭了，硅谷房价中位数下降了30%，有些地方甚至下降了50%。2008年到2009年期间，硅谷的失业率达到了10%。[⊖]

后来，多尔为自己当时的不当言论道歉，认为这助长了急功近利的心态。

▶ 面向21世纪

在互联网泡沫破灭的同时，一股新生力量也在悄然崛起。智能手机的普及以及基础设施的改善，推动世界进入移动互联网时代，而硅谷在这一波潮流中依然发挥着引领作用。

一马当先的是苹果公司，随着乔布斯在1997年回归苹果公司，

⊖ Michael Aaron Dennis, Silicon Valley, Encyclopedia, Britannica, https://www.britannica.com/place/Silicon-Valley-region-California

苹果又获得了活力，依靠其 iPhone、iPod、iPad 等产品，掀起一波波电子产品消费热潮，"苹果"也成为"创新"的代名词。

1998 年，谷歌诞生，开启了搜索引擎的新时代。随后，以移动互联和社交为重点的一批明星公司不断涌现，如 2002 年成立的领英，2004 年成立的脸书，2006 年成立的推特，2010 年成立的 Instagram。与此同时，新能源和智能交通领域的创业也在硅谷兴起，典型代表是 2003 年成立的特斯拉，以及 2009 年成立的优步。

现在，信息技术革命浪潮依然持续，硅谷依然处于它的黄金时代。在经历了计算机革命、互联网革命、移动互联网革命后，新一波智能革命正在兴起。我在硅谷的这一年期间，感受到"人工智能"已经成为硅谷最热门的词汇。利用人工智能改变医疗、教育、交通、金融等产业的案例层出不穷。打着谷歌自动驾驶 Waymo 标志的汽车不断在硅谷的道路上穿梭，硅谷的未来，依然充满无限想象。

在硅谷路面上进行路测的谷歌自动驾驶汽车。（图片来源：作者摄）

第三节 硅谷生态

是什么成就了硅谷背后的奇迹？几乎每一个到硅谷的人都要问这个问题。有人说是因为有伟大的公司，有人说是因为有斯坦福和伯克利这样的一流大学，有人说是因为军方在二战期间的持续资助……事实上，单一的结论无法解释硅谷成功的秘诀。硅谷的成功不仅仅是因为有人才、资本、技术等创新要素的聚集，更重要的是这些要素之间频繁而密切的互动，形成了一个孵育创新的良性生态系统。

▶ 聚集：创新要素的高度集合

在《天才地理学》(the Geography of Genius) 这本书中，作者埃里克·韦纳 (Eric Weiner) 说："如果你回顾世界历史，追寻天才们从何而来，你会发现他们不是随意出现，而是出现在特定时间特定地点，可称之为'天才集群'。"[1]

公元前 450 年左右的雅典，出现了苏格拉底、柏拉图和亚里士多德三大哲学家。15 世纪意大利的佛罗伦萨，出现了达·芬奇、米开朗基罗和多纳泰罗等声名显赫的艺术家。18 世纪的维也纳，出现了贝多芬、莫扎特、舒伯特等享誉世界的音乐家。

回望人类历史上形成的几个创新高峰，它们都具有明显的共同特征：专业化分工、聚集效应和紧密合作，因此可以高效促进知识流动、增强创新者之间的学习。所以，"天才集群"的现象看似偶然，实则必然。与其说这些天才刚好都聚集在这些地方，不如说是这些地方催生了天才。

---

[1] Eric Weiner, The Geography of Genius, US, Simon & Schuster Paperbacks, 2016

同样，硅谷也具备天才成长的土壤。20世纪70年代后的硅谷，涌现了史蒂夫·乔布斯、杨致远、拉里·佩奇、谢尔盖·布林、马克·扎克伯格、埃隆·马斯克等天才企业家。他们之所以能成批地出现，是因为世界上没有哪一个地方能够像硅谷这样具备创新要素的高度聚集。

在大学方面，这里同时拥有斯坦福大学和加州大学伯克利分校两所世界级学府。两校的计算机专业以及多个工程类专业，更是傲视群雄。科技企业方面，这里集中了惠普、英特尔、超威半导体等重量级企业。现在，美国其他地方以及各个国家的信息技术领军企业，无一不在硅谷设有研发中心或者办公室。比如微软、亚马逊，韩国的三星，中国的华为、百度、阿里巴巴、腾讯等。国家重点研发机构方面，这里同时拥有劳伦斯伯克利国家实验室、斯坦福线性加速器两个美国国家实验室以及美国国家航空航天局埃姆斯研究中心。此外，斯坦福周围的沙丘路，是全球风险资本最为集中的地方。沙丘路3000号附近，集中了红杉资本、凯鹏华盈等诸多著名风险投资公司总部。硅谷小小一块地方，集中了全美国40%左右的风险投资。

斯坦福大学旁边的沙丘路3000号集中了众多风险投资公司。（图片来源：作者摄）

不过，单纯的地理聚集并不必然带来创新效益。更关键的在于，这些聚集在一起的元素相互之间产生聚合，并由此产生聚变。这其中最有代表性的，是大学、产业、政府、资本之间的紧密互动。

▶ 聚合："大学—产业—政府—资本"的"四轮驱动"

20世纪90年代，学者亨利·埃茨科威兹（Henry Etzkowitz）和罗伊特·雷德斯多夫（Loet Leydesdorff）提出了"三螺旋理论"⊖，提出大学、产业、政府三者之间的互动产生了创新，这一理论对理解创新经济意义重大。

在硅谷，还有一种力量在创新中扮演重要作用，那就是资本。鉴于资本在创新经济发展中不可替代的作用、资本与科技公司在运作上的根本不同，以及资本与大学、政府互动时所体现出的独有特色，有必要将其与以科技公司为代表的"产业"区隔开来。硅谷的创新，就是"大学—产业—政府—资本"的"四轮驱动"的结果。

第一，大学和产业的互动。传统观点认为大学只有两个职能：教育和研究。但硅谷的发展，特别是斯坦福大学的实践告诉人们，大学可以有第三个职能，那就是促进产业发展。大学促进产业发展主要依赖于三种途径，第一种是依靠学校设立的技术转移办公室实现原始技术的商业化，让大学成为产业界的技术源泉。第二种是通过教授和产业界的互动而产生知识流动。这种互动体现在大学教授为产业界提供咨询服务，到产业界兼职，或者直接离职到产业界发展。第三种途径

⊖ Henry Etzkowitz, Loet Leydesdorff, The Triple Helix: University-Industry-Government Relations: A laboratory for Knowledge based economic development, Glycoconjugate Journal, Jan 1995, https://www.resear-chgate.net/publication/241858820_The_Triple_Helix_-_-University-Industry-Government_Relations_A_Laboratory_for_Knowledge_Based_Economic_Development

是大学为产业界提供高质量毕业生，或者大学为产业界提供大量培训，进一步提升产业界劳动力的技能和素质。

而产业界对大学的支持，体现在吸收了大量大学毕业生，成为就业的最大载体。来自产业界富有经验的管理和工程人员也会到大学任教或者充当创业导师，进一步丰富大学的智力资本来源。另外，产业界也为大学提供了一些科研资金资助，通过共建实验室、联合研发、设立讲席教授基金等方式支持大学发展。

第二，大学和政府的互动。政府对大学的支持主要通过两种途径实现，一种是为公立大学系统提供资金支持。第二种是为大学提供强大的基础科研资金支持。在美国，大学最大的基础科研支持来自于两个联邦政府机构，即美国国家自然基金会（NSF）和国立卫生研究院（NIH）。

而大学通过承担这些项目资助的课题，也为政府带来大量新兴技术突破。比如二战期间，美国哈佛大学、麻省理工学院、斯坦福大学和加州大学伯克利分校等均承担了很多战时的特殊研发任务，为美军在战场上获得优势提供了不可或缺的支撑。典型的如加州大学伯克利分校物理教授奥本海默牵头的"曼哈顿计划"成功研发了原子弹，加速了战争的结束。直到今天，由大学负责管理的国家实验室如劳伦斯伯克利依然源源不断地为美国政府带来技术突破。

第三，政府和产业的互动。一些人认为，美国作为一个自由市场经济体，政府之手在产业发展上的影响是很有限的。但回顾硅谷崛起的历史不难发现，正是政府的积极推动促进了产业界的发展。政府作为方向的领导者，其提出的诸如"信息高速公路计划"等项目为硅谷互联网产业的发展提供了很好的助力。政府作为规则的制定者，通过一系列法律法规和营商环境的营造，为产业界的发展提供了良好的竞争和生长环境。此外，政府还是某些战略性产品的早期采购者和使用者,当半导体产业还处在新生阶段时,政府是最大的市场,这为该产业早期发展提供了至关重要的成长机会。而产业界也"投桃报李",为社会贡献税收、拉动经济增长、解决就业问题。

第四,资本和产业的互动。资本通过提供产业发展初期亟须的资金,帮助产业度过"死亡之谷"。此外,资本还为产业提供了优质的投后服务,扮演初创公司创业导师、咨询顾问的角色。而产业对资本的贡献在于,通过企业的高成长让资本所有者及其管理人获取高额回报,资本会将这些回报继续投入其他初创公司的投资之中,产生了源源不断的资金流。

第五,大学和资本的互动。在美国,大学基金会一直是风险投资的重要来源之一。在2017到2018年期间,斯坦福的大学基金产生了30亿美元的投资收益,其中部分投资收益来源于包含风险投资的私募股权投资。在过去五年时间里,斯坦福大学基金的投资收益率为9.4%,高于同期美国大学基金会投资收益率中位数的7.2%,[⊖]这跟斯坦福大学基金管理团队的运作成效有关,也跟当地风险投资的活跃有关。此外,大学也通过设立风险投资公司扶持和鼓励学生创办的企业。这里最为典型的是加州大学,其2015年宣布设立2.5亿美元的风险资本,[⊖]用于投资大学内教授、学生、校友等创办的初创公司。基金的运营由硅谷知名投资人、NBA球队萨克拉门托国王队共同所有者维韦克·拉纳德(Vivek Ranadive)负责。

而资本对大学的回馈,体现为很多风险投资人经常会在斯坦福大

⊖ Stanford News, Stanford releases annual financial results for investment return, endowment, Oct 4, 2018, https://news.stanford.edu/press-releases/2018/10/04/stanford-releases-annual-financial-results-investment-return-endowment/
⊖ Katie Roof, University Of California Investing $250 Million In Startups, Dec 15, 2015, https://techcrunch.com/2015/12/15/university-of-california-launches-250-million-venture-fund/

学和加州大学伯克利分校上课。比如硅谷风险投资人约翰·多尔、彼得·蒂尔都曾经在斯坦福开课，更有大量风险投资人以受邀嘉宾的方式参与课程及与学生的互动。另外，风险资本还会为大学提供资金捐赠，比如，斯坦福大学统计系所在的办公楼就由红杉资本捐赠，并被命名为红杉资本楼。

由红杉资本捐赠的斯坦福大学统计系大楼。（图片来源：作者摄）

第六，资本和政府的互动。一方面，美国政府通过制定或者放宽相关的法律法规和监管政策，影响风险投资产业的发展。比如，1978年美国把长期资本利得税的最高税率从49.5%降到28%，1981年进一步降为20%。1979年，美国放宽了有关养老金不得进入风险投资行业的规定，这一举措为行业创造了大笔资金来源，从而对硅谷风险投资行业的发展起到了重要推动作用。而资本对政府的贡献包括直接缴纳税收，或者通过帮助科技公司的成长而间接地提供就业岗位，以及推动利用科技手段解决社会和人类面临共同挑战。

▶ 聚变：硅谷生态系统

在"大学—产业—政府—资本"的聚合中，硅谷产生聚变，成了目前为止全世界最为成功的一个区域创新生态系统。

生态系统是在一定空间中共同栖居着的所有生物（即生物群落）与其环境之间由于不断地进行物质循环和能量流动过程而形成的统一整体。早在 20 世纪 80 年代，学者们就发现，一个国家和地区的创新，不是单一因素决定的，而是由多个因素相互影响共同推动的。因此，从生态学的理论中得到启发，产生了区域创新系统的概念。

我们可以把硅谷想象成一片由茂密森林组成的生态系统，森林的成长离不开水分、阳光、空气和土壤。科技创新产业的兴盛，也离不开人才流动、资本注入、政策支持以及相应的社会文化环境。

谷歌、苹果、英特尔就如同这片森林中的参天大树，从这些树上生长出无数的枝干和树叶，就如同那些琳琅满目的产品线和各式各样的产品。除了大树之外，这片森林里更多的是那些仍然在努力成长的小苗，它们是硅谷无数的初创企业，其中的一些也将成长为日后的大树。小树和大树相互竞争，又共生共荣。

树的生长，必须要有源源不断的水源滋养。硅谷的水，就是人才。以斯坦福大学和加州大学伯克利分校为代表的高等学府，既为科技公司的技术突破提供了原始创新，又源源不断输送了高质量人才。人才所掌握的技术和想法，就如同水中所携带的营养物质。水是流动的，人才亦然。随着水的流动，营养也不断输送往这个生态系统中的其他地方。在硅谷，频繁的人才的流动极大促进了知识和技术的分享，带来了整个生态圈的繁荣。

在水之外，另一个必不可少的要素是空气。硅谷的空气，就是由政府创造出来的科研和营商环境。在硅谷，联邦政府和州政府通过出台一系列的法规鼓励创新，而不会介入企业的具体微观运营，因此绝大多数时候，硅谷的公司不会感觉到政府角色的存在，但政府的作用却必不可少。

森林中树木的生长，还需要有阳光的照射。金色的阳光，就如同公司成长不可或缺的资本和专业指导。以凯鹏华盈、红杉资本等为代表的风险投资公司以及 Y Combinator、Plug and Play 等孵化器和加速器，为初创型公司提供了初始起步资金，在树木经历市场和竞争的寒冬时给予宝贵的温暖，并一路将公司扶持壮大。

森林的繁盛，需要有肥沃的土壤。硅谷的土壤，就是这里长期以来形成的改变世界、敢于冒险、开放包容、密切联系的文化。这是硅谷最难以被复制的地方，也是世界上很多地方模仿硅谷的尝试最终失败的最主要原因。如果不能理解这点，即使把这片森林中的树木移植到其他地方去，也可能会因为水土不服而最终死亡。

在硅谷这个生态系统中，各种要素快速流动、迅速组合，不断循环往复。新的公司如雨后春笋般层出不穷地冒出，一些熬不过竞争的树木变成枯木，一些被淘汰的旧产品如落叶飘零，同时又滋养了这片肥沃的土壤，形成了一派生生不息的创新图景。

接下来几章，我们将逐一分析硅谷生态体系的重要扮演者们。

专访《硅谷百年史》作者皮埃罗·斯加鲁菲：硅谷是"集群中的集群"

皮埃罗·斯加鲁菲（Piero Scaruffi）简介：皮埃罗·斯加鲁菲出生在意大利，后来移民到硅谷，是一名神经科学家和自由作家。他对硅谷历史的研究产生了广泛影响，出版了畅销书《硅谷百年史》。他还在人工智能和认知科学、音乐、电影等领域有深入研究，出版了很多相关领域的书籍，曾经在加州大学伯克利分校开设"知识的历史""心智理论"等课程，并曾担任哈佛大学和斯坦福大学访问学者。

问：我们先从《硅谷百年史》这本书讲起，写这本书的想法是怎么产生的？

答：这不是我的主意，我当时认为这是个愚蠢的想法，这是我朋友阿伦·拉奥的主意。他在旧金山做风险投资，看到我在个人网站上写文化、历史方面的东西。当时我在写关于摇滚音乐的文章，要知道没什么人会从严肃的角度来看待摇滚音乐。我也写爵士音乐，写印度和中国文化。然后他就问我，你已经在硅谷30年了，为什么不写写硅谷的历史？一开始我说不行，这是个愚蠢的想法，没人会感兴趣的。我是对的，在硅谷没人对历史感兴趣。

之后阿伦就开始自己着手写，而我当时在尝试找世界上那些文明中心之间的共同点，希腊雅典、意大利佛罗伦萨、法国巴黎……还有中国、印度、伊拉克、土耳其伊斯坦布尔，看到在某些时候突然爆发出文明。我尝试去找到这些地方的共同点，但我没有找到，所有这些地方都是不同的。如果说有一个共同点的话，那就是不可预测性。如果你生活在古埃及，别人问你下一个的世界创造力中心在哪里？你肯定答不出来。之后我想，在我们这个时代，哪个地方是世界的文明中心？在 50 年前，大家不会预测到硅谷会是下一波改变世界的浪潮的中心。所以我开始对加入这本书的写作感兴趣了。我们的书不仅仅讨论特曼、肖克利、乔布斯、扎克伯格这些人物，我们也讨论社会文化因素。

问：您在书中对硅谷 100 年的发展历史做了详细回顾，其中有大量事件和细节，它们都非常重要。在您看来，如果一定要找出最关键的转折点，会是哪些？

答：一个是建立仙童半导体的时候。当时这帮年轻人决定离开他们的老板，开创全新的事业，他们有制造晶体管的不同想法。他们的第一个顾客是 NASA，他们用的不是自己的钱，而是从风险投资中获得资助，那也是风险投资开始不断给初创企业写支票的时候，之后他们衍生了很多初创企业。

第二个重要时刻是 1971 年英特尔发明了微处理器。之后出现了软件。硅谷之前是硬件的天下，大家说这里的一切都跟"硅"相关。然后出现了阿帕网，这个原本只是用于学术研究的东西，衍生出了互联网。然后网景公司发明了浏览器，这是另外一个重要的时刻，因为从那个时候开始人们可以接触到海量的信息，然后以此为基础进行商业活动。比如之前你想买杂志，你可能通过电子邮件告诉对方你想要买，对方发邮件回复可以，你再寄一张支票给对方，对方给你寄杂志。这不是电子商务。而有了网景后，卖家可以在网上展示杂志，顾客支付后就可以完成交易。所以，网景改变了世界，改变了硅谷。

互联网泡沫在 2000 年左右破灭，对硅谷来说是最严重的一次衰退，很多人预测硅谷要完了，所有的预测都是悲观的。然后在 2004 年脸书成立，危机中的幸存者从错误中学习，所以这是硅谷发展中的另一个重要时刻。

问：确实都是很重要的转折。在这些发生之前，20 世纪初无线电广播产业在这个地区就已经很繁荣了，您怎么看待这段历史在硅谷形成中的作用？

答：它奠定了一个电子爱好者群体的基础。当时联邦电报公司成立，后来变成无线电工程技术的领跑者。在圣何塞也建立了无线电站，要知道当时无线电站可是稀有之物。所以从 20 世纪开始，就看到这里的人们在推动工程技术，很多人虽然有自己的正式工作，但他们会把无线电技术当成自己的爱好，这是一个很好的基础。

问：在帕洛阿尔托的惠普车库门口立着一块加州历史遗迹的牌匾，上面写着这里是硅谷诞生的地方。很多人都认为 1939 年惠普的成立是硅谷的起点。

答：是的，这是以斯坦福中心论出发的结论。但我认为那段时间的特殊之处在于斯坦福大学教授弗雷德里克·特曼鼓励学生创业。即使如此，当时又有多少斯坦福大学的学生创业呢？所以我认为以斯坦福为中心的理论有点过于夸张了。我认为也应该归功于威廉·肖克利，他真的创办了一个事业，雇用了一帮有才华的年轻人，寻找风险投资。

问：您去过中国多次，有时候是演讲，有时候是作为游客，您观察到硅谷和中国之间在创新上存在哪些文化差异？

答：中国是个很大的国家，有不同的省份、不同的城市，不同的地方有不同的文化。在美国你也可以观察到类似的情况，加州跟得州和纽约就很不一样。所以把中国当成一种单一文化来和美国比较并不容易。不过如果要比较的话,最大的不同是政府的角色。在中国,政府的角色非常重要。在硅谷,我们很高兴政府能购买科技公司的产品,但政府没有计划出个人电脑,政府不会决定我们要做哪些行业。但是在中国,政府会决定要发展电子商务、发展人工智能等,很多东西是自上而下的。这是其中一个不同。

另一个是创造性。很多伟大的想法一开始看起来都是愚蠢的。现在大家显然都把手机变成了电脑,但一开始这是一个愚蠢的想法。还有互联网,刚开始是一个军事工具,只用于小范围的组织,如果当时就想用互联网连接全世界,那也是一个愚蠢的想法。所以当你有一个愚蠢的想法,听起来不可能的想法,但还是有人愿意来听,这就是一个很大的优势。在中国,风险投资家会去听那些流行的事情,比如人工智能受欢迎了,他们就会对人工智能感兴趣。在硅谷则不同,他们当然会去听那些受欢迎的东西,但他们也会去听那些还没有流行起来的想法。

还有一点是,中国还没法吸引很多外国移民。这是一个巨大的差异。因为你可以了解硅谷吸引了来自亚洲、欧洲和美国其他地方的科学家和工程师们。世界上只有极少数地方有这个能力。

如果回顾硅谷的历史,往回看50年、60年、70年,你会看到这个地方的人总是想改变世界。当然他们不一定都是好的改变,但有这种改变的抱负,从那些诗人、音乐家身上也能看到这种精神。当科学技术来临时,也会受到这种精神的影响。如果你去看技术的来源,当然包括资金、大学教育还有一部分政府的作用,但很重要的还有这种精神,去做一些不同的事情的精神,这种精神存在于这片土壤之中,我所看到的中国在这点上还不够。

问：您对硅谷成功模式的总结是什么？您怎么看待硅谷作为一个大学、政府和产业互动的创新生态系统？

答：我有时候会对经济学家感到生气。原因是，硅谷这里是一个不同的生态系统，我不认为经济学家们真正理解这个系统。经济学家喜欢谈论集群，在硅谷出现之前他们的理论都是正确的。底特律是一个集群，一开始硅谷也是一个集群。集群是某个产业里面集中了一些大公司，其他公司提供产业链支撑。底特律是汽车制造业的集群，是一个典型的集群。但在硅谷，谷歌、脸书、英特尔、甲骨文、爱彼迎、优步、基因泰克、特斯拉、英伟达这些公司都是他们所在领域的第一，所以这里不是一个传统的集群，硅谷的独特之处在于它拥有这么多不同领域都很成功的公司。当马斯克创业时，人们告诉他硅谷不生产汽车，现在怎么样？现在硅谷确实就在造车。如果明天有人说我们要生产鞋子了，我相信他们也会在这里取得成功。所以，只把硅谷当成一个集群是不对的，这是其一。

如果你还是把硅谷当成一个集群的话，想想苹果公司。苹果是一个集群，但它并不局限于这个地理区域。苹果手机在中国组装，它的零件来自世界各地，所以这是一个虚拟的集群。不像底特律，产业链都在那里。所以硅谷发展了这种分布式供应链。

我的观点是，硅谷拥有产生集群的能力，它是集群的集群。它可以产生全新的商业机会，比如优步在这里诞生，它所需要的配套公司可以在这里，也可以在全球任何地方，这是一个全新的概念。传统的经济学家不太能理解这个观点。硅谷下一个大公司可能处于任何一个领域。

在传统的集群里大家只会重视跟那个产业相符的创意，如果你在通用汽车公司里提出来一个创意，人们就会问：这个有助于生产汽车吗？在硅谷，你从谷歌出来后可能去做房地产，或者任何其他不相关的行业。

所以，珍视伟大的想法、愚蠢的想法、不可能的想法，这就是硅谷的秘密。它吸引了全世界各地的人们还有资金来到这里。风险投资家来到这里后也会改变他们的工作方式。我认识一个风险投资家，三年前她从纽约来到硅谷。我问她你喜欢硅谷吗？她说当然，一切都不同了，我虽然做相同的事情，但变成了一个不同的人。当你拥有这种精神，你就能产生集群中的集群。

问：作为一个长期研究硅谷的人，对于世界上其他模仿硅谷的尝试，您会对他们说什么？

答：你不可能再造一个硅谷，因为硅谷是一个社会，你不可能复制一个社会，但你可以从硅谷学到一些东西。我一直跟别人说的是，因为我自己也是一个移民，所以要珍视移民的价值。斯坦福和伯克利的很多伟大科学发现就是由移民做出来的。你可以复制硅谷的某些方面，比如建立一个风险投资系统。但是如果社会不改变文化氛围，你如何实施这套系统呢？你可以强迫风险投资往哪里投钱吗？所以，世界上很多地方学错了东西。他们只是看到了技术的一面，而忽略了拥有自己独特的文化。

第二章 大学：知识的源泉

硅谷创新生态系统的运行从哪里开始？人才。而大学就是吸引人才的最大磁场。

硅谷及其周边有不少高校，包括斯坦福大学、加州大学伯克利分校、加州大学旧金山分校、加州大学戴维斯分校、加州大学圣塔克鲁兹分校五所研究型大学。根据美国国家科学基金会对美国高等学术机构科研投入的统计，在2017财年，硅谷地区的这五所大学有四所在科研投入上位于全美前30位。其中加州大学旧金山分校位列全美第3，斯坦福大学位列第9，加州大学伯克利分校位列第26，加州大学戴维斯分校位列第30。[1]这些研究型大学为硅谷科技公司提供了大量的科学家，培养了大量的创业者。

在研究型大学之外，硅谷较为知名的学校还包括旧金山大学、旧金山州立大学、圣何塞州立大学、圣塔克拉拉大学等。硅谷地区还拥有多所加州社区学院，它们为硅谷提供了大量充足的高技术劳动力。

在所有这些学校中，堪称硅谷支柱的就是斯坦福和伯克利。两所学校在密切与产业界的合作、推动地区科技创新活动发展方面，树立了标杆。接下来我们将以这两所学校为案例，详细解剖硅谷的产学互动之道。

---

[1] National Science Foundation, Higher education R&D expenditures, ranked by FY 2017 R&D expenditures: FYs 2008–17, https://ncsesdata.nsf.gov/herd/2017/html/herd2017_dst_20.html

第一节　斯坦福大学的创新支柱

在很多人看来,斯坦福大学就是硅谷的中心。斯坦福大学在支撑硅谷创新创业上的作用是如此巨大,以至于它开创了另外一种大学形式——"创业型大学"。

2011年,斯坦福大学对校友做了一份大规模调研,问卷发送给14.3万斯坦福校友,收到了2.7万份回复。调查显示,有大概4万家依然活跃的公司可以追溯到斯坦福,并推测它们创造了540万个工作岗位。如果单独把这些公司集中起来计算,产值总量可以成为全球排名第十的经济体。[①]斯坦福之所以能取得现在的辉煌成就,得益于100多年前一对夫妇的远见。

▶ 斯坦福大学诞生的故事

斯坦福大学建立于1885年,它的创办者是曾经担任加州州长的铁路大王利兰·斯坦福(Leland Stanford)及其夫人简·斯坦福(Jane Stanford)。尽管夫妇俩声名显赫,但创办斯坦福大学的过程却显得有些悲壮。

斯坦福夫妇对他们唯一的儿子小利兰·斯坦福疼爱有加,但1884年,孩子在一次去欧洲旅行的过程中死于伤寒,年仅15岁,这让夫妇俩悲痛不已。他们希望用一种方式纪念他们的孩子,最后认为建一所大学是最为合适的选择。"加州的孩子就是我们的孩子",利

---

① Charles E. Eesley, William F. Miller, "Impact: Stanford University's Economic Impact via Innovation and Entrepreneurship", Foundations and Trends in Entrepreneurship, 2018, Vol. 14, No. 2, pp 130–278.

兰·斯坦福这么说道，"要通过对人类文明的影响去促进公共福祉。"

利兰·斯坦福一家摄于 1878 年。（图片来源：斯坦福大学档案馆）

当时，利兰·斯坦福捐出了其位于旧金山南部帕洛阿尔托的 8 180 英亩的农场，用于建设校园。1891 年，大学开始运营，它的正式名称为"小利兰·斯坦福大学"（Leland Stanford Junior University）。

值得一提的是，斯坦福大学首批学生有 555 名，其中就有后来成了美国总统的赫伯特·胡佛（Herbert Hoover）。后来这位斯坦福地质学专业的毕业生去中国工作了一段时间，他也是美国历任总统之中唯一一个会说点中文的。

华人劳工在斯坦福大学的建设中曾经发挥过重要作用。斯坦福大学考古学家梅根·维克托（Megan Victor）介绍说，在利兰·斯坦福还未把农场捐出来建设校园时，他已经雇用了一些来自中国的工人在农场进行一些维护工作。1885 年当校园建设开始时，华人劳工建了如今斯坦福校园内的一些标志性建筑，比如一进斯坦福校门就能看到的棕榈大道上的棕榈树，即由中国工人栽种。斯坦福校园正中心的椭圆形草坪，也是由中国工人所建。近两年的考古发掘中，考古学家们在校园内曾经由中国工人居住过的宿舍中挖掘出了典型的中国餐具，更进一步佐证了之前的文献记录。

斯坦福大学校园正中心的椭圆形草坪。（图片来源：作者摄）

斯坦福大学首任校长大卫·斯塔尔·乔丹（David Starr Jordan）对学校的定位是，它不分宗教派别、不分男女、不分贫富，它要培养有教养的、对社会有用的人才，教授传统的人文社会科学，以及新兴的工程和技术知识。

跨学科研究在斯坦福大学得到相当大的重视。斯坦福大学的创校先驱们，在对中心校园的设计中就体现出希望加强学科之间交流的意愿。斯坦福的中心是一个四方院，四方院的每个角度各有一个学科组团。现在四方院的西北方向是数学角，东北方向是历史角，西南方向是地理角，东南方向是语言角。这四个专业方向彼此迥异，但组团之间用拱廊连接起来，蕴含着对不同学科之间加强连接和对话的期望。

斯坦福大学建立的前期非常困难，大学开始运营两年后的1893年，老斯坦福去世，斯坦福大学立即陷入了财政危机。当时已经65岁的简·斯坦福接手大学的运营,显示出了她对办好大学的全力奉献以及坚韧不拔的毅力。虽然有人建议把学校关停一段时间,但简·斯坦福坚持学校不能中断。为此,她省吃俭用,把个人花销省下来投入大学,全力支持大学的运营。她还一度尝试变卖她的珠宝,只是没人购买。

当时斯坦福大学有一个名为爱德华·罗斯(Edward Ross)的教授,经常发表种族主义言论,很多言论针对当时的华人劳工,并且还支持针对华人的各种限制政策,引发巨大争议。而这对依靠大量华人劳工建设太平洋铁路而发财致富的斯坦福家族而言,肯定是不可接受的。简·斯坦福对这些言论非常不满,坚持让这名教授离职。

1905年,她立下遗嘱,在她死后就把珠宝变卖,得到的钱只能用于为大学购买书籍和出版材料。这个珠宝基金当时为50万美元,现在已经变为2 000万美元,还在源源不断为大学补充新的书籍。

1906年旧金山大地震,给斯坦福校园带来了很大破坏,一些新建建筑还没有来得及使用就被摧毁了,那段日子是斯坦福非常艰难的时期。不过斯坦福大学终究挺过来了。从1906年一直到二战时期,斯坦福不断完善院系,相继组建了法学院、医学院、教育学院、工程学院、商学院、人文与科学学院等,一个研究型大学的格局初步显现。1941年斯坦福建校50周年纪念之际,胡佛塔完工,成为校园的标志性建筑。

二战后,斯坦福大学迎来了命运的转机。随着半导体产业的崛起,大学跟硅谷的良性产学互动对学校的发展起到了巨大推动作用。现在,斯坦福大学已经跃升为世界一流学府,在世界四大权威大学排行榜(ARWU世界大学学术排名、USNEWS世界大学排名、QS世界大学排名、泰晤士高等教育世界大学排名)中,斯坦福大学都位于世界前四。

斯坦福大学目前拥有 7 个学院。学校强调跨学科研究，为此共建了 18 个跨学科研究所，这些研究中心不隶属于任何一个学院，而是直接对学校的副教务长和研究主任负责。学校共有 1.6 万名学生，2 100 名教师，其中有 17 名诺贝尔奖获得者。斯坦福大学的本科生录取率仅为 7%，是全美最难进的大学之一。每年招进来的本科生大约在 2 000 人左右，而斯坦福的师生比为 1∶5，年度预算为 16 亿美元。较为充足的资金和师资资源以及较低的录取率，使其成为美国最有代表性的"精英大学"之一。

胡佛塔是斯坦福大学的标志性建筑。（图片来源：作者摄）

它的学生结构比例，充分体现出以技术为重点、性别均衡、种族成分多元的办学特色。8 000 多名本科生中，有 40% 来自工程学院。2018 年秋季入学的 1 700 名本科生中，按性别来看，女生占比 51%，男生占比 49%；按人种来看，白人占 30%，亚裔占 20%，西班牙裔占 17%。㊀

㊀ 资料来源：斯坦福大学官网，www.stanford.edu

斯坦福大学何以在二战后取得如此大的成功？斯坦福大学是如何和产业界互动的？设立大学工业园、建立荣誉合作项目、设立技术转移办公室、建立斯坦福研究院，是斯坦福大学加强和业界互动的四大支撑系统，也是斯坦福崛起的秘诀。接下来，我们将逐一分析。

"硅谷引擎"：斯坦福工业园（Stanford Industrial Park）

二战后，斯坦福大学陷入了财政危机。斯坦福大学有大片未利用的土地，只要出售其中的一小部分就能大大缓解大学的经济压力。但是利兰·斯坦福曾经立过规定，斯坦福大学校园的土地永远不得出售。当时在斯坦福任教的弗雷德里克·特曼发现，利兰·斯坦福并没有规定不能出租土地，于是提议出租斯坦福的土地给产业界，一方面可以促进斯坦福的研究，帮助斯坦福大学毕业生就业，另一方面土地的出租收益也可以帮助斯坦福度过财政危机，为当地提供税收收益。

斯坦福位于硅谷的正中心。斯坦福大学是全美国占地面积最大的大学之一，直到现在依然还有大量未开发的土地。（图片来源：斯坦福大学官网，https://visit.stanford.edu/plan/）

1951 年，斯坦福和其所在的帕洛阿尔托市政府正式合作，设立斯坦福工业园。最先启动的土地为 209 英亩，瓦里安联合公司办公楼第一个破土动工，并于 1953 年投入使用，成为这里的第一个租户。设立以来，这个工业园见证了很多辉煌的成就和突破，更印证了特曼的远见。

在这里：瓦里安联合公司开发了微波管，成为卫星技术和粒子加速器的基础；乔布斯在这里设立了 NeXT 电脑公司，为个人电脑下一代图像和音频处理能力做足了准备；马克·扎克伯格把脸书总部搬到斯坦福工业园期间，平台用户量从 2 000 万增长到 7.5 亿；特斯拉的电动汽车在这里诞生……

值得一提的是，施乐公司 1970 年在斯坦福工业园设立了帕洛阿尔托研发中心（PARC），它开发出了个人工作站、图形用户界面等划时代技术，堪称硅谷历史上最为成功的公司研发中心之一。正是从施乐公司的技术中得到启发，才有了乔布斯后来的丽萨和麦金塔电脑的图形用户界面设计，并引领了个人电脑领域的风潮。遗憾的是，施乐公司自己未能够在商业化这些技术上进行投资，导致其无法在硅谷的成功中扮演更重要的角色。

20 世纪 70 年代，斯坦福工业园更名为斯坦福研究园（Stanford Research Park）。目前，这个园区占地面积为 700 英亩（约合 4 200 亩、283 万平方米），面积相当于 4 个故宫（72 万平方米）。园区内有 150 多家公司分布在 140 座建筑里，2.3 万人在这里工作。目前在这里的知名公司有特斯拉、惠普、福特、洛克希德·马丁、SAP、瓦里安、Skype、施乐 PARC、杜邦等。

斯坦福研究园的存在，对大学产学研合作产生了显著的促进效应。入驻研究园的公司，可以方便地吸引斯坦福大学的优秀毕业生。而公司的管理人员和技术人员，可以很便捷地来到校园上课、听讲座，和教授互动。学生不仅可以在毕业后就在学校周围找到工作,他们和大学老师之间的联系也可以进一步延伸到课堂之外。

瓦里安联合公司是斯坦福工业园的第一个租户,直到现在公司依然还在斯坦福研究园内运营。(图片来源:作者摄)

斯坦福荣誉合作项目(University Honors Cooperative Program)

斯坦福荣誉合作项目也是特曼教授于1954年倡议成立的。它开创了一项传统,即工业界人士可以被派到斯坦福进行在职学习并获得学位,同时不必辞去工作。

1955年,该项目迎来了第一届23名学生,他们来自通用电气、惠普、斯坦福研究院等产业机构。最初,很多学生都必须来到校园听课。随着技术的发展,尤其是互联网的普及,项目得以突破地理距离的限制,迎来更广泛的参与者。

该项目现在由斯坦福职业发展中心管理,项目学生与斯坦福全职学生享受同等权利,学生可以随时到课堂听课,享受学校图书馆资源,也可以通过网络课程的方式完成学业。

虽然在职人士攻读商学院提供的工商管理硕士（MBA）学位在中国和很多其他国家已经是很普遍的事情，但斯坦福这一荣誉合作项目的特别之处在于，其大部分是针对工程类专业，比如电脑科学、电气工程、机械工程、管理科学和工程，几乎覆盖工程学院内的所有专业，而完成学分的学生将可以获得工程类研究生硕士学位。

后来担任斯坦福大学校长的约翰·轩尼斯（John Hennessy）曾经在1977年到20世纪90年代教授系统编程、编程语言等课程。他说，来自工业界的学生让他更深刻体会到，课堂上不应该仅仅教授基础知识，更应该跟工程实践紧密相连，让学生学有所用。

他说道："荣誉合作项目让大学和产业界缩短了距离，这对斯坦福的成功是非常关键的。这个项目带来了相互尊重，让我们更好地理解了大学和工业界的互补角色。它让教授们可以参与到公司中，了解工业界在做什么事情，也会促进技术转移。"

而很多科技公司很欢迎这类项目，也支持员工参加，因为他们知道这将会显著增加员工的竞争力，让员工了解大学的研究方向，从中可以获得灵感和启发。曾经在惠普从事电路设计工作的工程师吉姆·胡德（Jim Hood）这么描述参加项目的体会："当上课时间来了的时候，我就会来到斯坦福参加电路和设备网络原理课程。下课后我马上回到公司，把学到的东西付诸实践。"⊖

▶ 技术许可办公室（Office of Technology Licensing）

斯坦福的技术许可办公室在全世界高校内树立了典范。它的成

⊖ Dawn Levy, Honors Cooperative Program celebrates 50 years of educating professionals, June 8, 2005, https://news.stanford.edu/pr/ 2005/pr-scpd-060805.html

立,得益于一位叫尼尔斯·J.赖默斯(Niels J. Reimers)的员工,正是他的远见、坚持和游说,才有了这个后来被诸多大学仿效的办公室。

1968年,赖默斯加入斯坦福大学担任资助项目办公室副主任,主要工作是和诸如联邦政府等大学科研资助者协商合同。办公室同时也接收研究者的发明披露,然后他会把这些披露定期传给资助这些研究的联邦政府部门。

在加入斯坦福之前,他在一家高科技公司做工程师和合同经理。这段经历让他明白,一些来自大学的发明可能会产生较大的商业价值,不仅可以给工业界带来不菲的利润,大学也可以从中获得经费来扩充自身的研究财力。

但赖默斯发现,在技术转移方面,自从20世纪50年代以来斯坦福一直是跟外面一家负责技术许可的公司合作,这家公司权力很大,可以决定是接收还是拒绝这些教授的发明。在15年时间里,这家公司总共给斯坦福带来了不到5 000美元的收益,明显偏少。

为了改变现状,赖默斯对其他学校做了调研,包括麻省理工学院、加州大学和威斯康星大学。这些学校一般是依靠律师来做技术转移的工作,由律师准备和提交专利申请,然后申请专利保护,不过结果也不尽如人意。

赖默斯认为,大学应该设立专门负责技术转移的机构,这个机构必须要有几个关键因素:聚焦于发明推广的便利化,给许可官一定的权限和责任,提供给发明者一定的激励。至于申请专利等具体法律业务,可以交给外面的律师公司来做。

1968年夏季,他花了数月的时间向大学校长、院系主任、资助项目办公室主任等游说,让大学先建立一个技术许可的探索项目。当他得到所有的批准后,当年就开始付诸实施。一年后,当大家评估这个项目的价值时,已经产生了5.5万美元的收益,是过去15年收益的 10 倍。

这个结果很容易说服大学继续这种模式。在时任教务长威廉·米勒（William Miller）的支持下，斯坦福大学技术许可办公室于 1970 年 1 月 1 日正式运行。而赖默斯也成为办公室主任以及唯一的许可官。⊖

在头四年时间里，办公室每年平均收到 50 项的新技术披露，并对外许可 28 项。在此之后，学校收到的新技术披露以及获得的收益节节攀升。2016 到 2017 财年，斯坦福从 808 项技术中获得了 4 500 万美元的收益。56% 的对外许可技术产生了超过 10 万美元的收益，有 5 项发明产生了超过 100 万美元的收益。

斯坦福大学技术许可办公室的工作流程是这样的：教授首先向技术转移办公室提交表格，披露自己的发明。办公室收到后，会安排专人负责这项发明的全流程服务，跟教授见面讨论，了解技术的可行性、应用领域和潜在的市场价值。然后，办公室会决定是否为该发明申请专利。这时，办公室会综合考虑该技术的新颖性、竞争技术的情况以及市场规模。与此同时，办公室会对技术进行推广，如果有公司需要技术的话，就会进入谈判环节。而谈判成功后，办公室还会继续跟进技术的应用情况，根据情况适时调整。

在收益分成方面，技术许可产生的收益，会先扣掉 15% 作为技术许可办公室的运作成本，剩下的净利益分成三部分：1/3 给个人，1/3 给系，1/3 给学院。而购买技术的公司可以选择两种合作模式：一种是缴纳专利使用费，一种是交换股权。谷歌是斯坦福大学技术许可办公室最成功的股权投资案例，为其带来了 3.35 亿美元的收入。不过总体而言，斯坦福大学以专利使用费方式获得的收益更多。

由于斯坦福大学技术许可办公室的成功运营，其被视为业界的

⊖ Hans Wiesendanger, A History of OTL, https://otl.stanford.edu/history-otl

"金牌标准",这项制度的影响也远超斯坦福大学本身,其他大学和技术研究机构纷纷仿效成立技术许可办公室。

斯坦福研究院(Stanford Research Institute)

除了以上三个支柱,在斯坦福大学历史上,还有一个机构在加强大学和政府、产业的联系上发挥过重要作用,它就是斯坦福研究院,简称 SRI。

斯坦福研究院在 1946 年由斯坦福大学校董们倡议成立,位于斯坦福大学校园附近的门洛帕克,目的是让大学的研究走出校园,更广泛地让社会受益。斯坦福大学校友、美国总统胡佛也曾介入过该机构的创办。研究院创立之初,就鲜明地具有跟社会需求紧密结合的导向。

20 世纪 40 年代洛杉矶雾霾严重,引发了美国对空气污染的关注。1947 年,SRI 开始研究污染形成原因和防控方法,并于 1949 年到 1955 年期间举办了三次全国性的研讨会。这些研究和行动促成了美国政府在 1955 年通过空气污染控制法案。

20 世纪 50 年代,沃尔特·迪士尼(Walter Disney)聘请了斯坦福研究院作为其咨询顾问,就其在加州洛杉矶附近兴建迪士尼乐园提供建议。根据 SRI 的建议,沃尔特·迪士尼在洛杉矶旁边的安纳海姆选定了地址。1955 年,世界上第一家迪士尼乐园正式开业,开业第一年吸引了大约 500 万名游客,接近 SRI 当初做的人流估算。

20 世纪 70 年代,反越战运动在美国社会风起云涌,斯坦福大学因为 SRI 承担了一些军方项目而被学生反对,认为大学是在助纣为虐。后来,SRI 正式从斯坦福大学分出来,更名为 SRI International。

现在,该机构的研究范围得到进一步扩展,帮助产业和政府提供研究、开发、商业化等一系列服务。目前,其在全球范围内共有 1 700

多名员工，在计算机科学、生命和医药科学、国防和安全、空间和海洋、教育和学习等领域具有强大的研发实力。

SRI International 对硅谷的成功功不可没。在其 70 多年的历史上，它帮助带来了众多改变人类社会的技术，比如鼠标就是在 SRI 工作的道格拉斯·恩格尔巴特（Douglas Engelbart）研究出来的。SRI 在癌症治疗、手术机器人等领域都具有开创性贡献，还是世界上最早研究人工智能的机构之一，其孵化的公司 Siri 于 2007 年被苹果公司收购，现在已经广泛运用于 iPhone 中。

第二节 加州大学伯克利分校的创新创业经验

当提起硅谷成功的原因时，很多人的第一反应是斯坦福大学，而另一所大学却经常被人忽略，而事实上它对硅谷的形成和发展功不可没，这所学校就是加州大学伯克利分校。

在计算机科学发展的贡献方面，伯克利曾经研发出加州第一台计算机（Caldic）、精简指令集计算（RISC）、伯克利 Unix 软件分发版、冗余廉价磁盘阵列（RAID）等，[⊖]这些都对计算机行业发展产生了深远影响。

在培养知名企业家方面，伯克利培养出了苹果公司共同创始人史蒂夫·沃兹尼亚克、提出集成电路发展规律"摩尔定律"的英特尔创始人戈登·摩尔、缔造了英特尔辉煌的总裁安迪·格鲁夫、谷歌前任董事长埃里克·施密特和特斯拉共同创始人马克·塔彭宁等硅谷领军人物。

⊖ Martin Kenney and David C. Mowery, Public University and Regional Growth: Insights from the University of California, US. Stanford University Press, 2014

▶ 伯克利概况

1849年，加州通过了第一部宪法，其中提到加州要建立一个包括大学在内的完整教育系统，这为加州大学后来的成立埋下了伏笔。1866年，加州利用美国联邦政府的土地拨赠法案，建立了一所农业、矿业和机械学院。

在加州农业、矿业和机械学院建立之前，奥克兰已有一所在实际运行的私立加州学院。1868年，在多方力量的努力下，这两所学校合并组建了新的加州大学。1873年，加州大学搬到了奥克兰以北、加州学院校董们此前购买的一片可以远眺旧金山市区并将之命名为伯克利的地方。进入20世纪，为了适应加州不同地区经济发展的需要，加州大学在洛杉矶等地建立了分校，但都归位于伯克利的加州大学管理。

20世纪50年代后，各个校区要求更大的独立办学自主权的呼声日益高涨。1951年，加州大学洛杉矶分校成为第一个享有跟加州大学伯克利分校同等办学地位的高校，两校校长都向加州大学总校长负责。尽管如此，加州大学洛杉矶分校办学依然存在诸多掣肘。1957年，随着支持加州大学系统全面改革的克拉克·卡尔（Clark Kerr）上任加州大学校长，他赋予了各个分校高度自主权，由此形成了现有的加州大学治理体系。现在，加州大学共有10个分校，每个分校之间的地位都是平等的。

伯克利也是跟亚洲和中国联系最为紧密的美国大学之一。伯克利东亚图书馆馆长周欣平跟我说，当伯克利刚刚建校时，就有一位校董提出，伯克利应该把面向亚洲作为其区别于美国东部强校的特色。在这位校董看来，虽然当时太平洋对岸对美国的重要性远无法跟大西洋对岸相比，但历史将证明，未来太平洋对岸将更加重要，后来历史的发展也印证了这位校董的前瞻性眼光。2018年伯克利秋季入学的42 519名学生中,亚洲背景的学生为14 144人,占比为33%。○

伯克利历史上还出现过一位华人校长田长霖,这也是美国顶尖大学中第一次由华人担任校长。田长霖1935年出生于武汉,幼时四处躲避战乱,后来颠沛流离到台湾。他从台湾大学毕业后,跟人借钱到美国留学。这样一个自称为"穷孩子"的人,在日后取得了骄人的成绩。他用一年多的时间攻读下普林斯顿大学的博士学位,后来到加州大学伯克利分校机械工程系任教,从事热传导研究,年仅26岁就获得伯克利最年轻的"杰出教授奖"。1990年,他从200多名候选人中脱颖而出,被加州大学校董会选为伯克利第七任校长,直到1997年离职。

加州大学伯克利分校中心,萨瑟塔是伯克利的标志性建筑。(图片来源:作者摄)

田长霖担任校长期间,正值加州政府大量削减教育开支,他为了伯克利的发展尽心尽力,四处筹集资金。他当时说:"对伯克利而言,

○ 资料来源:加州大学伯克利分校官网,www.berkeley.edu

问题不是我们能否生存下去，而是我们到底是选择卓越还是选择平庸。"由于早年因华人身份而备受歧视，所以他在校长任上极力倡导种族平等，实行入学种族配额制。

在伯克利东亚图书馆内的一面墙上，摆放着一些伯克利的知名东亚校友的图片。其中包括知名物理学家吴健雄、台湾地区政治人物宋楚瑜、美国能源部前部长朱棣文和日本软银集团孙正义等。

而中国人较为熟知的伯克利校友还包括孙中山长子孙科。数学家陈省身、作家张爱玲、"清华国学院四大导师"之一的赵元任曾经在伯克利工作过。中国工程院院士、中星微电子创始人邓中翰是伯克利历史上第一个获得理、工、商三个领域学位的人。著名数学家丘成桐、经济学家钱颖一、国际关系专家阎学通等，都曾经在伯克利求学或者工作。

伯克利东亚图书馆墙上的知名东亚校友像。（图片来源：作者摄）

▶ 伯克利的高水平研究

2019年是加州大学伯克利分校建校151周年。151年来,伯克利为人类科技进步做出的贡献举世公认。

1943年,伯克利物理教授罗伯特·奥本海默(Robert Oppenheimer)领导"曼哈顿计划",许多伯克利师生参与到原子弹的研发过程中。值得一提的是,奥本海默虽然被称为"原子弹之父",但他个人反对将核技术用在战争中。

1980年,伯克利科学家提供了恐龙灭绝原因的证据,证实6 500万年前一颗小行星或者彗星撞击地球造成了恐龙的灭绝。1981年,电脑科学家大卫·帕特森(David Patterson)领导的项目产生了一种让电脑中央处理器可以更简单、更便宜以及更快的设计方法,即精简指令集。2012年,伯克利的詹妮弗·杜德娜(Jennifer Doudna)发明了CRISPR基因编辑技术。伯克利及劳伦斯伯克利国家实验室的研究人员共发现了16种化学元素……

根据美国新闻与世界报道(The U.S. News and World Report)2018年10月30日发布的世界大学排行榜,加州大学伯克利分校被评为全球第四,位于哈佛大学、麻省理工学院和斯坦福大学三所私立大学之后,在公立大学类别中排名世界第一。[一]根据上海软科世界大学学术排名,过去10年里伯克利一直位于全球最顶尖的五所学校之列。

伯克利历史上共产生了107位跟伯克利相关的诺奖获得者,仅次于哈佛大学和剑桥大学。现在在伯克利任教的诺贝尔奖得主有八人。[二]走到位于伯克利校园中心钟塔的西北角,一眼就可以看到一排

[一] Yasmin Anwar, UC Berkeley ranked worlds, No. 1 public, No. 4 overall, by U.S. News, Oct 30, 2018,https://news.berkeley.edu/2018/10/30/usnewsrankings 2018/
[二] 加州大学伯克利分校官网, www.berkeley.edu

标注为"NL"的车位（NL 即英文中的 Nobel Laureate 简写），这是伯克利校园内的诺奖得主专用停车区域。说起这个区域的设置，还有一段有趣的故事。

1931 年，伯克利物理学家恩内斯特·劳伦斯（Ernest Lawrence）设计了第一个回旋加速器，打开了通过粒子物理探究物质世界结构的大门。1939 年，劳伦斯成为伯克利历史上第一个获得诺贝尔奖的教授。在这之后的数十年里，伯克利教授又获得了多个诺贝尔奖。由于伯克利校园内停车位非常紧张，一开始有人开玩笑，提议应该奖励给诺奖得主一个固定车位。1983 年，时任校长艾拉·迈克尔·海曼（Ira Michael Heyman）把这项提议变成了现实，在校园中心位置开辟了诺奖得主专属车位。这个区域也在时刻提醒伯克利的教职工和学生：这所学校的追求是学术卓越和改变世界。

伯克利校内的诺奖得主停车位标志，以及伯克利第一位诺奖得主恩内斯特·劳伦斯。（图片来源：作者摄）

伯克利之所以能保持强大的研发能力，除了在研发上的巨大投入外,至少有以下几个方面的原因。

第一,强调研究的"实用主义导向"。2018年的诺贝尔奖得主中,有三人跟伯克利相关。现在在得州大学安德森癌症中心工作的生理医学奖得主吉姆·阿里森(Jim Allison)曾担任伯克利癌症研究实验室主任,他获得诺奖的成果主要是在伯克利完成。现在在加州理工大学担任教授的弗朗西斯·阿诺德(Frances Arnold)获得化学奖,她在伯克利取得了博士学位。经济学奖获得者保罗·罗默(Paul Romer)曾于20世纪90年代在伯克利任教。

在伯克利主管科研的副校长兰迪·卡茨(Randy Katz)看来,一直以来,学术研究被分为"基础"和"应用"两个类别,但伯克利打破这种区分方式,倡导解决实际问题的"实用主义导向研究"(Use-inspired Approach)。阿里森和阿诺德的研究就是最好的例证,即伯克利不是一个象牙塔,而是为了解决实际问题。

他说:"我们的最重要目标之一,就是将世界上最聪明的人聚在一起,解决今天我们所面临的急迫问题,去辩证地审视科学家群体已经认可的知识,去热切地将突破化为可以深刻影响人们生活的实际应用。"⊖

第二,开创和保持跨学科和大科学研究的传统。二战时期,为了赶在德国人之前制造出原子弹,当时在伯克利担任物理学教授的奥本海默临危受命,牵头"曼哈顿计划"。这是一个庞大工程,奥本海默对美国军方表示,必须集中多个学科的一流科学家共同努力,才有可能实现这个计划。军方听从了这个建议,一组跨学科、跨大学、跨地域的科学家们集中在一起,最后成功研制出了原子弹。这在学术界也

⊖ Randy Katz, The 2018 Nobel Prizes and use-inspired research, Oct 9, 2018, https://news.berkeley.edu/2018/10/09/randy-katz-the-2018-nobel-prizes-and-use-inspired-research/

开启了一种新的研究方式：大科学（Big Science）。到现在，伯克利劳伦斯国家实验室研究领域依然覆盖多个领域，体现出多学科交叉研究的特点。

伯克利校园内的海报随时都在提醒着这所学校的使命：学术卓越。
（图片来源：作者摄）

另一个代表伯克利跨学科研究的机构是CITRIS，它的全称是"增进社会福利信息技术研究中心"（Center for Information Technology Research in the Interest of Society）。它由加州大学总校于2001年牵头成立，旨在缩短科研成果从实验室到实际应用的时间。该机构由加州大学的四个分校共同组成，除了伯克利外，还有加州大学戴维斯分校、圣塔克鲁兹分校和默塞德分校的教授们共同参与研究。自2001年成立以来，中心已经在纳米技术、计算机科学、工程制造、社交媒体等领域做出了显著贡献。

第三，给予教授学术探索的自由和管理上的尊重。在对科研人员的管理上，伯克利跟其他美国顶尖大学一样，教授要取得终生教职，一方面需经过严格的考核，另一方面也鼓励自由探索。伯克利哈斯商学院资深教授大卫·蒂斯（David Teece）对我说，在伯克利，学校领导或院系领导并不会直接给教授下达某项任务,这最大程度尊重了教授的学术自由。

伯克利在治校和管理过程中,对教授的意见也是非常尊重的。我在伯克利访学期间,恰逢学校要改造工程学院附近的一个停车场,需要推倒重建办公楼。因为很多老师和学生的车就停在那里,所以改造意味着很多人的车需要停到更远的地方去,因此很多教职人员都反对。为此,工程学院多次给全体教职员工发邮件,收集大家对这个改造项目的意见,之后学院院长邀请所有员工参与讨论会,会上院长先通报了学院近期的发展状况,然后让大家各抒己见。

在会上,教授们借此表达对学院办公条件改善的建议,比如会上就有老师提出,要求学院要增加"性别中立"和针对残疾人的无障碍厕所间数,还有老师提出学院在建筑材料上多选用透明玻璃,以此营造一种"包容"和"欢迎"的氛围。而院长对这些细节建议也都认真对待,一一给予回应。会后,学院还鼓励教职员工给校长写信表达意见,并邀请校长再次过来跟教授们座谈,回应教职员们的多个疑虑。即使改造项目势在必行,但通过这个过程,也让教职员工的意见得到了充分表达。

第四,开放的校园文化和紧密的对外互动。 伯克利的技术转化能力为何如此之强?对此,伯克利工程学院副院长常瑞华对我说,对伯克利的老师们而言,他们跟工业界的紧密合作是自然而然的事情,他们会很关注工业界的动态和进展,也会去考虑自己的研究和工业界如何可以结合起来。再加上教授之间的合作是被鼓励的,所以学校并非刻意要去做技术转化,而是提供了一个开放式平台,让这些创意和合作在平台上生长出来。

美国高校往往以"没有围墙的大学"而为人津津乐道,而伯克利的校园开放不仅限于此。我在伯克利认识了两位 70 多岁高龄的白发苍苍的老人，他们称自己为"职业旁听者"。他们就住在伯克利附近，平常的生活主要就是在校园内旁听各种课程。其中一位告诉我，他在伯克利听课近二十年，只有一次被拒绝过。伯克利的开放由此可见一斑。

每年4月份，伯克利都会举办一场校园开放日活动。在这一天，伯克利校园内的很多实验室会对外开放，很多教授或者学生会在实验室做讲解，让公众了解他们在研究什么领域。很多学院和校内机构会组织游览，这个校园开放日活动已经成为学校和公众互动的一个品牌。

在伯克利校园内旁听课程的退休老人。（图片来源：作者摄）

❯ 伯克利扶持学生创业的体系

伯克利也是全美最具创业特质的大学之一。根据市场研究公司PitchBook发布的2018年全球创业大学排行榜，伯克利在多项指标上仅次于斯坦福大学，位于全美大学的第二位。过去一年中，其毕业的本科生中出现了1 137名企业家，创立了1 012家企业，均明显领先于全美其他大学。这些校友创办的企业共获得风险投资资金208亿

美元。㊀

伯克利为什么能在培养学生的创业精神上走在全球前列？其核心在于，伯克利创造了一个包含创新教育、社会实践、创业比赛、投资基金、校内孵化器、学生社团等在内的全面支撑学生创业的生态体系。

第一，跨学科的创新教育课程。伯克利同时拥有实力雄厚的工程学院和商学院，其工程学院实力排名长期处于全美前三，其商学院一般也居于前十。在伯克利校园内，跟创新创业相关的教育主要集中在这两个学院，而且尤为强调技术和商业的交叉。

由于硅谷的技术创新氛围浓厚，创业者必须同时具备技术背景和商业背景。因应这种需求，工程学院于2016年启动了一个名为"管理、企业家精神和技术"（M.E.T.）的双学位项目，学生经过四年的本科学习后，可以获得一个商学院的管理学士学位，同时获得工程学院的工学学士学位，具体的工程学方向可以在电气工程和计算机科学、机械工程、生物工程、土木和环境工程以及工业工程和管理研究中选择。为了确保效果，该项目采取小班教学，只有3%的录取率。学生可以获得导师的具体指导，以及大量的实习和社会实践机会。

工程学院内还有多个培养企业家精神的中心。比如Sutardja企业家和技术中心（Sutardja Center for Entrepreneurship and Technology），这是一个综合性的教育和研究中心，为学生和职场人士提供各种量身定做的创业和管理培训。哈斯商学院也有一个企业家精神项目，项目设立的目的是将企业家精神融入商学院学生的学习中，并且帮助他们创办新企业。

㊀ PitchBook Data Inc ,The top 50 universities producing VC-backed entrep- reneurs, 2018. https://files.pitchbook.com/website/files/pdf/PitchBook_Universities_2018_2019_Edition.pdf

除了这两个学院外,其他学院也有老师开设跟创新相关的课程。在学校课程搜索里输入"创新""企业家精神"等关键词,会弹出来数十个结果。比如社会学系老师开设了课程《创新与企业家精神》,侧重讲创新产生的社会土壤,信息学院的老师开设了一门名为《当商业与技术相遇》的课程,侧重于让学生们在课堂上讨论和碰撞商业思想。

伯克利的课业压力大是出了名的,很多学生也异常勤奋。我在伯克利认识的一位大三学生,同时在修读经济学、工程学和哲学三个专业。而像这样修双专业甚至三专业的,在伯克利学生群体中并不少见,这为他们步入社会打下了扎实的知识基础。

伯克利哈斯商学院是全美国最好的商学院之一。(图片来源:作者摄)

第二,众多的社会实践机会。课堂教育的成果,必须要接受社会实践的检验。由于地处硅谷,学校具有跟产业界合作的天然优势,不少学生在大学期间就开始参与产业界的活动。Greensparc是一家利用区块链技术为区域能源交易中心降低交易费用的公司,创办于

2017 年。公司创始人山姆·伊诺卡（Sam Enoka）对我说，为公司开发区块链应用的正是伯克利的几名在读学生。值得一提的是，伯克利是全美国大学里面第一个启动区块链教育的学校，从中可以看到学校对最新科技趋势的把握和响应速度。

第三，丰富的校内创业活动。利用植物材料造出鸡肉、给商品拍照后生成 3D 影像以方便电商平台推广、可以防止自行车被盗窃的 GPS 追踪器……这是在 Sutardja 企业家和技术中心 2019 年春季学期结束后举办的创业比赛上，学生们展示的创业项目。每学期结束后，都会举办一次这样的比赛，既是学生们课程结束时的汇演，也是一个寻求潜在投资者的有效机会。

学生们还通过举办和参加各种论坛，锻炼创业能力，思考创业方向。我来到伯克利访学后不久，参加了由学生组织的伯克利中美科技峰会。会上，学生们请来了加州审计长、诺贝尔奖获得者、风投基金负责人等各行各业"大咖"，探讨人工智能、区块链、量子计算等最前沿的科技领域热点问题和创业机会。会场外，不少初创企业设置了展板，邀请学生加入创业。

第四，完善的校园风险资本。在校园内的各种创业大赛中，学生们也请来了风险投资人。从 2018 年 11 月开始，这些投资者中还多了一个身影，就是伯克利学生自己成立的风险投资公司弓箭资本（Arrow Capital）。2015 年，伯克利和 TIBCO 软件公司创始人维韦克·拉纳德（Vivek Ranadive）合作成立了宝资本（Bow Capital），专注于投资伯克利老师和学生的研发和技术活动。一个名叫马修·邦德（Matthew Bond）的 MBA 学生在哈斯商学院就读的第一年就跟这个基金建立了联系，然后提议组建一只基金，聚焦于投资小型、种子轮前期的公司。这跟宝资本一直以来投资于种子轮和 A 轮的策略形成了互补，于是被采纳。现在这只新基金就由邦德和另外五名学生担任投资伙伴,投资数额从 1.5 万美元至 5 万美元。㊀成立以来,已经接收到很多学生初创项目提交的融资申请。

由伯克利学生们组织的中美科技峰会。(图片来源:作者摄)

第五,便捷的高校孵化器。为了支撑学生创业,伯克利校园内有很多孵化器,学生们不需要去外面找场地,在校园内就可以启动公司。最典型的孵化器是 Skydeck 和 CITRIS Foundry。CITRIS Foundry 创立于 2013 年,当时倡议成立它的是一位曾经担任惠普公司首席技术官的伯克利校友。通过在校园里给学生做创业辅导,他深刻体会到学生创业完全没有资源,因此希望能够创办一个孵化器直接帮助学生。

㊀ Kim Girard, Students launch venture fund for campus-related startups, Nov. 7, 2018, https://news.berkeley.edu/story_jump/students-launch-venture-capital-fund-for-campus-related-startups/

在加州大学的支持下,该孵化器正式成立,地点就位于伯克利工程学院的楼内。孵化器对于初创企业的遴选标准极为严格,必须是人工智能、基因编辑等"硬科技",每半年接受一次申请,一次接收5个,到目前为止共入选了48个项目。

入选的初创公司能够获得哪些服务呢?孵化器创新和对外合作负责人葛菁说,最重要的是学校里面的资源。由于申请项目的绝大部分是伯克利毕业的学生,因此这些学生可以通过孵化器继续跟老师保持密切联系,还可以以学生价继续使用校园里的仪器和实验设备,这会省掉一大笔开支。其次,项目会获得5万美元的启动资金,这笔投资占企业的股权比例会通过协商确定,但最高不会超过2.5%。再次,孵化器有五个人的运营团队,他们有各种各样的教育背景和社会背景,能够给予创业团队长期辅导。最后,从这里产生的知识产权归团队所有,学校不参与分成,这是学校给予孵化器的特殊政策照顾。

孵化器还为工程学院和商学院MBA学生提供实习机会,让他们可以把课堂上学习到的知识用于现实场景之中。通过一系列合作和辅导,80%的项目都会成功从孵化器毕业,获得下一轮融资。

第六,活跃的校园创业组织。伯克利校园内有很多创业协会,据不完全统计,跟创业相关的学生组织和团队超过五个,包括伯克利企业家协会、伯克利博士后企业家协会、伯克利华人创业者协会等。后者创办于2012年,是伯克利校园内最大的华人创业社区。它成立的目标在于增强创业者之间的联系,从中孵化出企业,并与伯克利校友以及湾区其他学校之间建立联系,增加学习和交流的机会。

伯克利华人创业协会的负责人说,为了增强协会成员之间的联系,协会人数严格控制在三四十人左右。协会每周都会举办交流活动,一次,一位会员同学在加入协会不久后就在协会内部找到了合作伙伴,共同组成了一支创业团队。

第三节 硅谷的产学互动之道

斯坦福和伯克利这两所顶尖研究型大学是硅谷的技术源泉。大学对硅谷的知识贡献，主要通过为产业界提供咨询服务、输送高水平毕业生和创业者、提供技术转移三种方式来实现。而产业界也通过提供高水平导师和资金支持等方式，对大学给予回馈，形成了正向循环。

大学教授为产业界提供咨询服务。 教授为产业界提供咨询服务，在斯坦福和伯克利都是比较普遍的。在斯坦福大学，这个传统从弗雷德里克·特曼就开始了。从麻省理工学院拿到博士学位后回到斯坦福任教的特曼认为，教授不应该只是待在校园，而应该积极投身于服务产业界。斯坦福大概有2 000名教授，他们被认为是各自领域里在研究和教学上最有成就的一批人。斯坦福给予的政策是，教授可以在外面的公司担任顾问等职务，每周有一天可以在外咨询。学校和学院领导在这方面还起带头作用，比如斯坦福大学现任校长、神经科学家马克·特榭-勒温（Marc Tessier-Lavigne）在多家药企担任董事会成员，前任校长约翰·轩尼斯（John Hennessy）也是谷歌和思科的董事会成员，其卸任校长后担任了谷歌母公司Alphabet的董事长。伯克利同样鼓励教授为产业界提供服务，比如伯克利工程学院现任院长金智洁是英特尔董事会成员。

大学为产业界提供高质量毕业生和创业者。 斯坦福和伯克利吸引了来自全球的优秀人才，这些人经过大学的进一步培养和熏陶，毕业后也成了硅谷的高质量生源。他们或者创办公司，或者是公司内的中坚力量，成为硅谷一大智力资本来源地。

众所周知，脱胎于斯坦福的有惠普、太阳微系统、雅虎、谷歌等知名公司。根据2011年斯坦福对校友的大规模调查,32%的人说他们是某种程度上的投资者,或者是某些公司的董事会成员,25%曾经创办过公司。同时该调研还发送给了1 903个教职人员,回收了1 134份,25%的教职员工反映其曾经创办过公司。⊖

在斯坦福和伯克利,教授在外创办企业不仅被允许,而且还被鼓励。教授可以申请学术休假,最长可以达到两年。比如斯坦福大学教授李飞飞、吴恩达都曾分别在谷歌和百度任职,之后又重新回到学校任教。伯克利工程学院电气工程和计算机科学系教授宋晓冬是一名连续创业者,至今已经创办了三家公司。

下表列出的均为斯坦福大学老师或校友在硅谷创办的科技企业。

名字	公司	地点	成立时间
大卫·帕卡德和威廉·休利特	惠普	加州帕洛阿尔托	1939
拉塞尔·瓦里安和西古德·瓦里安等	瓦里安联合公司	加州帕洛阿尔托	1948
安德烈亚斯·冯·贝托谢姆等	太阳微系统	圣塔克拉拉	1982
詹姆斯·克拉克	硅谷图文	山景城	1981
列昂纳德·波萨克和桑德拉·勒纳	思科	圣何塞	1984
彼得·蒂尔和肯·豪尔瑞	贝宝	圣何塞	1988
黄仁勋	英伟达	圣塔克拉拉	1993
杨致远和大卫·费罗	雅虎	森尼维尔	1994
里德·哈斯廷斯	奈飞	洛思加图斯	1997
拉里·佩奇和谢尔盖·布林	谷歌	加州山景城	1998
里德·霍夫曼等	领英	加州山景城	2002
JB·斯特劳贝尔	特斯拉	加州帕洛阿尔托	2003
凯文·斯特罗姆和迈克·格里格	Instagram	加州旧金山	2010

⊖ Charles E. Eesley, William F. Miller, "Impact: Stanford University's Economic Impact via Innovation and Entrepreneurship", Foundations and Trends in Entrepreneurship, 2018, Vol. 14, No. 2, pp 130–278.

大学为产业界提供技术转移。在介绍支撑斯坦福大学的创新支柱时，我们已经讲过斯坦福大学的技术许可办公室。跟斯坦福的技术许可办公室类似，2004年，伯克利成立了知识产权和工业研究联盟，这是学校和工业界联系的总桥梁。联盟下属两个办公室：工业联盟办公室（Industry Alliance Office）和技术许可办公室（Office of Technology Licensing）。两个办公室各司其职，共同促进科学探索、发明、商业化以及再投资。

自成立以来，该联盟已经为学校带来了超过10亿美元的工业资助和技术许可收益。其中8亿美元来自工业界资助，2.5亿美元来自技术许可收益。600多个产品实现了商业化，跟1300多家公司建立了合作关系。[1]

工业联盟办公室的职责在"引入"，即将工业界的资源和资助带入学校。通过资助产生的成果，伯克利拥有知识产权，资助方可以将其商业化。2004年，该联盟刚成立的时候，伯克利接受的工业资助金额为每年1000万美元，而现在增长到了每年8000万美元。到目前为止，最成功的一笔工业界的资助来自于英国石油公司，其投资5亿美元设立了能源生物科学研究院。其他来自工业界的资助还包括英特尔、雪佛龙、西门子、惠普、微软、三星、丰田等知名公司。

技术许可办公室的职责在"导出"，负责审核发明披露、专利保护和专利交易。过去十几年来，最成功的是转移了一项名为YervoyTM的抗癌药物，这是美国食品药品管理局（FDA）审批的第一款治疗四期黑色素瘤的药物，学校从中得到的技术收益达1亿美元。为了激励发明者，根据当前政策，一个发明者可以从技术许可的净收益中获得35%的分成。在2004年以来联盟获得的2.5亿多美元收益中，有6000

---

[1] Berkeley IPIRA, https://ipira.berkeley.edu/about-us

多万美元被奖励给了发明者。

在硅谷,大学和产业界的互动是双向的。大学对产业界的支撑有目共睹,产业界也投桃报李,为大学的发展做出了很多贡献。

产业界为大学带来经验丰富的导师。在斯坦福和伯克利,除了全职教师外,还有很多来自产业界的兼职教授,他们极大丰富了大学老师的组成,为学生们提供了更接地气的授课内容。比如我在斯坦福大学旁听过一门风险投资课,授课老师是硅谷知名律所泛伟的合伙人高登·戴维森(Gordon Davidson),他曾服务过脸书等硅谷科技公司。又比如,谷歌前董事长埃里克·施密特(Eric Schmidt)曾经和其他企业家一起在斯坦福开了一门名为企业家精神和初创企业的课程,知名风险投资人彼得·蒂尔曾经在斯坦福计算机系开设一门风险投资的课程。来自产业界人士的讲座更是不计其数,每天都有很多类似的讲座在校园内举行。

在伯克利的哈斯商学院企业家精神项目中心,老师几乎清一色是产业界背景,而且都有 20 年以上企业管理经验或者天使投资经验。比如商学院一位老师比尔·施耐德(Bill Shelander),他曾经是劳伦斯伯克利国际实验室的商业技术转移专家,也是一个成功的天使投资人,同时在伯克利和斯坦福开设商业课程。他对我说,很多时候选择上他课的学生太多,必须有所取舍,于是他根据自身的商业经验总结出了一条筛选原则,即学生必须是商学院和工程学院学生各一半,"因为两个背景的学生能碰撞出不少火花"。

产业界为大学提供资金支持。产业界给大学提供很多的研究资助,成为联邦政府和州政府公共资金投入的有力补充。产业界帮助建设大楼、改进实验设备、提供奖学金等。在斯坦福大学校园内,有很多以产业界人士名字命名的大楼。比如以微软联合创始人命名的盖茨计算机科学楼和保罗·盖伦大楼,以英伟达创始人名字命名的黄仁勋工程中心，以惠普联合创始人名字命名的威廉·休利特教学中心、大卫·帕卡德电子工程楼，以瓦里安联合公司创始人命名的拉塞尔·瓦里安物理实验室等。

伯克利校园内同样如此，比如，以美满电子科技公司创始人周秀文和其妻子戴伟立共同命名的 Sutardja Dai Hall。电气工程和计算机科学所在的 Soda 大楼以及 Cory 大楼内都有大楼捐赠者的名字，诸如英特尔、惠普等公司都是捐赠者。伯克利校园内还有李嘉诚中心，这是李嘉诚捐赠 4 000 万美元建设的大楼，用于跨学科的生物医药研究。

不管是斯坦福还是伯克利，都有很多以产业界人士名字命名的"讲席教授"，这是大学所能给予一位教授的最高学术荣誉，是对教授在其研究领域建树的一种充分肯定。大量的讲席教授基金，也是由产业界人士捐助支持的。

斯坦福校园内由英特尔创始人戈·摩尔及其妻子贝蒂·摩尔捐赠的材料研究中心。（图片来源：作者摄）

专访加州大学戴维斯分校教授马丁·肯尼：产学互动价值"难以衡量"

马丁·肯尼（Martin Kenney）简介：马丁·肯尼是加州大学戴维斯分校社区和区域发展教授，他的研究兴趣是高科技发展地区的企业家精神、大学和产业互动、风险投资产业以及新兴科技对工业结构和劳动力市场的影响。他是国际创新研究领域知名期刊《研究政策》的编辑。他最新的著作是《公立大学与区域增长》。

问：您对大学在创新中的作用有深入研究。归纳起来，您认为大学在硅谷扮演什么角色？

答：大学对硅谷的作用是一个复杂的问题。在半导体领域，可以说半导体产业对斯坦福和伯克利的影响，多于这两所学校对半导体产业的影响。半导体产业在硅谷是由仙童半导体这家公司开创的，但这家企业并不是由斯坦福大学的校友或者教授创办的。戈登·摩尔曾经说过，英特尔给大学传递的知识多于大学给英特尔传递的知识，所以产业对大学的贡献是很大的。当然，大学的作用也非常重要。斯坦福和伯克利的教授和学生创办了一些非常重要的公司。我们知道谷歌和雅虎是斯坦福的学生创办的，他们在硅谷办公司的另一个好处是这里有很多被繁荣的科技产业吸引来的管理人才。

所以在硅谷我们可以看到这种大学和产业之间的来回互动。就好比在中国，华为的首席工程师去清华大学教授 5G 课程，代表了产业界对大学的知识贡献。同样的，清华大学的一个顶尖教授可能会在腾讯的研发部门待上一年，他在把清华的知识带去给腾讯的同时，也能够知道腾讯面临的问题，然后他回到清华去跟学生讲这些业界领先公司在计算机和数据科学上面临的问题。这些学生在大学里会去钻研这些问题的解决方案,毕业后可能就会在这些公司找到工作。在美国,即使毕业后,学生还是会和教授们保持联系。我相信在中国情况也一样。他们可能会偶尔来拜访他们的老教授,来他们课上做个讲座,或者邀请老教授到公司里面去交流。这种互动是非常重要的,斯坦福和伯克利在湾区都有这样的一些互动。

问:当我们谈论产学互动的时候,一方面是大学到产业,另一方面是产业到大学。我们知道专利是衡量大学对社会贡献的重要指标。但在您的《公立大学与区域增长》这本书中,您批评现在大家过度聚焦在专利的衡量上了,您能否阐释一下您的观点?

答:专利对于生物科技而言是非常重要的,但其重要性在信息技术方面要稍逊一筹。当然,对 5G 标准来说,技术很重要。不过我们的研究显示大量从大学转移到工业界的知识,并非可以进行专利化的知识。这种知识可以是解决某个问题的具体方法,或者知道下一波的趋势是什么。但专利是一小块你可以划出清晰界限的技术,你拥有它。但它不是知识的全部。

半导体产业的前沿技术在哪里?在于硅的科学问题。这种对原子层面的研究是非常重要的基础科学。所以类似台积电这样的企业,他们会去推动这种前沿基础研究。如果一位大学教授研究这个层面的问题,他可以把成果拿去发表在物理学的期刊上。这当然对英特尔也很重要,因为英特尔需要这种微观层面的研究和知识去推动他们的公司业务。

对数据的分析技术,比如编写新的代码、新的算法,有些是可以申请专利的,但很多却没法专利化。比如,谷歌邀请一位顶尖的数学或者统计学教授去公司，并不是要解决一个具体问题，而是去告诉谷歌如何思考这个问题。或者说，这位教授去看了问题后意识到这会是一个很有趣的学术问题，他回到大学后就此写出一个新的算法，或者发表一篇新的论文。所以说，很多我们在硅谷看到的产学互动是不包含专利的，是非专利知识。这些东西非常难以衡量。

问：有没有可以更好去衡量这部分效果的建议？

答：大家可以提出各种衡量的方法，不过总是非常耗时耗钱。专利和发表论文数量是容易衡量的。但如果发现 DNA 双螺旋结构的科学家在他们一生中没写过很多论文呢？当然我只是举个例子。有另外一个教授，他可能写了成千篇论文，但是没有任何一篇论文的重要性可以跟发现 DNA 双螺旋结构相媲美。哪位科学家更加重要？写了上千篇论文的那位？不可能。一个好主意胜过无数小主意。如果我开发出了脸书，其他几百个人创建了另外几百家公司。谁更成功？所以衡量虽然重要，但我们不能因此而扼杀掉真正下金蛋的鹅。如果我们要考虑大学对社会的贡献，要特别小心，不要去忽视那些没有在衡量体系中的东西。

如果你去衡量一所大学对社会的贡献，只是去看他们培养的博士生数量的话，那大学就会去产生尽可能多的博士生。但谷歌的谢尔盖·布林和拉里·佩奇并没有在斯坦福拿到博士学位。雅虎的两位创始人也没有拿到博士学位。这样的学生多了，意味着大学的博士学业完成率低。但这算是失败还是成功？

问：说到衡量，有一个非常常见的指标是看大学的投入和产出。在中国，大学投入研究的资金与产出的专利数量或者专利转移后得到的收益的比例是非常低的。您对此怎么看？

答：在美国也一样。要论研究资金转化成专利的效率，美国大学也非常低。不过专利不应该成为大学的唯一目标。大学的目标是教学，这是第一位的。你希望你的学生被最好的老师来教，就像你在打篮球的时候希望跟国家队队员打一样，虽然你肯定不如他们打得好，但是你会变得更强。第二个目标是研究，如果有些教授的很多研究是跟企业一起的，这当然是好事。但是如果教授们只做公司的研究，就不是一件好事了。因为公司需要的很多都是实用性的东西。我们的社会需要教授们做横跨很多领域的研究。比如说，公司对环境问题不感兴趣，如果只是投公司所好，我们就不能理解地球的环境变化。如果我们还以此为标准来衡量得到了多少公司的资助以及产生了多少专利，那就跑偏了。但是显然，这个研究对整个社会非常重要，特别重要。

问：有些人会把研究进一步分类，比如基础研究，我们可以用发表文章数量来衡量，对于应用研究，专利数量就很重要。

答：做这些区分是非常非常困难的。对气候变化问题的研究，有些是基础科学，有些是应用科学。当我们想要衡量和评估大学的时候，我们是用一种工程思维来衡量一个对社会具有多方面作用的机构。在美国，大学在民权运动中扮演了重要角色。这对美国的社会进步产生价值了吗？当然。这些是无价的。

所以大学不是一个可以轻易衡量其投入和产出的机构。从大学出来的是学生们各种各样的知识。大学在美国是文化、艺术和音乐的庇护者之一。还有一些大学产生了很多企业，学生们能有一个做实验和测试新想法的地方，培养出了具有企业家精神的学生，这是好事。美国几乎所有大学都希望培育企业家精神，我非常支持，不过我们不能只是要这样一种大学。大学有不同的职能。

我们的研究发现，即使是产学互动，也有很多不同的形式。比如加州纳帕是世界上领先的红酒产区，有很多纳帕企业家来加州大学戴维斯分校接受培训，他们也雇用了很多我们的学生。我们大学的教授并不是传统意义上的企业家精神的代表。不过，他们依然是成功的。这种产学互动跟硅谷很不一样。硅谷的生物科技需要很多来自大学的基础，这种互动模式很独特，非常具有企业家精神的特征。没有本科生会创办生物医药公司，大部分是由教授们创办的。总而言之，我们需要某种程度的平衡，要鼓励大学具有创业精神，但不能仅仅注重商业。

问：创业型大学还是一个新生的事物，首先要做的是鼓励产学互动。中国的产学互动跟硅谷还有很大距离，所以我们经常会谈论如何加强这种互动，您有什么建议？

答：对这个问题有不同的视角。清华和北大有多久的历史？大概 100 多年。它们什么时候开始变成研究型大学？是近几十年的事情。清华和北大在很长时间里并不属于研究型大学。伯克利创建于 1868 年，很快在 1890 年它就采用了研究型大学的模式，那个时候清华和北大还没有建立。很多人会批评中国的大学，当然大学要勇于接受批评，但我们需要用两种视角来看这个问题，一个是我们现在做的是否足够，另一个是我们已经走过了多远的路。

还有一个问题是中国的产业。我们回到 1990 年，你能想到有多少中国公司当时拥有全球领先的技术？如果把时间调到 2000 年呢？可以说是凤毛麟角。所以即使大学拥有前沿知识，当时的中国公司也没办法去汲取这些知识。大学和产业是共同进步的。所以在批评之前我们必须用历史视角来看这个问题。问题不仅仅出在大学层面，产业界也存在问题。

中国的产业界正在逐渐变好，正在达到一种可以跟研究型大学互动的程度。如果中国的产业界所面对的都是落后的问题，那么这些问题无法驱动大学的成长。华为会面临前沿问题，腾讯、阿里巴巴和百度也会面临大学感兴趣的问题。但还有大量中国公司面临的是诸如怎么把书包上的纽扣做得更好一点的问题。你希望大学的教授去研究这些问题吗？肯定不希望。这些问题对公司而言肯定是重要的，但对大学而言并不重要。所以从长远来看，随着中国的产业界面临越来越复杂的技术问题，中国的大学也会同时进步。

问：您的回答也涉及了产业对大学的影响这个话题，在硅谷我们可以看到有很多产业界的人士到高校教书，或者很多产业界的资金支持大学。

答：确实是的，来自产业界的支持非常重要。虽然从总体而言，大学获得的研究资助里面，来自产业界的可能还不到10%，麻省理工学院这种学校可能更多点，也许有15%~20%，加州大学戴维斯分校可能只有7%~8%的研究资金来自产业界。那些排名更靠前的大学更容易获得产业资助。

问：基于刚刚我们探讨的这些问题，提到产学合作，您会对中国大学的管理者们说什么？

答：我认为这会是一个长期的过程。首先最重要的是，要有好的本科、硕士和博士教育项目。改进教育质量。鼓励教授们和学生在实验室里的互动。鼓励教授和产业界的合作。如果教授们希望利用学术假在一家公司任职，说没问题。如果电子工程系的教授想要雇用一位来自华为的高级研究员来教课，说可以。如果一个来自公司的研究员想要来到大学实验室里做一些研究，说来吧。

要创造这样一个体系：大学的技术转移办公室存在的最重要目标不应该是获取收益，而应该是促进技术便利地转移。问题不在于我们可以从技术转移里获得多少收益，而是这项技术应该怎么更有利于社会。鼓励学生的创业热情，跟他们说：这很好，我们支持你。

雇用最好的研究人员，给他们创造获得诺贝尔奖的研究条件，给他们创造发明的环境。如果大学教授获得了一项资助，不要在会计上太过苛刻。他们创造了新东西，这比去计算每笔开支花到了哪里更加重要。所以，要给学生、给教授和研究人员创造这样一种鼓励创新、鼓励实验的氛围。

最后，还要鼓励大学和产业界的合作，比如举办产业界的人都可以来到学校参与讨论的论坛。促进信息的自由流动。不要只邀请某家公司的人，而是邀请不同的公司，当然前提是质量要高。把校园打开，让产业界的人进来，不要建造围墙，而要把围墙打破，从长远来看，这对大学会是一件好事。我认为中国的985工程是一个成功的项目，我知道现在这个项目已经更新了。中国大学在过去30年里取得了飞速的进步，接下来的20年会更加困难，因为你们越来越接近最前沿的问题了。

第三章 公司：硅谷的主角

在硅谷数十年的历史发展中，诞生了很多领头羊公司。在半导体制造时代，诞生了仙童半导体、英特尔、超威半导体等公司。在个人电脑时代，催生了苹果、太阳微系统、甲骨文、硅图等软硬件公司。在互联网时代，诞生了网景、雅虎、谷歌等公司。在移动互联网和社交媒体时代，涌现了脸书、推特、领英、优步、Lyft 等公司。而且硅谷的繁荣不仅局限于信息产业，生物技术产业、新能源产业在硅谷也得到了蓬勃发展，典型公司如基因泰克和特斯拉等。

2018年排名	公司名称	R&D 支出（10亿美元）2018	收入（10亿美元）2018	R&D 强度 2018
1	Amazon.com, Inc.	22.6	177.9	12.7%
2	Alphabet Inc.	16.2	110.9	14.6%
3	Volkswagen Aktiengesellschaft	15.8	277.0	5.7%
4	Samsung Electronics Co., Ltd.	15.3	224.3	6.8%
5	Intel Corporation	13.1	62.8	20.9%
6	Microsoft Corporation	12.3	90.0	13.7%
7	Apple Inc.	11.6	229.2	5.1%
8	Roche Holding AG	10.8	57.2	18.9%
9	Johnson & Johnson	10.6	76.5	13.8%
10	Merck & Co., Inc.	10.2	40.1	25.4%
11	Toyota Motor Corporation	10.0	259.8	3.9%
12	Novartis AG	8.5	50.1	17.0%
13	Ford Motor Company	8.0	156.8	5.1%
14	Facebook, Inc.	7.0	40.7	15.1%
15	Pfizer Inc.	7.7	52.5	14.6%

2018 年全球最具创新能力公司 15 强（资料来源：PricewaterhouseCoopers，The 2018 Global Innovation 1000 study, https://www.strategyand.pwc.com/innovation1000）

这些公司无一不是站在整个世界的前沿，通过其持续不断的创新能力，引领着全球科技创新产业革新，改变人们生活的方式，不断续写硅谷新的传奇。根据普华永道思略特研究院2018年11月发布的全球创新1000强报告，有3家硅谷的公司位于全球10强。谷歌、英特尔、苹果分别位列全球第2、第5和第7位。本章即选取谷歌、英特尔和苹果三家作为典型来解剖硅谷公司是如何创新的。

第一节　谷歌：人本式创新

谷歌于 1998 年由斯坦福大学在读博士生拉里·佩奇和谢尔盖·布林在宿舍中创办。谷歌的发展历程，也是不断自我挑战、推陈出新的过程，展现了极强的创新能力。谷歌 2002 年推出了新闻服务，2004 年推出了邮箱 Gmail，同年上市。2005 年，谷歌推出地图并收购安卓系统，2006 年收购视频网站 Youtube，2007 年，其搜索范围扩大到各种类型的信息，而不仅仅是文字。2008 年，谷歌推出浏览器 Chrome，2011 年推出社交功能 Google+，2014 年收购位于伦敦的人工智能公司 Deepmind，2015 年谷歌成为 Alphabet 的子公司。

2004 年，在谷歌 IPO 之际发布的公开信中，谷歌的两位创始人系统阐述了谷歌的理念。信中说："谷歌不是一家常规的公司。我们不想成为那样的公司。在谷歌作为非上市公司的过程中，我们用不同的方式经营着这家公司。我们强调了创意和挑战的环境，这帮助我们为全球的用户提供了无偏见的、准确和免费的信息。"⊖这段话高度概括了谷歌的创新之道。我认为，谷歌的创新模式可以归纳为"人本式创新"。

⊖ Larry Page, Sergey Brin, An Owner's Manual" for Google's Shareholders, Founders' IPO Letter, 2004, https://abc.xyz/investor/founders-letters/2004/ipo-letter.html

谷歌位于加州山景城的总部。(图片来源:作者摄)

▶ 谷歌的创新之道

在知识生产时代,人的价值远远超过土地、资本、机器甚至技术等生产要素,成为一家公司最具价值的资源。谷歌深谙此道,因此谷歌的管理创新都是围绕着"人"展开的,聚焦的是找到最优秀的人,然后让他们把才华发挥出来。

谷歌创始人曾经说:"因为我们员工的才能,我们可以在计算机科学的几乎任何方面做让人兴奋的工作……富有才华的人来到谷歌,因为我们让他们具有改变世界的能力……我们聚焦于提供环境,让这些才华横溢、勤劳肯干的人可以从他们对谷歌做的贡献以及让世界变好中获得回报。"⊖

⊖ Larry Page, Sergey Brin, An Owner's Manual" for Google's Shareholders, Founders' IPO Letter, 2004, https://abc.xyz/investor/founders-letters/2004/ipo-letter.html

第三章 公司：硅谷的主角 083

谷歌办公园区内的安卓草坪，也是谷歌公司游客中心所在地。（图片来源：作者摄）

谷歌将这些人称之为"创意精英"。落实到实践中，谷歌具体是如何找到并且激发创意精英们的潜能呢？

第一，要求极为苛刻的招聘流程。谷歌之所以愿意花费大量资源在招聘上，是为了确保招进来的人足够优秀。早在谷歌刚刚建立之初，谷歌的两位创始人就极其重视员工招聘。现在谷歌全球员工总数接近10万人，如何确保招聘到最好的人一直是谷歌人力资源部门面临的最大挑战。为此，谷歌在实践中也总结出了具有谷歌特色的招聘方法。

首先，谷歌鼓励员工推荐。一名在谷歌做过面试官的工程师对我说，虽然谷歌每年会收到数百万份简历，但员工推荐依然是其比较有效的招聘方式。由于员工本身就是很优秀的人，而且也熟知谷歌需要什么样的人，所以经过他们推荐的人其实就经过了一轮有效的筛选。其次，谷歌的面试过程非常严格。一般而言，面试会有四五个考官，不仅仅是用人经理参加，还会有其他考官共同参与。面试会考察候选人的综合能力，比如跟岗位相关的实际技能、领导才能、思考和解决问题的认知能力、团队协作能力以及是否符合谷歌企业文化的个性。在这个过程中,每位考官都会把面试者的表现记录下来,但他们并没有直接录用的权力,而是把这些结果提交给专门的招聘委员会。委员会再经过讨论后,做出最后录用决定。

第二,用价值观激励员工。最优秀的人才是通过价值观驱动的。他们渴望挑战、乐于解决问题、实现自我价值最大化。因此,公司有一个受员工认可的宏伟的价值观和愿景,是激发员工激情和创造力的首要条件。

谷歌最为人熟知的信条是"不作恶",谷歌的目标是"组织世界上的信息,让信息可以普遍获得,产生价值"。打造高质量的搜索引擎,无疑是实现这个目标的最主要手段。但谷歌并不满足于此,谷歌的创始人也不断探索将公司愿景变为现实的各种可能途径。比如说,把数百万本书放到网上,这是谷歌创始人佩奇一直有的想法。这跟谷歌的价值观是一致的,可以促进知识的流动。不过很多人都认为这个想法太疯狂了,巨大的工作量将导致其不可能实现。为了测试这个想法是否真的可行,佩奇在办公室买了一个扫描仪,然后开始自己扫描书,计算扫描的时间。通过计算,他认为把世界上的书全都搬到网上是可以实现的,于是就诞生了谷歌图书项目。

公司创始人的这种示范效应是巨大的。一名在谷歌工作的员工对我说,他最大的体会是大家都是发自内心认同公司的愿景,由内而外地驱动工作。大家都有一个共识,希望自己做出有价值、能够对世界产生正向影响的产品。

第三,鼓励天马行空的想法。在谷歌内部,有一个著名的"721原则",这是从谷歌发展早期就开始实行的原则,指的是70%的开发项目要用在核心业务上,20%的开发项目跟核心业务相关,10%的开发项目跟核心业务毫无关系。它使得员工在正常工作之外也可以不受限制地寻求创意，也可以让公司把一部分资源分配到一些能产生长远影响的项目上。短期来看似乎这些业务不会给谷歌带来盈利，但长期来看，那些10%的项目也许就会变成70%的一部分，从而保证谷歌能够持续走在前沿。

比如，谷歌内部有个"Google X"项目，从其中孵化出了自动驾驶、谷歌气球、谷歌眼镜等项目，而现在谷歌的自动驾驶已经在行业内树立了标杆。在谷歌内部，人们把这个项目称为登月工厂（Moonshot Factory），登月（Moonshot）意味着创意要够疯狂够远大，意味着虽然挑战艰巨却也蕴含令人激动的机会，而工厂（Factory）则意味着创意要具备可操作性。当一个创意被提出来时，团队首先都会为之狂热和着迷，紧接着这个想法就要面临各方的质疑，大家会争着想如何"枪毙"这个项目。在这个过程中，一些不成熟的想法不断被淘汰，一些草率的漏洞会被反馈所弥补，最后能生存下来的项目会被全力推动，比如谷歌地球。

"Google X"项目负责人阿斯特罗·泰勒（Astro Teller）曾经在一次TED演讲中说：每个人都害怕失败，为了鼓励创新，"Google X"内部的做法就是让失败变得不再可怕。⊖即使一些项目失败，提出项目的人依然会得到同事的热情鼓励和拥抱，也并不会影响到个人的职业晋升。这些非常规举措，最终催生了一个鼓励大胆创新的环境。

第四，促进交流沟通。合作是促进创新的重要元素，而分享和交流是合作的基础。为了促进信息在领导层和员工之间的分享，每周接近周末时，谷歌要举行一次名为"TGIF"的会议，TGIF是英文的Thank God It's Friday（感谢上帝，今天是周五）的缩写，这个词原来被

⊖ Astro Tell, The unexpected benefit of celebrating failure, TED Talk, Feb 2016, https://www.ted.com/talks/astro_teller_the_unexpected_benefit_of_celebrating_failure#t-920856

学生们用于表达快到周末的喜悦心情，后来被广泛使用。这是一个历时一小时的会议，谷歌山景城总部的很多人都会参加，而世界各地的人则会通过观看直播的方式参与。公司的创始人和领导层会出现在这次会议上，讨论过去一周谷歌的新闻、产业界的最新动态。工程师队伍会展示他们即将推出的产品。一些部门的负责人，包括人力资源、市场、法律和财务等，会报告他们部门近期的工作重点，而员工们可以就自己关心的问题向高管们提问。

一名谷歌员工对我说，对于谷歌这样已经成长起来的超大公司而言，类似 TGIF 的会议让他感受到企业还像一家初创公司那样保持员工之间的紧密沟通和联系。他说："TGIF 对我个人而言很有帮助，我通过这个会议知道领导层的最新战略思考，也知道了其他部门的同事在干什么，这样更容易找到自己在公司的位置和所从事研发产品在整个公司战略中的定位。"

谷歌尽力在公司内部营造一种透明的文化，减少沟通的障碍，增强员工之间的信任。这种对"透明"的重视，也渗透到办公室设计的一些细节之中。若去谷歌公司内参观就会发现，谷歌的员工工位之间都挨得很紧，甚至伸个懒腰，手就能打到旁边的同事。谷歌的会议室很多使用全透明的玻璃，因此路过的员工很容易看到会议室内是谁在开会。

第五，对员工给予充分尊重。在《重新定义公司》（*How Google Works*）这本书中，曾经担任谷歌董事长的埃里克·施密特讲述了这么一个故事。施密特刚入职谷歌时，发现给他安排的办公室非常简朴。但他来到办公室后发现，里面已经有几位软件工程师在办公，于是施密特自觉搬到了隔壁一个类似储存间的房间。不过几周之后，他的办公室又来了另外一位工程师，他解释说自己的办公室已经挤不下了，而施密特的办公室更加宽敞，于是就搬进来了。结果施密特也没有拒绝,两人就这样在同一间办公室相处了几个月。○这个故事充分说明了谷歌公司内部对员工的平等相待。

谷歌办公楼内的滑梯,这是员工们放松的一种方式。
(图片来源:作者摄)

一名从创业早期就在谷歌工作的工程师对我说,谷歌的文化就是鼓励所有员工参与进来,让大家觉得你的想法和观点会被注意到,公司会给予考虑。他经常会收到一些邀请,请他推荐在谷歌工作过的人。对方给出的理由是:这些人即使在谷歌没有升到很高的职位,他们至少也学到了如何去做决策,如何和员工平等地讨论问题,让员工觉得工作很舒服,这种环境的熏陶就很不一样。他说道:"创新不是靠一个人做出来的,所以我感觉谷歌这种环境会让员工更有创造力,也许会有一些扯皮和执行力的问题,但让员工感受到了尊重。"

第六,设定高目标。谷歌内部有一个"乘 10"的原则,即为口

○ 埃里克·施密特,乔纳森·罗森伯格,艾伦·伊戈尔. 重新定义公司:谷歌是如何运营的. 靳婷婷,译. 北京:中信出版社,2015.

务设定的目标不是提升 10%，而是提升 10 倍。谷歌认为，如果你的目标是 10% 的提升，那么你只会看到微小的改进。但如果是提升 10 倍，你就能看到根本性的创新。设定高目标可以最大化激发员工的潜能，即使最后无法真的达到 10 倍，只要能提升一两倍，也会比竞争对手领先很多。这个原则在谷歌开发自动驾驶技术时得到体现。当项目开始时，谷歌设定的目标就是完全可以替代人的自动驾驶，当时这个目标在很多人看来遥不可及，而现在谷歌的自动驾驶汽车已经在硅谷上路试验了。

还有一个例子是谷歌的广告。广告是谷歌的主要收入来源，但谷歌并没有简单地通过谁付更多的费用来决定广告的位置，而是把目标定在提高广告和搜索内容之间的相关度上。有一回佩奇自己搜索信息，发现出来的广告相关度不高。他非常懊恼，但是他并没有像其他公司负责人一样，立即召集紧急会议、研讨对策、提出方案，而是将自己遇到的问题写出来，贴在食堂的一个显眼的位置就回家了。这张贴纸被几个同事看到了。几天后，他收到了一个同事发来的邮件，说他们利用周末时间加班解决了这个问题。这后来就成了谷歌的 AdWords 项目的基础，使谷歌广告效益的提升产生了质的飞跃。

第二节　英特尔：开放式创新

开放式创新是加州大学伯克利分校哈斯商学院教授亨利·切萨布鲁夫（Henry Chesbrough）提出的创新范式。

相比较过去，知识生产的模式已经改变。当前的知识流动更加便捷，知识的垄断已经不复存在。顶尖大学的模式正在越来越多地被人仿效，公共财政对大学支持力度的削减以及工业界对研究的不断投入,使得工业界对知识的拥有度大大增强。很多跨领域的人才并不在某些大学或者机构任职,"高手分散在民间"。这些新变化都要求一种更加分散化、去中心化、更多参与感的创新模式。

因此,任何一个组织都不可能闭门造车,依靠内部的研发活动独自创新。相反,它需要日益依赖外部的资源,包括其他公司、大学、初创企业、消费者、风险投资机构、中介机构等。英特尔即是这种开放式创新模式的实践者,而与高校的联系更是英特尔不断突破原始创新的重要方式。

英特尔的早期创新:研究和开发分开

英特尔在 1968 年由罗伯特·诺伊斯和戈登·摩尔创办,后来安迪·格鲁夫加入成为第三号员工,三个人一起缔造了英特尔后来的辉煌。

英特尔建立的初期,相比传统的摩托罗拉和 IBM 等巨头,只是一家名不见经传的小公司。但现在,大部分个人电脑使用的都是英特尔的芯片。20 世纪 70 年代,英特尔发明了世界上首个商用微处理器 4004,20 世纪 80 年代,IBM 使用了英特尔的 8088 作为其首款个人电脑产品的微处理器。20 世纪 90 年代,英特尔对其"奔腾"系列进行了强大的市场推广。之前消费者并不会关心电脑里面使用了什么零部件,但经过英特尔的推广后,英特尔芯片伴随着"Intel Inside"这句广告语变得广为人知。创立后 50 多年的现在,英特尔依然是世界

⊖ Henry Chesbrough, Everything You Need to Know About Open Innovation, Forbes, March 21, 2011, https://www.forbes.com/sites/henrychesbrough/2011/03/21/ everything-you-need-to- know-about-open-innovation/#3d6- cba5a75f4

⊖ Intel History, https://www.intel.com/content/www/us/en/history/historic-timeline.html

上最大的半导体公司之一。2018 年的《财富 500》强中,英特尔以 628 亿美元的利润位列美国公司第 46 位。

英特尔博物馆内,关于公司创立介绍的展览。(图片来源:作者摄)

英特尔 4004 推动了芯片革命。
(图片来源:作者摄)

当我们提到科技创新时，研究和开发经常是一块出现的。但在英特尔建立之初，其创始团队却把这两个阶段完全区分开来。在仙童半导体公司的经历告诉他们，研究要想投入到应用中，还要经过漫长的过程。他们认为基础研究既花钱，又距离应用太远，所以对基础研究并不重视。

在这种认识基础上，他们做出了一个激进的决策：英特尔不建立单独的研究组织。所有的研究都需要围绕生产线来进行，利用现有的设备来进行开发。为了提升效率，诺伊斯还提出了一个"最小化信息"原则，即开发过程只是用来解决某个具体问题，先设想问题的可能答案，然后对知识的探求只到足以解答这个答案为止，如果路线失败，则再次假设和尝试。

此外，英特尔还要求购买新设备的人员需要自己在生产线上找位置安放，公司不会再给新的位置，这意味着新设备必须极度契合现实需求。一名电气工程专业博士进入英特尔后需要先在生产线上干六个月，以便后续的研究能够更加有针对性。

这种只专注开发而不在意基础研究的创新模式在英特尔初创时期是有作用的，因为它有效节约了成本。但从长远来看，如果缺乏基础研究的创新，就不可能保有持续的创新动力和竞争优势。

▶ 探索开放式创新

20世纪80年代，在传统的存储器业务方面，英特尔在和日本生产商的竞争中落败。随后英特尔做出了一项重要的决策，即放弃存储器业务，将主要精力放在电脑微处理器上。在该领域，英特尔的戈登·摩尔曾经总结出一个著名的"摩尔定律"，即半导体芯片上的晶体管和电阻数量每两年增加一倍。后来，该时间间隔被修正为18个月。这意味着每隔 18 个月，芯片的计算能力就能提升一倍，或者成本下降一半。

为了实现这种进步速度，就必须在原始创新上不断突破。在意识到发展的瓶颈后，英特尔开始重视基础研究，并且深化与公司之外的科研院所合作，通过借助"外脑"弥补自身研发能力的不足。

英特尔采取了几项重要措施。第一是紧密结合业务需要，建立了几间公司内部的实验室。第二是定期举办论坛和学术会议，邀请公司内部研发人员和大学教授等外部研发人员参与。英特尔还办起了学术期刊，接受大学教授的投稿。通过这些平台，英特尔促进了内外研究人员彼此交流研究进展。第三，跟传统研发机构直接拨款给大学做研究不同，对英特尔所支持的大学科研项目，公司会指派研究人员参与进去，直接与学生和老师互动。[1]这种方式加深了彼此间的了解，很多学生毕业后也直接进入英特尔公司工作。

为了进一步加强和科研院所的合作，英特尔于 1999 年雇用了曾经担任美国国防部高级研究项目局（DARPA）信息技术办公室主任的大卫·特宁豪斯（David Tennenhouse）。特宁豪斯是加拿大出生的美国人，曾经在多伦多大学和剑桥大学求学，后来在麻省理工学院也工作过，所以对高校研发和政府资助项目的管理都有丰富经验。

不过，英特尔和高校的研发合作也并非一帆风顺，中间也有很多困惑。曾经担任英特尔副总裁、英特尔中国研究院院长的方之熙说："尽管学校很好，教授们也很大牌，但研究的方向过于偏重基础研究，离英特尔产品很远。与此同时，驻扎在各大名校的英特尔员工在找教授组成研究团队时，发现很难将他们整合起来。最后的结果是，花了很多钱，出了不少文章，但对英特尔的业务却没有太大的帮助。"[2]

---

[1] Henry Chesbrough, Open Innovation: The New Imperative for Creating and Profiting From Technology, US. Harvard Business School Press, 2006

[2] 方之熙. 为什么搞开放式研究. 中国科技奖励，2013 年第 05 期.

后来在不断的探索之中，英特尔总结了几个跟高校合作的原则。首先，要明确研究方向，一方面要具有长远性的影响，但另一方面也不能离应用太远。其次，教授必须是领域带头人，具有一定名望和号召力，能吸引其他优秀人才加入。再次，投入资金上按照政府企业高校 1∶1∶1 投入。最后，鼓励将研究成果开放，为全人类享用。

❯ 跟高校协同创新的形成

现在，跟高校的合作创新已经成为英特尔研发环节中必不可少的一环。2011 年，英特尔推出了英特尔自然与技术中心（ISTC）计划，跟美国本土著名大学合作。截至 2017 年，已经有六个合作项目顺利完成，包括与麻省理工学院进行大数据合作，与卡内基梅隆大学进行云计算和嵌入式计算的合作，与华盛顿大学进行普适计算合作，与斯坦福大学进行机器视觉合作，以及与加州大学伯克利分校进行安全计算合作。

在 ISTC 之外，2012 年，英特尔又在全球范围内推出了 ICRI 项目，将合作范围扩展为全球顶尖高校，目前在实行的 ICRI 项目包括在清华大学的移动网络和计算实验室、在台湾大学的万物互联合作项目、在德国的自动平台安全和分布式系统的自我防护能力研究等。[○]

英特尔认为，"协同创新"就是把"创新"与"合作"高效地结合起来，通过"合作"实现"创新"，利用"创新"推动"合作"。这种理念在英特尔中国的运营中也可以体现出来。

2013 年，在英特尔信息技术峰会上，英特尔公司与清华大学、东南大学和中国科学技术大学签署合作备忘录，联合成立英特尔移动网络与计算协同研究院。这是英特尔引入企业与高校协同创新模

○ Intel Partnership, https://www.intel.com/content/www/us/en/research/par-tnerships.html

式，在国内成立的第一家协同研究院，该研究院的协同创新模式是开放式的，研究成果都向社会公开。

2018年成立的无人驾驶领域实验室以及智能驾驶的联合中心是英特尔开放式创新的一个典型事例。现任英特尔中国研究院院长宋继强说，英特尔虽然自己内部有很好的研究院，但还要从外面去吸取很多别人做过的实验的成果，不是全靠自己封闭式的创新。2018年，英特尔还在中国推出了"AI先锋计划"，在前沿研究、师资建设、人才培养、产业对接方面和中国高校开展全方位合作，探索产学研合作推动人工智能发展的新模式。

正如英特尔在一份报告中所说，英特尔在中国的发展，正是得益于多年来的"协同创新"[⊖]：从最初设立销售和市场中心、制造中心、研究中心发展到建立联合研发中心，以开放的创新架构与中国国内产学研各界合作，共同推动全球企业级、消费电子和其他各行业的未来新发展。

▶ 英特尔资本投资初创企业

英特尔的开放式创新还体现为建立了投资基金，加强跟初创企业的合作。在很长时间里，英特尔研究委员会的负责人莱斯利·L.沃达斯（Leslie L. Vadasz）兼任了英特尔资本的负责人，由此可以看出将研究和资本两者结合起来对英特尔的重要性。

在此之前，英特尔只是投资产业链上的公司，这种投资带有战略目的，以便生产出更加高质量的配件。此后英特尔意识到，一个更强的软硬件生态系统能够提升英特尔芯片产品的价值。比如，如果建立在更强大处理能力基础上的软件和硬件公司发展得更好，意味着英特

[⊖] 英特尔：技术创新——突破极限引领未来，https://www.intel.com/content/dam/www/public/cn/zh/pdfs/technical-innovation.pdf

尔处理器的市场也会越来越大,这会带来双赢的局面。因此,英特尔投资的范围衍生到生态系统中的其他组成部分。英特尔意识到,投资这些公司也代表着更好地理解和投资未来。

从 1991 年开始到 2018 年,英特尔资本已经投资了 124 亿美元,所投资公司位于全球 57 个国家和地区,共有 1 544 家,其中 670 家公司已经公开上市或者被收购。[1]在英特尔资本投资的公司中,可以看到不少中国公司的身影。比如 2010 年英特尔资本投资了总部位于北京、开发视频监控管理平台的东方网力。

第三节　苹果:颠覆式创新

苹果公司位于库比蒂诺的原总部 Apple Campus,办公楼呈环形布局,将办公楼包围起来的路被取名为无线环(Infinite Loop)。这个炫酷的名称让人不禁对科技未来的可能性浮想联翩,也对创始人寄望公司的无限前景心领神会。

苹果于 1976 年由两个都叫史蒂夫的年轻人联合创立,一个是史蒂夫·乔布斯,一个是史蒂夫·沃兹尼亚克。公司成立后,相继推出了苹果 1、苹果 2、丽萨、麦金塔等个人电脑。1985 年,乔布斯被董事会赶出苹果公司,期间苹果一路走下坡路,到了破产边缘。直到 1997 年,乔布斯重归苹果。苹果一开始的名称是苹果电脑公司,后来直接改为苹果公司,因为它的业务已经远超电脑。2001 年,苹果推出 iPod 和 iTunes,从根本上改变了人们享受音乐的方式。苹果还创造了从 iTunes 付费购买音乐的全新商业模式,颠覆了传统音乐产

---

[1] 英特尔资本中国,https://www.intel.cn/content/www/cn/zh/companyinfo/capital.html

业。2007 年,苹果推出了掀起智能手机革命的产品 iPhone。2010 年,苹果推出了 iPad。

苹果公司位于硅谷库比蒂诺的原总部,围绕该总部的路叫无线环路。(图片来源:作者摄)

在硅谷计算机博物馆展出的苹果公司第一款产品:苹果1。(图片来源:作者摄)

2011 年乔布斯逝世,苹果进入了由首席执行官蒂姆·库克(Tim Cook)带领的时代。当年,苹果成为美国市值最高的公司。之后依然保持每年推出新产品的节奏，市值也节节攀升，并在2018年8月份成为历史上第一家市值突破1万亿美元的公司。直到目前，苹果依然被认为是历史上最为成功的公司，也是最具创新力的公司之一。

一个人、一家公司，在其一生或者发展历史上，能够颠覆一个行业，已经算巨大的成就。但乔布斯和苹果却连续颠覆了个人电脑、音乐产业、智能手机和平板电脑等产业。苹果的颠覆式创新是通过三个方法来实现的。

第一，追求卓越的意识。作为苹果的创始人，乔布斯鲜明的创新风格深深植根于苹果公司之中，乔布斯践行的是一种追求完美、实现价值、不负人生的态度。他曾经说过："我们没有机会去做很多事情……这就是我们的生命，我们的生命很短暂……我们可以选择在日本某个地方的寺庙里坐着，可以选择去冲浪，一些高管可以选择去打高尔夫，或者去经营其他公司。但苹果公司就是我们选择这辈子来做的事。所以它必须做到最好，必须值。"⊖

乔布斯的一个鲜明管理风格就是不断挑战创新的边界。他自己曾说："我的工作不是对人好，而是让他们变好。我的工作就是把公司的不同部分组合起来，清理障碍，为关键项目获取资源。为了完成这个目标，我们必须推着人走，让他们变得更好，产生更好的想法。"⊖

因为这样的理念，所以乔布斯在很多人眼里算不上一个"好人"。他对同事极为苛刻，经常冷嘲热讽、反复无常，批评起人来完全不留情面。在这种领导风格下，要避免被乔布斯讥讽的唯一方法是做出无与伦比的产品。一名曾经在苹果公司工作过的员工对我说，在苹果公

⊖ Sanjay Dalal, Apple's Innovation Strategy, Learn How Apple and Steve Jobs Innovate, Published by Sanjay Dalal, 2011

⊖ Sanjay Dalal, Apple's Innovation Strategy, Learn How Apple and Steve Jobs Innovate, Published by Sanjay Dalal, 2011

司工作最大的体会是，苹果把每个人作为螺丝钉的角色发挥到了极致。整个公司的产品会被分隔成若干个小项目，每个项目的目标就是把手头的事情做到完美。

第二，科技与艺术结合。乔布斯深受东方哲学和美学思想影响，他对艺术的追求到了偏执的程度。个人电脑、苹果手机、平板电脑等不仅仅是科技产品，也是时尚产品。它之所以让人趋之若鹜，在于对细节的极度专注。

苹果2精美的外表已经体现了乔布斯对完美的追求。（图片来源：作者摄）

比如包装，相比软硬件开发而言，包装对很多公司而言似乎是最不需要花费精力的地方，但苹果公司在包装的设计上也倾注了大量的心血。在苹果公司内部，有专门的包装实验室，连续几个月时间里，设计师的主要工作就是成千上万次地设计和打开包装，他们的目的只有一个：让消费者能够体会到打开包装时那种期待、兴奋、满足的感觉。一名苹果高级工程师曾经对此评价道："我们用好的想法包装好的想法。"⊖

⊖ Adam Lashinsky, Inside Apple: How America's Most Admired-and Secretive-Company Really Works, Business Plus, 2013

在苹果公司看来,简单、易用和简洁,就是艺术的题中之意。这种对简单的追求体现在苹果产品的方方面面。比如在乔布斯 1997 年回归苹果后,公司砍掉了大量无关业务。在对外宣传时,突出"与众不同地思考"(Think Different)。在 iPod 刚刚推出的时候,苹果公司和广告公司的人都在琢磨怎么打 iPod 的广告。虽然 iPod 有很多新特征都可以说,比如大容量、小体积、滚轮技术等,但他们最后想出来的是高度浓缩的一句话:"把 1000 首歌放到你的口袋里"。苹果的产品把对用户的友好发挥到极致,即使是之前没有用过苹果产品的人,也能够很快上手。

苹果这种对美学和艺术的追求,也体现到了其最新的办公楼 Apple Park 上。2018 年,苹果公司将总部搬到了 Apple Park(这个计划是 2006 年乔布斯就提出来的),因鲜明的科技感和圆形设计,获得了"太空船"的昵称,堪称公司办公楼中的经典之作。

苹果公司新总部,被称为苹果公司近年来最杰出的设计。这里是苹果的游客中心,游客正在利用 iPad 中的增强现实技术观看苹果公司新总部的设计。(图片来源:作者摄)

第三，系统性创新。苹果的设计创新、技术创新、模式创新和营销创新是同步进行的。

设计创新。为了促进设计创新，苹果每周会在设计师团队中举行两种会议，一种叫右脑创意会议，一种叫左脑产品会议。人的右脑主要负责创意功能，代表着情感。左脑主要负责逻辑推理等功能，代表着理智。苹果召开这两种会，可谓用心良苦。在创意会上，苹果鼓励大家头脑风暴，忘掉一切限制，自由畅想。而在产品会议上，设计师和工程师需要把想法分解，思考如何把疯狂的想法付诸实践。在产品开发过程中，这两种会议会就像天平的左右两端一样不断摇摆，直至最终达到平衡。

苹果公司设计团队还践行一个"10-3-1"的原则。意思是说，设计师们需要先想出 10 个完全不同的方案，经过一段时间的尝试后，把这些方案缩减到 3 个，再花数个月的时间，最后凝练成最强的 1 个方案。乔布斯曾说过："我对我们放弃做的，和我们最后选择做的，感到一样骄傲。"

技术创新。苹果最重要的技术创新，很多都体现在用户交互技术中。在苹果最早期的苹果 1 和苹果 2 产品中，采用了键盘输入的方式。1983 年，苹果推出了丽萨电脑，是全球第一款使用了图形用户界面的个人电脑；之后在 1984 年苹果推出的麦金塔电脑中继续使用，大获成功。麦金塔电脑不仅有桌面、图标，还有鼠标、文字和图形处理软件，定义了现在计算机的核心要素。从 2001 年开始，苹果推出的 iPod 采用了机械转盘控制（Scroll Wheel），2007 年和 2010 年推出的 iPhone 和 iPad，均采用了多点触控技术。在后乔布斯时代的苹果，也推出了语音识别助手 Siri、指纹识别、人脸识别等新的人机交互技术。当然，这些技术很多并非苹果的原创，但苹果的过人之处在于能够精准识别出技术的商业价值，并且及时融合到其最新的产品中。

模式创新。不妨想象一下，没有 iTunes 的 iPod，以及没有 App Store 的 iPhone，会否如今天这般成功？事实上，在 1997 年乔布斯重新接掌苹果时，苹果已经处在破产的边缘。但真正让苹果起死回生的，是 2000 年推出的 iTunes 和 2001 年推出的 iPod。依靠着付费下载音乐这个模式创新，苹果才摆脱了死亡阴影，进入新一轮创新的快车道。同样的，如果没有苹果在线商店打造的由成千上万开发者共同组成的生态系统，苹果智能手机的作用也会大打折扣。苹果的故事证明了，光是技术创新并不足以成功，技术创新必须跟商业模式创新相结合。

营销创新。在市场推广上，苹果的饥饿营销广为人知。在一些新产品面世时，苹果会故意控制供应量，制造供货紧张的局面，通过这种方式刺激消费者的购买欲。这种策略是如此成功，现在只要有新品发布，媒体就会关注苹果的零售店外是否有"果粉"排队。甚至一度有些人会认为，有人排队不是新闻，没有人排队才是新闻。

营销的成功还体现在实体零售店上。2001 年 5 月，苹果在美国开始开办苹果零售店。短短三年后，苹果零售店的年度销售额就达到了 10 亿美元，成为史上最成功的零售店。截至 2018 年，苹果在全球拥有超过 500 家零售店，其中也包括苹果公司在其库比蒂诺的总部设置的零售店。零售店不仅仅卖产品，也是顾客近距离接触苹果文化的地方。零售店的设计体现了苹果的风格：富有现代感，又充满简约的艺术气息。

第四节 硅谷公司的创新方法论

由于所处行业的不同，谷歌、英特尔和苹果公司采取了不同侧重点的创新方法。比如谷歌非常强调员工之间的沟通，而苹果实行的却是截然相反的"保密文化"。一名曾经在苹果公司工作过的员工对我说,他和同事共同对一个领导负责,结果因为大家签的是不同的保密协议,所以即使在同一个组里面,也不知道对方在干什么,相互之间不能谈论。有时候他通过一些外面的小道消息得到的公司信息,比他从公司内部知道的还要多,这种文化让他受挫,但这样也不妨碍苹果成为伟大的创新公司。

尽管如此,从这些硅谷公司的成功中,还是能够总结出一些共同的"创新方法论"。除了谷歌、英特尔和苹果公司外,我在走访惠普、特斯拉、领英、脸书等公司后发现,这些硅谷科技公司在人才、愿景、思维和组织架构上至少有以下几个类似的特征。

第一,珍视人才。一名长期在惠普工作的朋友对我说,在惠普创办后的相当长的时间里,惠普的企业文化是营造家庭文化。企业的员工就像家人一样被对待,即使在经济最糟糕的情况下,惠普的两位创始人都坚持不裁员,而是想方设法缩减其他开支。他说:"当时的这种文化让我产生了很强的归属感,谁会愿意离开自己的家人?这种理念也深深影响了后面的公司。"

硅谷大型科技公司给员工开出的薪酬都非常有竞争力。以谷歌为例,一个本科毕业的工程师,刚入谷歌即可以拿到"现金+股权"共计 10 多万美元的年薪。根据美国的家庭普查数据,美国家庭的中位数收入为 5.8 万美元,可见这些科技公司给工程师开出的薪水已经远远超过普通美国人的收入。不仅如此,这个收入放在精英阶层中也丝毫不逊色。加州大学伯克利分校是全美顶尖的公立大学,学校很多教授的年薪是 10 多万美元。一名谷歌工程师对我感叹:"其实要论经验和知识技能的积累,刚毕业的大学生怎么可能跟大学教授相比?这说明公司对人才的珍视,意识到只有较高的待遇才能吸引到足够优秀的人。"

距离斯坦福大学不远的惠普车库,1939 年惠普公司就从这里开始。(图片来源:作者摄)

在休假方面,硅谷公司也相当慷慨。比如脸书员工有 21 天的年假,员工如果成为父亲则会有四个月的陪产假,马克·扎克伯格率先示范休假。领英的工程师对我说,他们每个月会有一个周五可以不上班,干自己的事。每一年,公司会有两周时间的关门,一周在 7 月份,一周在 12 月份。这段时间,整个公司全部放假,这样员工不用再担心放假期间还会有同事给他们发邮件,或者因为别人在努力工作而自己在休息而有"负罪感"。

很多科技公司都提供了让人放松的工作环境。我在参观硅谷科技公司的时候就看到,在办公场所内,不仅会有咖啡角、食品柜这些科技公司的标配,一些科技公司还有额外福利,让工作累了的员工有一个放松的地方。比如脸书园区内有冰淇淋店、阅读角、游戏机房。领英公司内有按摩房、咖啡厅。在谷歌的全球多个办公室都设置有滑梯,这个滑梯既是楼层之间的便捷交通工具,更是排遣工作压力的一种娱乐方式。

进入领英公司总部的食堂,就像进入一个五星级酒店的自助餐厅一样。为了照顾员工的多元文化背景,菜式也是各种各样,还有专门的中餐柜台。在硅谷很多科技公司,员工都可以邀请家人和朋友到餐厅用餐,全部都是免费的。

第二,从"流创新"到"源创新"的思维模式转变。斯坦福大学管理科学与工程系教授谢德荪把企业的创新活动分为"源创新"和"流创新"两种。在他看来,流创新就是在现有的产业链上不断优化以增加价值,而源创新是从0到1的颠覆式创新,打造出全新的价值。更重要的是,源创新不仅是自己在创新,而且也把自身的发展打造成平台给别人提供创新机会,最后共同创造出一个创新生态系统。

领英公司总部内的食堂。(图片来源:作者摄)

谢德荪说,这个理论其实就来源于对硅谷科技公司的长期观察。在他看来,硅谷科技公司就是"源创新"的典型表现。比如苹果早期做电脑的时候是"流创新"的思维。软硬件都做,而且操作系统也比较封闭，很少给别人参与创新的机会，这条路最后证明走不通。而在做苹果手机时，苹果开始使用"源创新"的思路，通过苹果商店的平台，跟外部开发者共建了创新的生态体系。

谷歌也一样拥抱了"源创新"思维。谷歌的一名工程师发现，谷歌地图在印度因为缺乏在线数据而导致使用受限。于是他就提出，为何不让用户来提供缺失的数据？这催生了谷歌地图制作工具，让用户可以对谷歌地图做出修改。同样的例子也发生在谷歌地球，其允许用户对地球添加一定的"图层"，这使得一名用户得以模拟海平面上升100米后产生的后果，起到很好的宣扬环保理念的作用。

在特斯拉公司总部展厅的墙上有一张很大的海报，上面的标语是："OEMS: All our patents belong to you"（传统设备制造商们：我们所有的专利都属于你们）。这句颠覆常识的标语源自埃隆·马斯克的洞见，即电动汽车产业的发展需要大家共同努力，只有共同把蛋糕做大，特斯拉才能实现为世界带来清洁能源技术的愿景。

特斯拉公司内的海报墙。（图片来源：作者摄）

第三，扁平化的组织和去中心化的架构。惠普的两个创始人在经营企业时，坚持"开放大门政策"（Open Door Policy），只要员工有疑问，任何时候都可以到办公室找他们沟通。另外他们还发明了一项"走动管理"（Management by Walking Around）的方式，都是为了尽可能接近一线。在英特尔发展的早期，诺伊斯、摩尔和格鲁夫对仙童半导体的官僚主义记忆犹新，因此下决心改变现状。在英特尔公司规模不大的时候，他们每周非正式地跟员工共进午餐。⊖

谷歌内部对官僚层级可谓深恶痛绝，以至于有段时间一口气砍掉了大量中层岗位。谷歌把开发项目分成一个个小组，并且赋予小组足够多的权限。在硅谷科技公司的一些园区，如果问哪一栋是主楼，有时候工程师们都没法回答上来，因为确实没有一栋楼是所谓的"中心"。谷歌的一名工程师对我说，他的办公室经常变，谷歌园区内的办公楼他基本都待过。这是因为谷歌内部虽然有部门，但是只要员工有一个创意和想法，能够说服其他的同事加入，他们自己就可以组建一个小团队去实现这个目标。从这个意义上说，公司内部的组织和层级不是固定不变，而是可以随着目标驱动而改变的。

特斯拉的一位工程师跟我说，特斯拉显著的特征是同事协作的低障碍（Low Barrier）。如果有想法，完全可以找其他项目的同事合作。他的领导经常鼓励他们，有好的想法就去实施，不用先告诉领导然后等到领导之间去协调好了再去做。

⊖ 阿伦·拉奥，皮埃罗·斯加鲁菲，硅谷百年史，2版，闫景立，侯爱华，译. 北京：人民邮电出版社，2016.

专访加州大学伯克利分校教授大卫·蒂斯："动态能力"助公司从创新中获取价值

大卫·蒂斯（David Teece）简介：大卫·蒂斯是加州大学伯克利分校哈斯商学院教授，是美国公认的企业组织管理、创新管理方面最有影响力的学者之一，他最大的贡献在于提出了"从创新中获取价值"理论和"动态能力"理论。在学界之外，大卫·蒂斯还积极参与产业界的工作，他是硅谷知名咨询公司伯克利研究集团的创始人。除了伯克利外，大卫·蒂斯还曾经在斯坦福大学和牛津大学执教。

问：硅谷公司的创新能力是世界上最强的，您从这些公司中观察到有哪些共同的特征？

答：我认为这些硅谷公司从创办之初就有很强的创业能力，现在即使公司变大了依然能够保持这种活力。奈飞和谷歌都是这样。另一方面，我认为有些公司虽然具有很强的发明能力，但不一定还有很强的创新能力。这两者是不同的，有时候你研发能力很强，但不一定能够直接将这种研发对准市场机会，让公司获得快速成长。其中一个挑战是，所有大型公司都要解决官僚化和森严的等级制度带来的问题。

问：您提到创新并不一定为公司带来利润。您的理论是基于什么样的观察？

答：过去，人们幼稚地认为只要你能够研发出新颖的产品，从技术上来说不同或者更好的产品，你就会在市场上成功。但在市场上成功和在研发上成功是两回事。还有一个关于"快人一步"

的优势的误解，在很多情况下，成功属于第二、三、四、五个这样的后来者。如果你回望历史，Ampex 公司发明了录像磁带，但它在市场上并没有获得成功。

还有一个经典的案例是施乐的帕洛阿尔托研究中心（Xerox PARC）。它发明了个人电脑、鼠标、人机交互界面、激光打印机，所有这些个人电脑时代生态系统的重要组成部分，虽然他们投入巨资做研发，但是没有投入相应的资金去做足以在市场上成功的商业化，这是一个巨大的战略错误。

问：那么企业应该如何才能做到从创新中获利？

答：我们必须承认，为了将发明带入市场，让消费者能够使用，还有很多事情要做。比如需要有生产设备，当然如果是提供软件产品就另当别论了。你需要分发渠道，当然在互联网时代这个也变得容易了。你需要有销售人员、品牌、信用，这就是为什么工程师们经常不能理解为什么他们需要和商业伙伴一起合作，将赢家和输家区别开来的，就是利用和协调互补性资产的能力。有时候这种互补性资产在其他公司手中，你需要购买它们，以便让整个创新生态系统运作起来。

比如说乔布斯，iPhone 出来之前，诺基亚已经有智能手机了。但乔布斯知道他还需要互联网上的内容来提升手机的价值。iPod 也是一样，他需要去说服音乐内容商把音乐拿出来在网上售卖。这不容易，因为涉及知识产权的保护问题，但他承诺提供保护。与此同时，互联网上的内容也在不断扩增多，手机的容量也允许扩大音乐的下载量，乔布斯把所有这些有利的因素都汇聚在一起，系统就运作起来了。

如果你是一家科技公司的经理,你就要频繁地把自己视为协同者和生态环境的掌舵者,你必须要理解你所竞争的生态系统,如果系统还不完备,你就需要去完善它。比如自动驾驶产业,不仅是技术的问题,围绕它的还包括道路的标准化、信号灯的相配套等。这就是为什么我预测在自动驾驶方面中国会走到美国前面,因为需要政府自上而下提供协调。

我强调互补性资产的重要性,确实没有哪家公司能拥有整个生态系统,所以问题就是你如何获得那种协调能力。

问:对企业而言有没有具体可操作的方法?

答:首先是人才,之后是资源。你需要有创造性的人,他们有创造的自由,你也需要有相应的配套资源。如果只是一味想着往公司里面投钱,但是没有考虑公司有没有改变的能力,那结果可想而知。同样的,如果你有一帮全世界最有创意的人,但他们没有资源,这也行不通,两者要结合起来。

中国企业在这方面跟美国企业面临的挑战是不同的。中国企业有时候会有严格和僵化的组织架构,没有留足够的空间让基层的人创新。所以如果有公司能够实行更加去中心化、自下而上的管理模式,比如海尔,他们就会有更好的成功机会。所以中国公司的挑战在于建立灵活的组织架构。另一方面,中国人非常有企业家精神,只要机会是明显的,有人开始做了,很多人就会组织起来对准这个机会。

我认为美国企业的相对优势是他们能够知道下一波浪潮在哪里。我对中国一些初创企业的灵活性印象深刻,他们使用了精益创业的方法,但有时候风险资本投了太多钱,又会让他们没有那么精干。

问：我观察到谷歌、苹果和英特尔三家公司的创新模式很不一样。您怎么看待这三家公司不同的创造力？

答：英特尔确实是非常靠研究驱动的公司，因为他们处在技术的前沿，他们需要新材料和克服物理的局限，英特尔在微处理器上依然非常具有创新性，但他们现在也遇到了摩尔定律的极限。所以是的，有不同种类的创新，取决于你在什么领域。比如海尔做冰箱，可能不一定需要跟很多大学开展基础科研的合作，但这对英特尔是至关重要的。所以创新的方案没有统一的答案，取决于背景。

问：您曾经说过谷歌所做的都不算管理创新，如何理解？

答：在深度的管理方式创新上，这几十年来全球都没有很大发展。如果你从更高层面来思考这个问题，公司组织的建立和有限责任制的建立，那是几百年前的事情。这才是一个重大的创新，因为如果没有有限责任制做保护，没有人会愿意去冒险。意大利人发明了复式记账法，之后会计方法上就没有太多创新了。一家公司最重要的资产其实是无形资产，而这在资产负债表上无法体现出来。在工业时代，当资产主要是有形的时候，复式记账法非常有用。但到了现在这个时代，我经常告诉我的学生，大多数对公司而言有价值的东西跟表上所列的东西并不匹配。所以这意味着会计方法没有很大创新。

过去100年最大的管理创新是去中心化，杜邦公司创造了事业部制组织架构，由20世纪20年代艾尔弗·斯隆向通用汽车公司引入，当时的杜邦在通用汽车发展中扮演了重要角色，之后这种方法开始走向世界。现在也有一些咨询公司宣传创新的方式，但那些都不是根本性的创新。当然当我这么说的时候我是用一个很高的标准在衡量管理创新。当你想到我们正在经历技术创新层面上的剧变时，相比之下管理上的创新就没那么明显了。

中国本身的经济体制就是一个巨大的创新，因为中国创造了一个市场化的制度，带来了很多的市场竞争，同时又保持了中央政府有力的领导。当然这在历史上不是第一个，但是在如此大规模的层面上尝试，还是第一次。现在硅谷的问题是在管理方式的创新上，我们还没有做出很大的改变。有了大数据、人工智能，说不定以后我们能找到新的管理方式。

问：有一名惠普的工程师认为，很多现在在硅谷公司流行的创新管理方法其实都来源于惠普公司。

答：我认为惠普确实是建立了一个去中心化的组织架构。惠普的两位创始人帕卡德和休利特有一个管理办法，叫作"走动管理"，听起来似乎愚蠢，但它的意思是管理团队必须尽可能接近一线。这个理念来自哪里呢？来自美国海军陆战队。领导是管理的重要部分，我们从军队领导那里学到了很多。比如我们从中国著名的战略家孙子那里学到了很多。我们有很多管理方式，根源在军队。

令人意外的是，没有哪种管理方式的创新是来自大学的。这对于大学里的管理学研究来说是一个令人难过的结论。但我认为大学可以做的是帮助人们理解这些管理方式，改进管理，所以即使我们没有发明管理模式，但我们也通过教学和实验对管理实践做出了贡献。

问：我们现在谈谈苹果公司。苹果的很多部件都并非来自公司自身的发明，它所依赖的技术，比如互联网、图形界面、Siri

等都来自政府或者其他公司,所以有些人也质疑苹果的创新能力。您怎么看?

答: 施乐帕洛阿尔托研究中心发明了图形用户界面,但是他们并没有拿这个做什么文章。倒是苹果公司捕捉到了机会,在之后一系列的苹果电脑中使用了这些技术。苹果在一开始的时候并没有很多资源,但他们把钱用在了正确的地方。当乔布斯重新返回苹果公司时,苹果正濒临崩溃的边缘。乔布斯做的是把当时100多个研究项目砍成了6个左右,这就是动态能力,他们识别和抓住了机会。当苹果崛起的时候,最大的失败者是诺基亚。诺基亚的CEO后来回顾这段历史时说,诺基亚不是被一家公司打败的,是被整个生态系统打败的。所以硅谷的公司非常擅长于识别出市场潜在的机会,而且这里也是有各种资源可以帮助你实现这种目标的地方,不仅是当地的资源,而且是世界的资源。

问: 现在有越来越多中国公司走向国际舞台,比如腾讯、阿里巴巴等,它们需要和硅谷的这些科技公司相互竞争。您怎么判断这些中国科技公司的前景?

答: 因为在中国竞争很激烈,在这个过程中很多公司会死去,这是自然进化的规律,也是竞争必然的结果。我有时候会想,失败在中国跟在这里一样被接受吗?只要你承担责任,从道义上讲失败在硅谷这里是完全没有问题的。

中国的公司需要具备动态创新能力,它的三种组成能力,就是感受、抓取和转型,中国公司都要擅长。但我感觉中国很多大公司不擅长于转型。当它们变大之后,就变得官僚。在转型的过程中,一些人会受到伤害,这就是为什么转型会很困难,人们不愿意去改变,因为改变意味着失去一些东西,这中间会有恐惧。

我想说的是，海尔的张瑞敏拿起锤子砸冰箱的那一刻，就是经典的转型，我称之为教科书式的转型。这是一个非常聪明的公共策略，它带来了震动。中国正在从追随者变为创新者，之前中国在抓住机遇方面很强，现在也需要在识别机会上变得更强。

第四章 政府：创新的推手

回顾二战后硅谷的发展，政府这只"有形之手"制定的诸多鼓励创新的政策和法律，给了硅谷崛起重要的推力。如果没有政府对原始创新的持续支持，硅谷就没有发展的深厚根基。如果没有大量国防合同订单，很多脆弱的电子工业和半导体公司无法挺过最困难的创业初期。即使在现在，美国政府依然通过多种方式影响着硅谷的发展。概括起来，政府在硅谷直接或者间接地扮演着四种角色：方向的指挥者、规则的制定者、科研的投资者和产品的消费者。

第一节　方向的领导者

美国政府对科学研发活动的强力介入源于战争的刺激。在第一次世界大战期间，就有很多科学家呼吁政府在支持科研方面扮演长期、稳定的角色。第二次世界大战以及随后的冷战，塑造了美国主要的科技体系。

当今美国政府对国家科技方向的领导，是通过专门的科技决策咨询机构以及国家科技重点计划的提出而实现的。而这些方向的选择，比如信息高速公路计划等，对硅谷发展起到了重要作用。

二战后美国科技体制的演变

第二次世界大战期间，"曼哈顿计划"的成功实施证明"大科学"模式是有效的。劳伦斯伯克利国家实验室、利弗莫尔国家实验室、阿拉贡国家实验室等一批国家实验室相继建立，至今仍然是美国创新体系中的核心组成部分。

战后，美国政府对投资有潜在军事应用价值的技术兴致不减。虽然很多技术最终被证明是徒劳无功的，但这是美国政府开始深度介入指挥和引导科学发展总体方向。在此之前，技术创新主要依靠大学教授和私营企业工程师们的兴趣以及自主选择。政府官员通过决定联邦资助资金和联邦合同的分配、联邦需求的采购、国家实验室的管理等多种方式，深度参与到科研活动中，从而影响科研的走向。

从二战到20世纪50年代，也是美国科技大爆发的时代。飞机、雷达、导弹、核武器、晶体管、计算机等影响当代人生活的技术，都在那段时间内发明或者得到巨大技术改进。

1957年,苏联发射了第一颗人造卫星,在美国引起了恐慌,美国人担心国家的科技领先地位被苏联超越。随后,旨在追赶苏联航天科技的美国国家航空航天局(NASA)成立。1958年,国防部成立了国防部高级研究项目局(DARPA)。

20世纪70年代,美国完善了其科技政策指挥体制,设置了白宫科学技术政策办公室和总统科学顾问。1980年,美国通过了《史蒂文森—怀德勒技术创新法案》,明确了联邦下属的国家实验室积极参与技术转移活动的职责,要求它们必须积极跟地方政府、大学和产业界合作推动研究,并且要致力于向非联邦机构转移技术。同年,明确大学和公司对联邦资金资助的发明具有所有权和处置权的《拜杜法案》通过。

在里根政府时期,之前的一些成功经验被进一步推广和强化,美国陆续通过了一系列法规,建立了小企业创新研究项目(SBIR),资助了半导体产业研究联盟(SEMATECH),形成了鼓励科技创新和技术转移的"组合拳"。

尽管美国政府事实上在科技创新中扮演了重要角色,但美国政界和媒体对政府如何支持创新的想法并没有达成完全一致,这种激烈的观点冲突在美国商务部的先进技术项目(Advanced Technology Program,简称ATP)诞生和消失的短暂历史中体现得尤为明显。

ATP酝酿于老布什政府时期,并于克林顿政府时期正式实施。ATP是一个帮助产业界突破核心技术的项目,产业不分类别,公司不分大小,只要符合特定条件都可以申请项目资助。克林顿政府对该计划曾经抱有很高期待,希望将其打造成类似民用版的DARPA。但很多人批评其是一种产业政策,带来了不公平竞争。在小布什政府上台后,共和党对该计划抱有强烈的敌对态度。2007年该项目最终被废弃。⊖

⊖ Fred Block, Matthew R. Keller, State of Innovation, The US Government's Role in Technology Development, NY. Routledge, 2011

科技决策机构的设置

美国虽然并没有类似中国的科学技术部,但也有一些独立的政府科学决策咨询机构。

第二次世界大战期间,为了动员科学力量,美国政府设置了国家科学研究和发展办公室(OSRD),该机构的目标在协调用于军事目的的科学研究,由万尼瓦尔·布什担任主任,直接向美国总统罗斯福汇报。

在万尼瓦尔·布什的领导下,国家科学研究和发展办公室积极介入军方对先进武器的研发中。在1940年的时候,美国联邦政府在科学投入上只有6 900万美元,而在从1941年开始国家科学研究和发展办公室存在的五年间,光这个办公室就花费了4.5亿美元。[⊖]随着战争的结束,在1947年该机构也成为了历史,其职能转移到了国立卫生研究院、原子能委员会以及随后成立的国家科学基金会等机构中。

1976年,白宫设置了科学技术政策办公室(OSTP),负责为总统提供科学咨询。办公室主任对外广为人知的身份是总统科学顾问,同时也是总统的科学技术助理。通过这个机构的设立,战后联邦政府最高层面的科技方向指挥有了常态化机制。

除白宫科学技术政策办公室外,美国还设置了一个内阁级别的国家科学技术委员会(NSTC),由总统担任委员会主席,副总统和内阁部长们参与,负责制定明确的国家科学发展目标,提供科研资金分配

⊖ The Gale Group Inc, Dictionary of American History: Office Of Scientific Research And Development, 2003, https://www.encyclopedia.com/social-sciences-and-law/political-science-and-government/military-affairs-nonnaval/united-states-office-scientific-research-and-development

的建议。该委员会下面设置了六个子委员会,内容涵盖环境科学、科学和工程技术教育、国土和国家安全等。

因为白宫科学技术政策办公室和国家科学技术委员会都是联邦政府内部部门,所以提供的意见难免有自身利益考量。为了使得咨询结果更加客观,美国还设置了总统科学技术顾问委员会(PCAST),由外部科学家组成,为总统提供独立的咨询。

现任美国总统特朗普被不少美国人称为近年来最不重视科学的总统。他曾经威胁要撤掉白宫科学技术政策办公室。虽然最终没有撤,但在他上任后很长一段时间都没有任命办公室主任,直到2019年1月份,气象学家凯尔文·德勒格迈尔(Kelvin Droegemeier)才被国会确认担任该职,创下了美国历任总统中在第一任期内最晚确定该职位人选的记录。

国家科研方向对硅谷的影响

在美国政府科学决策咨询机构的影响下,美国政府因应时代需求,出台一些大的科学计划,以此指挥一段时期内国家重点科研资源的投入方向,比如"曼哈顿计划""阿波罗计划""星球大战计划""信息高速公路计划""国家纳米计划""癌症登月计划""脑科学计划"等。

在20世纪60年代美国将宇航员送往月球的"阿波罗计划"中,NASA需要大量的集成电路产品。比如,每台阿波罗导航电脑需要5 000个集成电路,用于计算和指挥火箭和登月飞船的方向,而仙童半导体赢得了当时政府的采购合同。⊖

在这些计划中,已经对硅谷产生重要影响的,还有"信息高速公路计划"。1993年,时任美国总统克林顿和副总统戈尔提出了国家信

⊖ Walter Isaacson, The Innovators, NY. Simon & Schuster Paperbacks, 2014

息基础设施计划（The National Information Infrastructure，简称NII），提出要大力发展信息技术基础设施，提升高性能计算和通信网络能力，明确了政府作为信息技术的率先使用者的角色。克林顿政府指出，就像二战后美国兴建的发达高速公路路网推动了经济发展一样，信息高速公路也将为美国经济带来繁荣，因此该计划被形象地称为"信息高速公路计划"。

"信息高速公路计划"准确把握住了时代趋势和潮流，多国纷纷跟进，对日后全球信息技术的爆发式发展起了重要的推动作用。作为全球信息产业的中心地带，硅谷则是这波浪潮最大的受益者之一。现在硅谷的硬件、软件、互联网公司，无不有赖于该计划所奠定的坚实基础。

虽然被广泛认为是"最不喜欢科学的总统"，但特朗普在任上提出的"量子倡议"和"人工智能计划"两项科学计划，将会对硅谷未来产生深远影响。

2018年12月，特朗普正式签署"国家量子倡议法案"。在此之前，该法案在国会得到两党的一致同意。该法案明确了国家标准和技术研究院、国家科学基金会、能源部等重要联邦政府部门在促进量子科学发展上的角色，同时将新建立多个量子科学研究中心，在未来五年由能源部投入12.5亿美元用以支持量子科学的研究，鼓励政府、大学和工业界共同合作，建立美国量子科学的生态系统。

目前，"摩尔定律"已经渐渐走到极限，科技界要继续突破计算能力的发展瓶颈，将有赖于对量子计算的研究。因此，美国政府这项计划立即在硅谷得到热烈响应。英特尔量子硬件部主任吉姆·克拉克（Jim Clarke）表达了英特尔对这一国家计划的支持。他说："该计划将增加美国在量子计算上的科研投入，有望通过计算机速度的大幅提升而解决国家面临的一些重大挑战，英特尔很期待和政府、大学在该领域的合作。"

2019年2月,特朗普签署行政命令,正式宣布美国将实行"人工智能计划"。该计划将聚集联邦政府的资源以发展人工智能技术,重点关注五个方面的内容:第一是在人工智能研发中加强投入,联邦政府的资助将优先用于人工智能发展。第二是释放人工智能资源,让人工智能研发人员可以更便捷地获得联邦政府的数据、模型和计算资源。第三是设置人工智能指导标准,要求国家标准和技术研究院牵头制定技术标准,明确人工智能在各个行业运用的监管规则。第四是加强人工智能劳动力的培养,要求联邦机构优先培养人工智能相关的技术。第五是加强国际合作和保护美国的人工智能优势。

当前,硅谷正在将研究和创业重点从互联网向人工智能转移。一名硅谷投资人甚至对我说,他现在"非人工智能不投"。与此同时,世界范围内各国对人工智能技术也纷纷发力,硅谷面临日益明显的人才、资金和技术的挑战。在这样的背景下,美国政府提出"人工智能计划",外界普遍认为是对国际竞争的回应。

第二节 规则的制定者

政府需要为科研创新活动创造公正合理的制度环境,激发创新活力,维护市场运行秩序。这些目标,主要是通过一系列法律法规的出台而实现的。美国设立扶持科学技术发展的机构以及推出一系列扶持政策,往往是法律先行。比如美国国家科学基金会、美国国防部高级研究项目局等,都是以法案的形式设立。

在20世纪80年代后,美国陆续出台一系列鼓励科技发展的政策法规。1980年,美国国会通过了《史蒂文森—怀德勒技术创新法案》，这是美国第一部主要的技术转移法律。其规定，联邦实验室具有技术转移的职责，必须设立技术转移办公室，并有至少一名全职员工负责此事。国家实验室的预算中，也应该包含部分技术转移的开支。

此后，同样在1980年通过的《拜杜法案》、1982年的《小企业创新法案》、1984年的《国家合作研究法案》、1986年的《联邦技术转移法案》、1988年的《综合贸易与竞争力法案》、1989年的《国家竞争力技术转移法案》、1992年的《小企业研发强化法案》、1993年的《国家合作研究与生产法》、1996年的《国家技术转让与促进法案》、2000年的《技术转让商业化法案》等，都极大推动了美国的科技进步。其中，最有名的当属《拜杜法案》。

▶《拜杜法案》出台

2016年2月17日，李克强总理在国务院常务会议上说："美国搞过一个《拜杜法案》，这对美国的创新发展起到了很大的撬动作用。像这样的国际经验还要好好研究。"被李克强总理提到的这个法案，到底是怎么产生的呢？

20世纪70年代，美国经济陷入停滞。当时美国政府积累了2.8万个专利，但只有不到5%的专利被许可使用，大量专利被束之高阁、闲置浪费。之所以会造成这种状况，主要是因为当时不完善的技术转移政策。

当时美国政府的政策规定，只要是通过联邦资金资助的项目，其专利所有权归政府，发明人不享有专利所有权。当时普遍的观点认为，联邦资金来自于纳税人，属于全民所有，如果专利发明人可以转移获利，则相当于用全体纳税人的利益补贴了某些个体。

此外，当时不同的政府部门制定了不同的成果转移规定，如果有大学教授、私营公司的工程师等发明人想要转移专利，就需要跟很多政府部门打交道，程序极为繁琐。

美国政府当时每年在研发经费上的投入高达 750 亿美元，产生了大量专利成果。但这样的体制造成的结果是资源严重无法匹配。一方面，大学和教授并没有动力去转化科研成果，另一方面，政府也缺乏转移这些成果的渠道。

当时，位于印第安纳州的普渡大学有一项得到美国能源部资助的技术，却无法得到转化，于是普渡大学向该州参议员伯奇·拜（Birch Bayh）抱怨。另一位堪萨斯州参议员罗伯特·杜尔（Robert Dole）也遇到了类似的问题，于是他俩决定共同推动法案。1980 年 12 月 12 日，《拜杜法案》通过，正式名称为《专利与商标法案修正案》，不过大众习惯以他们两人的名字称呼这一法案。

《拜杜法案》最核心的要义在于，建立了一种专利授权许可的"去中心化"架构，即将专利的所有权和处置权移交给大学和教授等个体，而非由联邦政府统一支配。以大学为例，《拜杜法案》规定，一般情况下，大学享有联邦资助资金支持的发明的所有权，除非有特殊说明。

此外法案还有一些细节值得关注。比如大学在收到发明披露的 60 天内，必须向联邦政府报告，对选择转移的技术，大学必须为之申请专利。大学必须尝试转移这些技术，如果大学没有尝试转移，当特殊情况发生时，比如为了应对公众健康和安全威胁，联邦政府保留接管发明的权力。在专利转移时，大学在保证公正市场价值的前提下，必须对小企业给予优先权。

这个法案通过后，大学纷纷建立了技术转移办公室，技术成果转化呈现井喷状态，科技成果转化率在短期内提升了十倍。因此，《拜杜法案》被誉为美国 20 世纪最具激励性的法案之一，开启了美国科技创新生态的繁荣景象。

▶ 加州法律反对竞业禁止条款

在美国，对雇佣合同中的竞业条款规定属于由各个州决定的事项，联邦政府没有统一的法律规范，而各州对雇员在离职后是否从事跟原公司有竞争业务的职位或者活动，其态度和做法是不一样的。一些州规定，"合理"的竞业禁止条款是可以的。因此这意味着雇员一旦陷入麻烦的法律官司，就要耗费大量金钱聘请律师，在法庭上证明这个竞业禁止条款是"合理"还是"不合理"，这本身就是一种阻吓。

自从 19 世纪后半段开始，加州就对限制雇员就业持反对态度。加州商业和职业法（Califonia Business and Professions Code）第二部分，关于维护和规范竞争的内容中，第 16 600 条规定："除本章另有规定外，任何限制相对人或第三人从事合法职业、交易、商业的合同均属无效。"⊖

这里的"另有规定"，一般指的是商业秘密。这意味着雇员不可以无所顾忌地将在原有雇主那里得到的秘密应用于新的商业活动。比如，作为一个市场营销人员，加州法律不禁止他去招揽原有的顾客。但如果其利用公司的商业秘密，比如顾客清单，那可能就是违法的。

除了这些特殊情况外，雇员的流动是不受限制的。这就意味着，如果雇主要把竞业禁止条款放入聘用合同中，就是非法的。雇主如果因为雇员不愿意签署这一约定而不聘用，也是非法的。这一规定扫除了硅谷工程师和高管们流动的障碍，而这正是硅谷创新的秘方之一。

⊖ California Legislative Information, https://leginfo.legislature.ca.gov/faces/codes_displaySection.xhtml?lawCode=BPC&sectionNum=16600.

一些有远见卓识的公司领导者也支持这一模式。英特尔创始人罗伯特·诺伊斯（Robert Noyce）曾说道："我们员工的流动，快速地让设计、制造和营销上的新技术得以扩散开来。"

一系列支持小企业的法案

美国于1953年7月30日通过《小企业法案》，在联邦政府层面设立了小企业管理局（SBA），它的职责定位为"援助、咨询、协助和保护小企业关注的利益"，同时还规定该局必须保证小企业在政府合同以及多余资产处置中占有"一定比重"。1954年，该局开始为小企业提供直接贷款或者提供银行贷款担保，同时对受自然灾害影响的小企业提供支持，为小企业赢得政府合同，也帮助企业管理者提升管理能力，为其提供技术支持和商业培训。

为了进一步促进小企业发展，美国于1958年通过的《投资公司法案》建立了小企业投资公司项目（SBIC），为私营的风险投资公司提供资金支持，专注于为高风险小企业提供贷款和证券投资。这是基于当时美联储的一项调查，发现小企业无法获得为提升技术所需要的贷款。

1980年，在苹果公司股票公开上市之前，苹果就从洲际伊利诺伊风险公司（Continental Illinois Venture Corp）这家小企业投资公司获得了50万美元的投资。[⊖]直到今天，小企业管理局依然在各个领域支持和帮助中小企业。

1982年，美国通过了《小企业创新发展法案》，该法最重要的作用在于依托小企业管理局设置了小企业创新研究项目（SBIR），并规

⊖ Mariana Mazzucato, The Entrepreneurial State: debunking public vs. Private sector myths, revised edition, NY. PublicAffairs, 2014

定联邦政府机构中年度对外划拨研发经费超过 1 亿美元的部门（比如能源部、国防部等），每个必须拿出其不少于 0.2% 的年度预算用于支持 SBIR。此后，该比例逐年上升，2017 年该比例上升为 3.2%。2019 年财年，参与的联邦政府部门共有 11 个。接受过 SBIR 资助的知名公司包括高通、赛门铁克、Jawbone、达·芬奇手术机器人等。

该项目资助员工少于 500 人的小企业，设立的初衷就是让中小企业可以参与到联邦研发资金的申请中，确保中小企业也能够跟大企业拥有一样的机会。如果某些创新想法非常大胆前卫，以至于风险资本也会觉得太过"冒险"，这时 SBIR 就可以在某种程度上成为政府风险投资基金。

1992 年，美国又通过了《小企业技术转让法》，开始实施小企业技术转移项目（STTR）。作为 SBIR 的补充，STTR 的目的在于促进非营利性研究机构科研成果的转化，加强企业与研究机构间的合作。STTR 跟 SBIR 一样，申请的企业都必须是员工少于 500 人的小企业，但是区别于 SBIR，企业无法单独申请 STTR，必须要跟其他非营利性机构共同合作申请。联邦政府部门中每年研发投入超过 10 亿美元的部门，必须拿出 0.45% 的研发资金来支持 STTR 项目。目前有五个美国联邦政府部门参与 STTR 项目，即国防部、能源部、卫生及公共服务部、国家航空航天局以及国家科学基金会。

根据旧金山湾区委员会的研究，2015 财年，共有 1027 个新的 SBIR 和 STTR 项目被加州的小企业获得，其中又有大约 1/3 流向了硅谷地区。加州公司获得的支持金额达到 5 亿美元左右。不管是获得支持的项目数量还是项目总金额，加州都远远领先于第二名的马萨诸塞州和第三名的弗吉尼亚州。⊖

⊖ The Bay Area Council, The Bay Area Innovation System, March 2019, http://www.bayareaeconomy.org/report/the-bay-area-innovation-system/

第三节　科研的投资者

在《科学：没有止境的前沿》中，万尼瓦尔·布什向美国总统罗斯福提出，科学对治疗疾病、确保国家安全和国民福祉是非常重要的。科学的发展有赖于掌握自然规律和研究技巧的科学家，而战争让这部分人口出现了严重短缺。如果人们能基于自己的能力、而非家庭经济状况来决定是否接受高等教育，那么美国会在各个领域得到改善。[⊖]

这份报告的意见得到了采纳。美国总统罗斯福对此说道："新的前沿正在我们面前，如果我们也能够用相同的远见、勇气和动力，就能够创造一个更加充实、富有成效的就业状况，以及更加富足的生命。"

这份报告，开启了政府强力介入科研活动的新时代。支持科研成为美国多个联邦政府部门的重要工作，并已经在美国社会达成了共识。目前美国有 15 个联邦部门为科研活动提供资金。其中最主要的是国家科学基金会、卫生与公共服务部、国防部、能源部、国家航空航天局、农业部、国土安全部和商务部。2015 年，这八个部门的科研投入占联邦科研总投入的 97%。

▶ 美国国家科学基金会（NSF）

受《科学：没有止境的前沿》这份报告的直接推动，美国国家科学基金会由国会批准成立于 1950 年，旨在促进科学进步，推进国家繁荣、国民健康和福祉，提升国防实力。2019 财年，国家科学基金会的预算约为 75 亿美元，占全美国所有大学学院获得的联邦资金支

⊖ Vannevar Bush, Science: The Endless Frontier, 1945, https://www.nsf.gov/od/lpa/nsf50/ vbush1945.htm

持的27%。[1]如果剔除掉支持生命科学领域的国立卫生研究院（NIH），则国家科学基金会占所有联邦支持的60%。在数学、电脑科学和社会科学领域，该基金会是最大的联邦支持来源。

国家科学基金会强调对跨学科研究的支持，在2019财年其强调的领域包括天体物理、数据革命、生命本质、量子飞跃、人机互动、北冰洋等。通过严格的评审程序，会从大概5万份申请中选择资助约1.1万个研究项目。

国家科学基金会支持跨大学合作。为此，国家科学基金会建立了一个创新合作项目（I-Corps），该项目强调大学之间的合作，并鼓励大学将国家科学基金会资助的研究成果商业化。目前国家科学基金会在美国建立了九个创新合作节点，其中硅谷的节点由斯坦福、伯克利和加州大学旧金山分校共同组成。

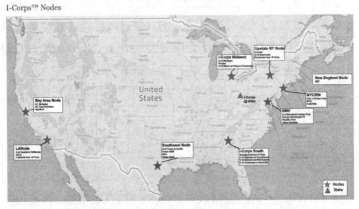

美国国家科学基金会在全国各地设置的I-Corps节点。
（图片来源：美国国家科学基金会网站）

美国国家科学基金会不仅资助基础研究，也支持大学跟产业界的合作。1973年，国家科学基金会启动了一项名为"产业—大学合作

---

[1] 资料来源：美国国家科学基金会官网，www.nsf.gov

研究中心"（IUCRC）的项目，意在鼓励大学和产业界之间建立联合研发中心，国家科学基金会给予资金支持。国家科学基金会还强调，相比单个大学和产业界合作共建中心，由多个大学和产业共同合作的模式更受鼓励，因为它能扩大参与面。

产业—大学合作研究中心项目

美国国家科学基金会在全美各地设置的产学合作研究中心。
（图片来源：美国国家科学基金会网站）

国家科学基金会帮助了很多硅谷公司的诞生和成长，比如谷歌。在互联网诞生的早期，在网络上寻找到有用信息非常困难。1994年，国家科学基金会启动了一个多机构联合资助的数字图书馆计划（Digital Library Initiative），共做了六笔拨款，其中一笔去了斯坦福大学，而谷歌创始人拉里·佩奇就受到这笔款项的资助，开始用网页之间的链接数量和质量给网页进行排名。后来，同样在数字图书馆计划项目中工作的谢尔盖·布林也加入进来，当时的布林还同时受国家科学基金会的研究生奖学金项目资助。两个人随后共同开发了 PageRank 技术，成为世界上最知名的搜索引擎技术，并以此为基础创办了谷歌。

▶ 美国国立卫生研究院（NIH）

美国国立卫生研究院隶属于美国卫生与公共服务部，是世界上最大的生物医药研发机构，旨在研究自然和生命系统的本质和运行规则，并将这些知识应用于促进健康、延长寿命、减少疾病和残疾。研究院每年投入 373 亿美元，支持大约 5 万个项目，来自全球 2 500 个大学和医学院的 30 万名研究人员参与研究。[1]

有研究人员做过统计，在 1938~2013 年期间，国立卫生研究院在生命科学领域的投资总共达到了 8 840 亿美元。在此期间，除了少数特殊年份外，国立卫生研究院每年投入的金额都在上升。[2]而相比较而言，风险投资和股票市场投资则是在不断波动。在医药领域，国立卫生研究院是美国乃至全球最大的知识创造所在地。若非以此为基础，风险投资和公众资金不可能投入到生物医药行业。因此，风险投资实际上是在借助国立卫生研究院"冲浪而行"。

在 2019 财年，受国立卫生研究院资助的硅谷地区的研究机构基本情况如下。

机构名称	资助金额（美元）	资助数量
加州大学旧金山分校	6 671 958	15 个
斯坦福大学	3 729 147	12 个
凯泽基金会研究所	1 500 808	2 个
北加州学院	1 091 649	2 个
斯坦福国际研究院	747 154	1 个
旧金山州立大学	711 587	1 个
劳伦斯伯克利国家实验室	521 804	1 个

数据来源：https://report.nih.gov/award/index.cfm?ot=&fy=2019&state=CA&ic=NHLBI&fm=&orgid=&distr=&rfa=&om=n&pid=&view=statedetail#tab1

---

[1] 资料来源：国立卫生研究院官网，https://www.nih.gov/about-nih/what-we-do/budget

[2] Mariana Mazzucato, The Entrepreneurial State: debunking public vs. Private sector myths, revised edition, NY. PublicAffairs, 2014

美国国防部高级研究项目局（DARPA）

国防部高级研究项目局建立于 1958 年 2 月，是在苏联发射第一颗人造卫星后，由时任美国总统艾森豪威尔紧急成立的。它成立的意义在于，此前军方所支持的项目都是具备较快应用前景的技术，而这个项目鼓励最前沿的研究，有些成果甚至 10 年 20 年内都看不到实际应用价值，这使得科学家可以探索更广泛的科技领域。20 世纪 60 到 70 年代，DARPA 对半导体产业的发展起了很大推动作用。

施乐硅谷研发中心的艾伦·凯曾经说："计算机科学方面，我所能想到的所有好事有 90%受到了美国国防部高级研究项目局的资助。"⊖确实，国防部高级研究项目局对美国芯片工业产生过重要影响。20 世纪 70 年代后期，美国计算机产业面临发展瓶颈，很多人在芯片设计领域工作，但因为制造成本过于高昂，无法将设计的芯片变为现实。国防部高级研究项目局于是在南加州大学建立了一个实验室，只要芯片设计足够好，实验室可以帮助制造。

互联网的发明得益于国防部高级研究项目局，它早期只是一个用于国防研究的项目，后来在民用领域获得快速发展。此外，图形用户界面、Siri、GPS 等的开发也受益于国防部高级研究项目局。2019 财年，国防部高级研究项目局的预算为 34 亿美元。⊖

近些年在硅谷最先发展起来的自动驾驶技术，就有赖于国防部高级研究项目局的支持。美国国防部很早就意识到，为了减少战场上军队的伤亡，开发自动驾驶汽车是重要举措。为了鼓励该技术的研发，2004 年，国防部高级研究项目局启动了一项自动驾驶汽车挑战赛，

⊖ 阿伦·拉奥，皮埃罗·斯加鲁菲. 硅谷百年史，2 版. 闫景立，侯爱华，译. 北京：人民邮电出版社，2016

⊖ 资料来源：美国国防部先进研究项目局官网，www.darpa.mil

参赛的汽车需要穿过从加州到内华达州长达 200 多千米的沙漠地带，最后获胜者可以得到 100 万美元奖金。

不过，当年参赛的队伍没有一支能够完成比赛，成绩最好的是卡内基梅隆大学开发的汽车，但也只开了不到 12 千米。第二年，比赛卷土重来，参赛的 24 支队伍里面有 23 支超过了 12 千米的首届最佳成绩，有 5 支队伍完成了 212 千米的全程，最后，斯坦福大学开发的汽车以不到 7 小时的最快达到终点时间夺得桂冠。之后，自动驾驶技术获得了飞速发展。

▶ 美国能源部的国家实验室系统

第二次世界大战期间，战争对高新技术的需求暴增，美国开始集中全国最优秀的科学家集中攻关战场急需的技术，包括麻省理工学院的放射实验室、加州大学伯克利分校的劳伦斯伯克利实验室以及芝加哥大学的冶金实验室。为了配合研发原子弹的"曼哈顿计划"，又在新墨西哥州建立了洛斯阿拉莫斯国家实验室，在田纳西州建立了橡树岭国家实验室。至此，美国国家实验室体系正式形成。

战后，这些国家实验室得以保留，目前美国能源部有 17 个国家实验室，是世界上最大的科研系统之一。能源部提供了联邦对物理、化学和材料科学的研发资金的 40%。在硅谷及其周围有四座国家实验室：劳伦斯伯克利国家实验室、劳伦斯利弗莫尔国家实验室、桑迪亚国家实验室加州分部和斯坦福国家加速器实验室。

劳伦斯伯克利国家实验室的起源可以追溯到 1931 年，由伯克利物理学教授恩内斯特·劳伦斯建立的高能粒子回旋加速器装置。建立后，实验室一直由加州大学伯克利分校管理。自诞生以来，劳伦斯伯克利国家实验室产生了 13 位诺贝尔奖获得者，主要集中在物理和化学领域。劳伦斯伯克利国家实验室是"团队科学"理念的最早倡导者，这个科研范式的重要性在当今世界日益凸显。目前，劳伦斯伯克利国家实验室在能源科学和技术、地球和环境科学、计算机科学和生命科学等领域设置了多个跨学科研究中心。

劳伦斯利弗莫尔国家实验室专注攸关国家安全的技术研究，包括核不扩散和安全、反恐、生物安全、能源和环境安全研究，隶属于能源部核安全局。年度预算为15亿美元，共有6 300名左右雇员。

桑迪亚国家实验室总部位于新墨西哥，于1956年在加州建立分部，位置紧挨着劳伦斯利弗莫尔国家实验室。其研究领域跟劳伦斯利弗莫尔国家实验室有很多接近的地方，包括核威慑、网络安全、先进制造、国土安全和全球安全。

斯坦福国家加速器实验室的年度预算大约为5亿美元，有1 500多名雇员，探讨物质结构和能源、空间和时间属性，每年还有数千名来自全球各地的科学家一起到这里来研究天体物理、光子物理、化学、结构生物、新能源等领域的科学问题。

斯坦福国家加速器实验室。
（图片来源：作者摄）

斯坦福国家加速器实验室曾经在苹果公司的创立中发挥过作用。1971 年,沃兹尼亚克在加州大学伯克利分校上学时,偶然从一本杂志中读到极客们制造出了一款可以免费拨打电话的电子设备,他兴奋地告诉了乔布斯。沃兹经常溜到斯坦福国家加速器实验室的科技图书馆找资料,他跟乔布斯说,如果有地方能够找到使用这种设备相关的频率手册,肯定就是那个科技图书馆。果不其然,两个人溜进了实验室的图书馆里找到了手册,为此兴奋不已,经过一番不停倒腾,制作出了被称为"蓝盒子"的电话。

两个人后来经常拿这个"蓝盒子"恶作剧,最过火的一次是假扮基辛格要跟罗马教皇通话。这段经历点燃了两个电子产品发烧友的发明热情。在沃尔特·艾萨克森所著的《乔布斯传》中,记载了乔布斯后来对此事的回忆:"如果没有蓝盒子,就没有苹果公司。我百分之百确信这一点。沃兹和我学习如何一起合作,我们也收获了自信,就是我们可以解决技术问题,然后把它变成产品。"⊖

▶ 美国国家航天局埃姆斯研究中心

虽然美国国家航空航天局总部位于首都华盛顿特区,但其早在 1939 年也在硅谷建立了一个大型研究中心,名为埃姆斯研究中心(Ames Research Center),也是 NASA 的十个研究中心之一。埃姆斯研究中心是美国联邦政府除四个国家实验室外在硅谷设立的大型研究实体,现在的地址位于谷歌公司附近,2016 年的年度预算为 9.2 亿美元,拥有 4 700 名雇员。⊜研究领域是空间和地球科学、天体生物学、返回系统、空中交通管理技术等,其在 NASA 几乎所有重大

⊖ 沃尔特·艾萨克森. 乔布斯传. 管延圻, 等译. 北京: 中信出版社, 2011
⊜ NASA Ames Research Center, https://www.nasa.gov/centers/ames/about/index.html

任务中都扮演了角色。

埃姆斯研究中心不是仅埋头于完成国家航天研发任务，也致力于和工业界合作。其设置有技术伙伴办公室（Technology Partnership Office），将 NASA 有潜在商业应用的技术在网站上列出，寻找潜在合作伙伴。埃姆斯研究中心同时鼓励初创公司将 NASA 开发的技术商业化，设置有小企业办公室（Small Business Office），帮助小企业对接 NASA 的采购合同机会。

由于地处硅谷，其跟加州的科技公司也建立了密切的合作关系，有些科技研发任务是通过订单方式交由高科技公司完成。在该中心的网站上，介绍了其数十年来研发的突破性技术，其中就包括和 Systems 技术公司通过订单方式合作开发的防酒驾测试预警系统。硅谷传奇人物马斯克创办的 Space X，唯一的顾客就是 NASA，通过不断承接 NASA 的合同而维持生存。

乔布斯第一次看到电脑也是在埃姆斯研究中心，当时的场景深刻影响到了他对个人电脑的兴趣。

NASA 埃姆斯研究中心是硅谷重要的联邦科研机构。（图片来源：作者摄）

美国联邦和州对大学的资助

联邦政府是硅谷地区顶尖研究型大学科研投入的最大来源之一。2015年,斯坦福大学约2/3的科研支出来源于联邦政府,国立卫生研究院和国防部是最大的经费来源。2015年,来自国立卫生研究院的资金占加州大学旧金山分校科研投入的61%。2015年加州大学伯克利分校大约48%的科研资金来自联邦政府,美国国家航空航天局、国立卫生研究院和国家科学基金会是最大资助者。

美国对科研的投入还通过遍布各州的公立大学系统实现。硅谷地区的加州大学伯克利分校、旧金山分校、圣塔克鲁兹分校、戴维斯分校四所大学都非常依赖加州的财政投入。

根据美国国家科学基金会的统计数据,2013年,在美国共805亿美元的基础科研投入中,大学接受了其中413亿美元(大约一半)的研发任务。在应用研究层面,在全国906亿美元的投入中,大学吸收了186亿美元(21%)。美国联邦政府依然是大学里基础研究的主要经费来源,资助了59%(241亿美元)的基础研究,以及53%(98亿美元)的应用研究。⊖

二战后,美国通过国家科学基金会和国防部高级研究项目局等机构,在全国遴选了麻省理工学院、加州理工大学、约翰·霍普金斯大学、斯坦福大学和加州大学伯克利分校等少数几所大学,加大经费资助力度,力图保持其在全球高科技领域的先进地位。

伯克利的研究人员曾经对电气工程和计算机科学系里最大的科

⊖ Report to the National Science Board on the National Science Found- ation's Merit Review Process Fiscal Year 2015, https://www.nsf.gov/nsb/publications/2016/ HigherEdPublicGoodOne-Pager1.pdf

研主体——电子研究实验室的经费来源做了统计，在1980年到1997年之间，联邦政府都是其最大的资助来源。这些资助的作用非常明显。在二战之前，加州大学伯克利分校的电气工程和计算机科学专业在全国还默默无名，但靠着一系列强有力的资助和研究项目，在20世纪60年代末已经可以在各项排名中比肩麻省理工学院和斯坦福大学。⊖

美国政府通过为公立大学提供持续资助，一方面鼓励原始创新，另一方面也鼓励学生的创业活动。2017年12月，加州政府提供给伯克利220万美元资助，以支持学校的创业教育和学生的创业活动。在伯克利，这笔钱用于改善原有的教育项目，比如聘请教职员工、开设创业课程、扩大孵化器面积等。伯克利有300多个创业项目共获得了47亿美元的支持。⊖

加州之所以愿意这么做，是因为意识到大学所催生的初创企业能够给地方经济带来的巨大作用，这些产业包括生物技术、航空航天、数字媒体、电脑软件等。除了伯克利外，加州大学系统的另外九个分校也得到了同样力度的支持，州政府为此共提供了2 200万美元。

苹果公司成功背后的"政府之手"

苹果公司是至今为止最为成功的科技公司之一，但英国伦敦大学学院教授玛丽安娜·马祖卡托（Mariana Mazzucato）在研究后认

⊖ Martin Kenney and David C. Mowery, Public University and Regional Growth: Insights from the University of California, CA. Stanford University Press, 2014
⊖ Keith Joseph Mcaleer, State grant accelerates UC Berkeley's innovation and entrepreneurship, UC Berkeley News, Dec 18, 2017, http://begin.berkeley.edu/2017/12/18/state-grant-accelerates-uc-berkeleys-innovation-and-entrepreneurship/

为，苹果公司的成功离不开美国基础创新体系的支持。苹果公司的创新，更多不是体现在"开发"技术，而是体现在"组合"技术。而它所组合的技术，很多是建立在美国国防部、贝尔实验室等机构的研究成果的基础之上。⊖

很长一段时间里，苹果是一家电脑公司，其主要产品是苹果电脑。2001年，苹果推出了iPod，它的主要卖点是可以储存大量歌曲。当时索尼公司的Walkman等产品还是只能装十几二十首歌曲的CD播放，轻便的iPod却能储存成千上万首歌曲，一下子就颠覆了音乐产业。而它所依赖的储存技术，背后的原理是巨磁阻效应（GMR）。

2007年，该现象的发现者之一、德国物理学家彼得·格林贝尔格（Peter Grünberg）教授获得了诺贝尔物理学奖。他曾经在美国能源部资助的阿贡国家实验室工作，而巨磁阻效应部分依赖于当时的成果。值得一提的是，格林贝尔格晚年曾经加盟南京邮电大学担任教授，并获得江苏省人民政府授予的友谊奖。

真正让苹果迎来爆发式增长的，是2007年后引入多点触控技术的iPhone和iPad等产品。而多点触控及手势操控技术的发明者是来自达拉威尔大学的韦恩·韦斯特曼（Wayne Westerman）和约翰·埃利亚斯（John Elias），他们在读博期间发明了这项技术，当时获得了美国国家科学基金会等机构的资助。

此外，苹果之所以是智能手机，在于其能够连接互联网。而互联网的产生，源于美国国防部为了避免遭受核攻击而建立分散式连接网络，通过国防部高级研究项目局资助了一系列基础性工作，包括TCP/IP协议、UNIX系统、电子邮件通信等。

⊖ Mariana Mazzucato, The Entrepreneurial State: debunking public vs. Private sector myths, revised edition, NY. PublicAffairs, 2014

苹果手机独特的 Siri 功能，脱胎于斯坦福研究院（SRI）的研究项目，其当时做这个项目也是因为美国国防部希望能够有语音交互技术支持军事活动。后来斯坦福研究院看到了该技术的商业化潜力，于是成立了一家初创公司，2010 年该公司被苹果收购。iPhone 手机还具备关键的全球定位系统 GPS 功能，该功能同样来源于美国国防部，原本是为了在全球范围内精准部署部队而研发。

此外，消费类电子产品内置的 CPU 和集成电路技术，都在发展初期获得了大量国防订单，使相关公司得以熬过创业初期的艰辛时光。可以说，正是因为以政府支持下产生的所有这些技术作为基础，才支撑了苹果公司后续的组合创新。

第四节 产品的消费者

美国知名的技术创新研究专家弗农·拉坦（Vernon Ruttan）在生前最后一本书：《战争对经济增长是必要的吗？——军事采购和技术发展》中，分析了六项跟军事采购密切相关的通用技术：航空、核能、电脑、半导体、互联网和航天。他感叹："军方和国防相关的研究、发展和采购的角色明明就在那里，而我之前却没有或者不愿意承认它！"[⊖]

在拉坦列出的六项技术中，有三项是硅谷发展的基石：电脑、半导体和互联网。现在硅谷是技术商业化的代表，其众多产品跟消费者息息相关，而人们往往容易忽略国防工业在硅谷崛起中的作用。在硅谷早期崛起的过程中，政府采购非常重要，在风险投资行业真正兴起之前，美国政府扮演了硅谷科技公司最早的"天使"角色。

⊖ Vernon Ruttan, Is War Necessary for Economic Growth?: Military Procur- ement and Technology Development, UK. Oxford University Press, 2006

国防订单助硅谷早期发展

长期以来,美国国防工业基本依赖于东部的大公司,比如西屋电气、通用电气等。早期在美国西海岸成立起来的公司面临来自东部公司的强烈竞争。他们需要开发全新的产品,或者在东部公司生产的现有产品基础上提升可靠性。

二战时期,军方对电子器件有着大量需求。虽然大部分需求和军方合同订单依然是被东部传统大公司拿下,但小部分的需求已经足以哺育虚弱的西部初创公司。比如,惠普公司受到大量的电子探测设备订单的刺激,从 1940 年只有 9 个员工和 3.7 万美元的销售额,在三年内快速增长到 100 名员工和 100 万美元的销售额。

军方对价格不敏感,他们只想要性能最好的产品。这对刚刚起步的半导体公司至关重要,因为在它们还未达到规模化生产以降低成本的情况下,产品价格明显是高的。对硅谷的公司而言,当时发生了两项重要的美国政府采购。1962 年,NASA 宣布在其阿波罗登月计划的设备中采用仙童半导体的产品。不久之后,空军也宣布在其导弹产品中使用集成电路。虽然在这些领域使用新技术的风险极高,但这两个政府机构都选择了尝试。

在 20 世纪 60 年代中期,NASA 购买了大约 60%在美国生产的集成电路,其中仙童半导体是最大的供应商,光是 1964 年就为阿波罗计划提供了 10 万件产品。1961 年的时候,一个芯片的价格是 32 美元。到了 1971 年,由于大规模生产,价格下降到 1.25 美元。⊖

⊖ Phil Goldstein, How the Government Helped Spur the Microchip Industry, FedTech Magazine, Sep 2018, https://fedtechmagazine.com/article/2018/09/how-government-helped-spur-microchip-industry

洛克希德—马丁公司

洛克希德—马丁公司是世界上最大的国防工业承包商。在很长时间里,它的前身洛克希德公司也是硅谷最大的单一雇主,最高峰时其雇用了2万多名员工。

1956年,洛克希德公司来到硅谷,在森尼维尔建立了一个主要的制造厂,另外还在斯坦福工业园建立了实验室。选择在斯坦福附近办公,是因为斯坦福在电子领域已经建立起来的良好名声。当时洛克希德公司的总裁表示,随着通信系统的日益复杂,洛克希德公司需要在电子领域建立自己的专长,而非老是依靠外包。

这个决定很快就见到了成效。包括潜艇、监视卫星等在内的更多国防订单纷至沓来。1956年,其硅谷办公室员工只有200人,1958年就飙升到了9 000人,1964年又攀升至2.5万人。[1]

洛克希德公司的成功,成为硅谷公司拿下国防工业订单的催化剂。更多公司看到了这块丰厚的市场蛋糕,也都纷纷涌入,成为支撑硅谷早期繁荣的重要力量。直到1967年,军方在硅谷集成电路产业中的市场份额才下降到50%以下。

即使如此,硅谷在很长时间里还是美国五大主要国防合同承接地之一。里根政府时期,硅谷一年的军方合同金额接近50亿美元。即使是一些商业公司,比如太阳微系统,当时依然有部分产品是出售给军方的。

---

[1] Stuart W. Leslie, How the West Was Won: The Military and the Making of Silicon Valley, Understanding Silicon Valley: the Anatomy of an Entrepreneurial Region/edited by Martin Kenney, US. Stanford University Press, 2000

当今的政府采购与硅谷科技公司

随着互联网、大数据、人工智能等高技术手段在军事斗争中重要性的日益凸显,美国军方越来越依赖于硅谷的高科技公司为其提供服务。英特尔、甲骨文、谷歌等大型高科技公司参与军方合同,已经是公开的秘密。

2015年,国防部在硅谷建立了一个名为国防创新实验单元(Defense Innovation Unit Experimental)的项目,为一些能解决国防部技术需求的小公司提供资金支持。国防部发布技术需求,可以提供解决方案的公司将方案发送给国防部,如果其感兴趣,将会邀请团队继续深入探讨。通过该项目提供的资金不会稀释小公司的股权,而是以完成合同的方式进行。2018年,该项目正式更名为国防创新单元(Defense Innovation Unit)。相比之前,去掉了"实验"两字,意味着该项目成为一个正式的国防部项目,也是对过去三年时间运营效果的肯定。

中央情报局也是硅谷科技公司的重要采购商。在意识到事关国家安全的关键技术可能更多来自于大量的初创公司而非政府资助的传统科研机构后,中央情报局于1999年建立了自己的风险投资公司In-Q-Tel,希望能够借鉴硅谷风险投资公司的经验,捕捉到快速成长的科技公司带来的机会。

In-Q-Tel公司投资于能够对国家安全能够产生重要影响的技术,包括信息安全、生物安全、新型材料、用于数据分析的深度学习等。到目前为止,该公司已经投资了400多个项目,这些项目都是预期能在6~36个月的时间里被调整和被用户使用的,投资额在50万到300

万美元之间。㊀

　　一旦建立合作关系，In-Q-Tel 就会给初创公司提供资金，优化技术，对接客户，以满足国家安全合作伙伴的需要，这些合作伙伴不仅包括美国中央情报局，也包括国家安全局和国防部。入选的公司，相当于搭上了一条政府采购的直通车。

　　In-Q-Tel 在硅谷的门洛帕克设置了一个业务点。翻看其投资的公司列表，有大量位于硅谷的高科技公司。一个典型代表是硅谷初创公司 Palantir，由于业务敏感，在很长时间里 Palantir 都是硅谷最神秘的公司之一。该公司由 PayPal 联合创始人彼得·蒂尔创立于 2003 年，脱胎于 PayPal 的反欺诈功能，其核心业务在于利用大数据技术，通过将分散在各个地方的数据收集起来后进行数据挖掘，找到有价值的数据。

　　Palantir 成立之初受到 In-Q-Tel 的资助，头几年其客户也只有一个：中央情报局。虽然 Palantir 没有直接承认，但外界普遍认为其在美国军方定位和击毙基地组织头目本·拉登的行动中提供了至关重要的技术支持。靠着这些神秘的政府订单，Palantir 的技术不断完善，引起了越来越多企业用户的关注，也获得了投资人的青睐，其估值仅次于优步和爱彼迎这两家硅谷的明星公司，成为硅谷三大独角兽之一。

　　根据斯诺登曝光的美国国家安全局"棱镜计划"的项目情况，美国情报机构不仅跟雅虎等硅谷公司有正式合同，甚至还"意犹未尽"，通过黑客侵入这些高科技公司的数据系统获得更多数据。很多人认

㊀ In-Q-Tel, https://www.iqt.org/

为，目前见诸报端的合作只是冰山一角，外界难以得知还有多少跟国防和军方相关的机密合作项目正在硅谷进行。

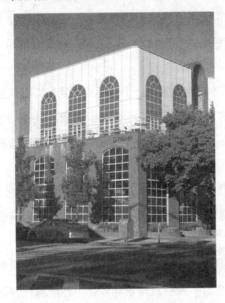

位于斯坦福大学附近的Palantir，发展早期受到了美国中央情报局的资助。（图片来源：作者摄）

专访加州大学戴维斯分校教授弗雷德·布洛克:
美国政府在硅谷扮演"活跃角色"

弗雷德·布洛克(Fred Block)简介:弗雷德·布洛克是美国加州大学戴维斯分校社会学系教授,是美国经济社会学和政治社会学最有影响力的学者之一。他称自己为匈牙利政治经济学家卡尔·波兰尼的追随者,著作多以批判美国政治经济制度为重点。他对美国国家创新机制有深入研究,也是《创新国度:美国政府在科技发展中的角色》一书的编者。

问:在《创新国度》这本书中,您系统谈到了美国政府在创新活动中的作用。但是在美国主流舆论中,讨论政府的作用并不是很多。您这本书出版后得到了什么样的反应?

答:我认为讨论政府角色是一个有趣的话题,我以为当我提出这些问题的时候会有很多人参与进来讨论。但事实上并没有。世界上只有两个团队在研究美国政府的角色这个话题,一个在多伦多大学,另一个在英国伦敦。我认为部分原因是要长期追踪政府角色的艰巨性,比如你要了解政府在电动汽车产业转型上的角色,这非常复杂,你可能要追踪 20、30、40 年才能搞明白。另一个问题是意识形态,每个人都认为美国的经济是通过自由市场组织的,而我在书里面则讲述了创新中政府的作用。因为一个人不可能完整覆盖这么复杂的话题,所以我组织了 10 多位学者一起来研究,然后就得到了确凿的证据:政府确实扮演了很活跃的角色。

一些人看到后就觉得震惊,认为这改变了他们对政府和市场关系的认识。不过有意思的是,这本书在美国没有人写书评,当然通常情况下编著的书比独著的书更难得到书评,不过更重要的是,当你直接去质疑人们之前的观念时,他们最容易采取的措施就是忽视它。不过在其他国家就不一样了,在欧洲尤其在英国,这个观点引起了很多人的兴趣,人们乐于看到美国政府并非言行一致,实际做的跟口头宣扬的并不一样。

问:在美国政府官员中有没有产生什么讨论?您观察到最近这两届美国政府在支持创新上主要做了哪些工作?

答:在奥巴马政府时期没有人邀请我去跟他们交流,不过我听说他们知道这本书。奥巴马总统的科技顾问委员会组织了一帮专家,讨论如何把已经流到海外的传统制造业带回美国,提振美国制造业的竞争力。他们认为下一代制造业将会是基于 3D 打印或者先进材料,这是一个真正的机会,但美国需要一个非常有针对性的政策。然后他们就提出建立一个先进制造院网络计划,在全国范围内要有数十个这样的机构,它们要成为各个地方的先进制造创新中心,并且鼓励公私合作。联邦政府会给予这些中心支持,前提是这里必须要有地方政府和大学、产业的合作,比如如果产业界已经提供了 1/3 的资金支持,联邦政府会提供另外 2/3 的支持,当奥巴马离任时,他们一共打造了 14 个这样的先进制造院。

虽然特朗普政府一直想要废除这个计划,但国会还是投票支持,这个项目很成功地建立了研究者网络,在这些中心都有科学家们和工程师们跟公司合作,成为国家创新网络的重要部分。这些中心的设计也防止了知识产权的盗用。它集中了很多对技术感兴趣的产业界伙伴,以及有能力提供解决方案的科学家和工程师。由于是在一个中心下面做,而非机构单打独斗,所以它提供了一种针对机会主义和知识产权盗窃的保护机制，鼓励人们公平地做出贡献。所以我认为这是一个聪明的政策。你无法提前告诉科学家哪种技术可行，他们需要自己探索和试验不同路线，最后解决方案自然会出来，这也是奥巴马政府时期鼓励创新的主要做法。

问：从您的研究结果来看，您如何概括美国政府在科技创新中的角色？

答：首先是发挥领导力，制定方向和投入资金支持。在克林顿政府时期，美国政府提出了纳米科技计划，花了很多钱，建设了大的纳米实验室，这些实验室很多都隶属于大学。他们招募了科学家和工程师，私营公司也都参与了合作。在特朗普政府，之前国会通过并由总统签署了一个新的量子计算计划，他们认为量子计算是突破集成电路发展瓶颈的关键。同样的，美国政府的想法是打造研究中心，给这些研究人员提供支持，这种做法是有效的。

第二个作用是创造开放的机会。如果有人研发出了有潜力的新技术，他们可以从政府获得支持来让这个想法进一步推进，这也是小企业创新研究计划（SBIR）的理念。这是一种非常去中心化的做法，很多联邦政府机构都对小企业有支持，做到了鼓励百花齐放。如果我在微软或者谷歌工作，下班时想到了一个全新的算法能做之前没有人做到的事情，我就可以辞掉这份薪水不错的工作去开办企业，去跟SBIR申请获得几年的赞助。

有一次我受到政府邀请去参加国防部的一个定期会议，在会上，获得SBIR资助的企业跟国防合同承包商见面，这些都是典型的软件或者硬件公司。比如有个公司发明了在飞机机器部件上提升润滑能力的技术，他们有半小时时间去向波音公司推介，将这种新技术用于下一代的飞机上。SBIR 会保护他们的知识产权，如果之后波音偷了这个想法自己去做，国防部就会介入。所以，政府既提供了支持，又提供了资源对接机会。

  政府的第三个作用是建立起一个去中心化的研究网络，一些大的联邦政府实验室，特别是能源部下属的劳伦斯伯克利实验室、橡树岭国家实验室、阿贡国家实验室等，在创新系统中扮演重要角色。因为公司再怎么大，也没有足够的资金去触及所有科学研究领域。一些研究项目需要化学家、物理学家、数学家、生物学家、生物物理学家及不同类别的工程师的参与。现在美国公司可能会自己组建起几个科学家团队，然后再加上国家实验室的团队，就可以做一些跨领域的研究。当今世界几乎所有领域都需要跨学科研究，从 6G 到先进电池到分子制造。一开始不同领域的科学家无法对话，因为他们使用不同的专业术语，逐渐地他们学会了彼此之间通力合作，然后就会突破他们在自己的框架内无法突破的东西。

  第四点，在中国可能容易很多，而在美国非常复杂，就是当创新进入市场的时候，还有大量工作要做，比如要制定监管规则。比如，当电动汽车上市时，需要充电站，把传统的加油站变成新型充电站，需要大量的基础设施，这个时候就需要跟私营的公用设施公司合作等。

  问：很多人都说，政府是最大的风险投资者。这种投资在美国很多部门都存在，甚至是中央情报局这样的秘密部门，也通过 In-Q-Tel 资助了大量企业。

  答：是的，中央情报局也在寻找进入硅谷的途径。因为他们面临的威胁是真实的，一个 14 岁的少年就可能产生一项让他们的情报收集能力受挫的技术，所以他们有很大的动机去找到那样的人。如果你敲开一家初创公司的门，说你来自中央情报局，很可能就要吃闭门羹，但如果你说我们是来自一家叫作In-Q-Tel的风险投资公司，情况就不一样了。

不过政府的作用也不是万能的。在2010年左右奥巴马政府投了很多资金在清洁能源产业，那些都是非常早期的项目，当这些钱用光的时候，那些公司无法再拿到投资了，其中一些转移到了中国，因为那里有更优惠的政策。另外美国的创新系统还要解决一个问题，就是那些大的硅谷公司已经非常强大，很多初创公司最后的结局就是卖给这些大公司。不过总体而言我认为美国的体系是走在前面的，因为结合了私人风险投资和政府支持的优势。

问：有人认为风险投资者的很多工作建立在政府的工作基础之上，甚至可以说是在搭政府的便车。

答：风险投资者确实是在搭政府的便车。我访谈过的一些初创企业说，他们在跟风险投资者谈的时候，风险投资者建议他们先申请SBIR，三年后当产品更接近市场的时候再来找他们。显然，风险投资利用政府的项目作为筛选的标准，而经过政府资助的项目也被认为更加可信。

风险投资的一个问题是他们的投资过度集中了。他们为了跟其他资本竞争好项目，会把提供的金额提高到令人咋舌的地步，所以跟几十年前相比，现在风险投资更加集中在独角兽公司里。如果公司很稳健，比如说保持40%以上的增长，风险投资可能还不够感兴趣，他们要找的是未来的亚马逊、未来的脸书。相比较而言，类似NIH这样的政府资助成了风险投资的基础。对初创企业而言，如果没有政府的资本做为坚实的支撑，很多公司也无法熬到获得风险投资的那一刻。

问：我们刚刚讨论了很多美国联邦政府的作用，州和市这一级的地方政府又可以扮演什么角色？

答：创新集群都是区域性的，所以它们需要一种协调机制。类似先进制造院，很多跟地方社区学院合作，开始一些培训项目。另外也需要把不同公司组织起来。我自己遇到过一个例子，我曾经跟加州本地的一个公私合营机构合作，他们的目标是推进加州的电池产业，为下一代的电动汽车研发出更好的电池，参与的公司有做储能技术的，还有一些小公司。他们找到了大概80~100家这样的小公司，然后把它们组织起来交流信息，为它们搭建和学术机构的交流平台，这样会有助于这些公司制定下一步的发展战略。如果这些小公司只是埋头苦干而不知道其他公司在做什么，显然是不行的。

问：很多地方政府都会采取税收激励政策来鼓励创新，特别是减税。但是加州相比较美国其他州而言，税收又不算是最低的，有很多州比加州的税率低，但却没有产生创新集群。您怎么看待税收手段在扶持创新上的作用？

答：我认为税收并非一个好的激励措施。举个例子，几年前堪萨斯州选出了一个极端的共和党州长，他采取了激进的减税政策，希望以此鼓励堪萨斯州的科技创新和促进经济发展。但事实上这个行动失败了。由于减税，州政府不得不压缩开支，一些学校都被迫关闭。很快，一些小企业主组织起来反对这个政策，因为他们的生意都受到了影响。前两年，这个减税政策被否决了。

问：您认为中国政府可以从美国政府的做法中借鉴到什么

经验？

答：我想美国政府支持创新的强项在于，虽然很多资源来自于联邦财政这个中心，但是在实际执行过程中却是去中心化的。这非常重要。因为科技的进步来自于下面，在政府里没有人会知道如何解决复杂的科技问题，必须依赖于多样化的项目来解决这些问题。必须制定政策，把资金从没有获得进展的项目中撤出，投入到那些获得进步的项目组中。

我认为美国体制的另一个优势在于，从科学和工程专业毕业的学生学会了质疑权威，这有利于他们寻找跟现在主流的解决方案不一样的思路。我对中国的创新发展所担心的是，中国学生依然很大程度上是遵从权威的，这强化了创新的障碍。

另外对创新最有帮助的是召集不同的人一起，解决方案并不总是来自那些最聪明的人，它可能来自一个普通工程师的灵光一现。硅谷之所以能够成功，是因为美国政府在20世纪90年代放松了移民法律，使得它能够接纳来自世界各地的人才。联邦国家实验室之所以能够不断创新，就在于他们能够大幅度吸引外国人才加入，发放大量的专家签证。强调外来移民的重要性永远也不为过。

第五章 资本:硅谷的支撑

在硅谷的创新生态系统中,大学、企业和政府无疑是最重要的参与者。但光有这三个要素并不足以打造出硅谷。在硅谷,与创新创业相关的风险投资、孵化器、加速器、法律公司和咨询公司等,是这个活跃系统不可或缺的组成部分。

第一节　活跃的风险投资

传统金融机构如果投资失败,可能导致血本无归,且不能完整分享公司成长的收益,即风险很大、收益很小,所以他们天生是厌恶风险的。但是初创公司往往只有一个未成型的技术或者想法,又没有有形资产可供抵押贷款。同时,他们在起步阶段又需要有不断的资金支持成长。正是在这个矛盾中,风险投资公司找到了机会所在。因应层出不穷的创业公司的需求,硅谷成了风险投资行业的福地,并定义了全球风险投资的游戏规则和运作模式。

▶ 硅谷风险投资的诞生

在二战之前,旧金山地区的一些有钱人就开始为电子产业提供资金了。比如,20世纪20年代中期,电视发明者之一的费罗·法恩斯沃斯(Philo Farnsworth)在进行生产电视机的尝试,一群有钱的银行家投资了2.5万美元并帮助他提供了实验室,以交换60%的股权。不过,在很长时间里,这里的风险投资并没有有组织、有规模地产生。部分原因是缺乏足够的资金,更重要的是缺乏高成长的初创公司。

1955年,当肖克利来到硅谷想开创一番自己的事业时,就面临没有启动资金的困扰。因为当时主要的投资公司集中于东部,他主要在东部寻找支持,包括与洛克菲勒风险投资基金谈判,但没有成功。最后肖克利找到了他的朋友阿诺德·贝克曼(Arnold Beckman),这是一位成功的化学家和商人,贝克曼决定投资肖克利,这可能是硅谷最重要的一笔投资,因为如果没有这次合作,就没有硅谷后面一系列精彩的故事了。

第五章 资本：硅谷的支撑 155

肖克利得到了贝克曼的投资。
(图片来源：https://digital.sciencehistory.org/works/ k930b x03n) ⊖

　　1957 年，当"八叛徒"离开肖克利想要自立门户时，也跟肖克利一样寻求美国东部的风险投资基金。通过东部投资银行家阿瑟·洛克（Arthur Rock）的牵线，一家叫仙童照相和仪器公司（Fairchild Camera and Instrument Company）的公司提供了 150 万美元的支持，仙童半导体公司的名字也因此而来。后来，这被证明是一笔非常划算的投资。

　　受到仙童半导体公司成功的激励，阿瑟·洛克从东部搬到硅谷，和另外一名哈佛法律系毕业生、投资家托马斯·戴维斯（Thomas Davis）一起组建了风险投资公司，采用有限合伙制。同一时期，一些风险投资公司也陆续建立起来，一些总部位于其他地方的风险投资公司也开始在硅谷设立办公室。

　　不过，资本当时对仙童半导体的投资有个缺陷。作为投资的前提

⊖ 1956 年瓦里安联合公司在纽约上市，1957 惠普公司在纽约上市，这显示出硅谷的科技公司有能力对资本产生巨大回报。

条件,仙童照相和仪器公司要求,如果仙童半导体公司能够成功,其可以以预设的价格买下公司。结果三年后,这些创始人都没有了公司的控制权,于是纷纷离开。吸取仙童半导体投资的教训,硅谷风险投资行业逐渐开始形成共识,就是公司创始人必须始终拥有公司一定的股权。20世纪70年代,硅谷风险投资公司的运作模式基本成形。

硅谷风险投资的黄金时期

从仙童半导体走出来了两个对硅谷风险投资行业影响深远的人。一个是唐纳德·瓦伦丁(Donald Valentine),他之前曾经担任仙童半导体公司市场营销高管,从仙童半导体出来后创立了资本管理服务公司,这是红杉资本的前身。另一个是尤金·克莱纳(Eugene Kleiner)。1972年,克莱纳和从惠普离职的托马斯·帕金斯(Thomas Perkins)等几个合伙人一起开始风险投资事业,创立了硅谷著名的风险投资公司凯鹏华盈(Kleiner Perkins Caufield & Byers,简称KPCB)。

凯鹏华盈位于硅谷沙丘路的总部。(图片来源:作者摄)

瓦伦丁第一笔成功的投资是游戏公司雅达利（Atari），当时其正需要资金开拓家庭游戏市场。瓦伦丁投资了 60 万美元，后来该项目被华纳（Warner Communications）收购，瓦伦丁的投资在不到两年的时间里成功增长四倍。1976 年，瓦伦丁在雅达利的创办人诺兰·布什内尔（Nolan Bushnell）的牵线下，还投资了刚刚起步的苹果公司。

20 世纪 70 年代末，美国通过了减少资本利得税的法案（Revenue Act），将其从 49.5%下调到 28%，1981 年又进一步下降为 20%，这意味着更多资本可以投入再投资中，极大地刺激了风险投资人士的积极性。另外，美国还放松了 1974 年通过的《雇员退休收入保障法案》（Employment Retirement Income Security Act，简称 ERISA）中有关养老金不得进入风险投资行业的规定，为行业创造了大笔的资金来源。

20 世纪 70 年代末，风险投资行业每年从养老金中只能筹集到 1 亿~2 亿美元，但到了 20 世纪 80 年代末，已经可以筹集超过 40 亿美元，养老金也迅速超过个人、银行和公司资金，成为风险投资行业第一大资金来源。1988 年，养老金占风险资本资金的 47%，1998 年该比例进一步提升到 57%。

1980 年，苹果公司上市，成为风险投资行业最为成功的一笔投资。阿瑟·洛克当初投资了 5.7 万美元，而上市后这部分市值达到令人咋舌的 2180 万美元。1972 年成立的凯鹏华盈，在那段时期也获得了每年 40%的收益增长。⊖

与此同时，风险投资公司开始聚集在斯坦福大学周边的沙丘路

⊖ Martin Kenney, Richard Florida, Venture Capital in Silicon Valley: Fueling New Firm Formation, Understanding Silicon Valley: the Anatomy of an Entrepreneurial Region/edited by Martin Kenney, CA. Stanford University Press, 2000

(Sand Hill Road)。凯鹏华盈是第一个搬到此的风险投资公司，其他公司纷纷搬入，使沙丘路成为世界上风险投资最为集中的地方。

红杉资本位于沙丘路的总部。（图片来源：作者摄）

硅谷风险投资的作用

硅谷至今仍然是美国和全世界最活跃的风险投资地带。根据美国国家风险投资协会（National Venture Association）统计的数据，2017年旧金山大湾区（包括旧金山和圣何塞地区）吸引了全美国大约40%的风险投资。2017年，旧金山吸引了250亿美元的风险投资，占据全美国1/3的风投数量，遥遥领先于其他地区——是第二名纽约的两倍，第三名波士顿的三倍。此外，旧金山风险投资活动的增长也是全美国最快的，在2006年至2017年期间，该地区风险投资从50亿美元增长到了250亿美元，占同一时期美国风险投资增长额的40%。[⊖]

⊖ Richard Florida, The Extreme Geographic Inequality of High-Tech Venture Capital, Citylab, March 27, 2018, https://www.citylab.com/life/2018/03/the-extreme-geographic- inequality- of-high-tech-venture-capital/552026/

硅谷的风险投资对创新创业的支持主要体现在三个方面。

第一，为创业提供生存和发展资金。为了能投资，风险投资公司首先要做的就是募资。在美国，典型的资金来源是公共养老金、公司养老金、大学捐赠基金、富人以及各种基金会，这种机构资金的特点是"耐得住寂寞"，因此硅谷风险投资的运作周期相对较长。

出资者构成了风险投资公司的有限合伙人（Limited Partner, 简称 LP）。由于风险投资是高度组织、高度技术化的活动，需要有专业团队来负责管理和投资这些资金，因此日常经营由一般合伙人（General Partner, 简称 GP）负责，有限合伙人一般不介入到具体的风险投资活动中。一般合伙人每年从中收取一定的管理费，并且从投资收益中提成，以此跟有限合伙人之间形成利益捆绑关系。一般合伙人的过往投资业绩，是决定其是否能募资的重要参考，因此一般合伙人也有很强的动力获得高业绩。

硅谷的每个风险投资公司都有自己的哲学，比如"投资就投团队""市场风险和技术风险成反比""长期价值投资"等。在斯坦福大学上技术创新课的硅谷投资人佩德拉姆·默克瑞安（Pedram Mokrian）说，他之前所在的风险投资公司在三年时间里投资了 35 家公司，平均每年大概投资 12 家，而他们接触到的创业想法有 1 万个以上。因此，他 99%以上的时间都是在说 "不"，除非有创业者能够强烈说服他不说出这个字眼。在遴选投资标的时，他总结的投资方法是分析"5W+1H"，即当前趋势（When）、创业团队（Who）、解决方案（What）、目标市场（Where）、顾客痛点（Why）和商业模式（How）。另一名投资人在硅谷和创业公司交流时说，他的投资哲学可以总结为"三个 P"，即看人（People）、看产品（Product）和看过程（Process）。

风险投资公司往往将投资分成几轮。一方面，这样可以边观察被投资公司的表现边决定是否投资，降低风险。另一方面，这对被投公司也产生了进一步激励作用。越往后公司估值越高,风险投资公司投入的资本也会越多。

第二,提供投后管理支撑服务。风险投资不仅仅是钱的问题,硅谷风险投资公司最具价值的是其专业服务。当投资成功后,风险投资就成了被投资公司的商业伙伴,期待分享公司的成长红利。因此,他们会积极介入公司的内部管理,在人员招聘、寻找供应链和顾客、市场开拓、法律风险等各方面给予公司建议,为公司发展穿针引线。

硅谷风险投资公司 Fusion Fund 创始人张璐说:"在风险投资公司给初创公司提供的帮助中,钱也许是所有附加服务里价值最低的。"他们提供的服务还包括对公司架构如何设置的解释,帮他们设置融资节奏,做产品销售、市场推广等。比如,他们投资过一家做大数据分析的公司,通过风险投资人的介绍,一个月内就拿下了微软的订单。

一些风险投资公司甚至会在平时储备管理人才团队,以便随时可以派往被投公司协助管理。

第三,高效将资金投入到最有需要的地方。在一家初创公司成长后,风险投资公司通过出售股权或者在公开市场上出售股票而退出,并进入下一轮投资循环中,以确保不断有新的初创公司可以获得成长亟须的资金。在美国,2016 年有一份针对数百名风险投资行业管理者的研究显示,15%的退出是靠被投企业公开募股,大约一半的退出是通过企业并购完成的。

硅谷风险投资公司用资金交换一部分公司的股权,然后从公司成长中分享收益。如果说创业过程是"九死一生"的话,与创业公司共同进退的风险投资同样如此。事实上,对大部分风险投资公司而言,绝大部分投资是失败的。但少数成功的投资可以获得数倍、数十倍甚至数百倍以上的收益,用来覆盖和冲抵部分失败的投资。硅谷风险投资公司通过建立投资组合的方式降低风险。单个项目的风险很大,但是当投资足够多元,达到一定程度后,整体风险就会降低。

为什么会有这么多人对风险投资趋之若鹜?硅谷风险投资人比尔·施兰德(Bill Shelander)对我这么解释:"输了的话你只会输掉本金,但赢了的话可以赢好多倍,还有比这更激动人心的事业吗?"

第二节 孵化器和加速器

随着越来越多初创公司的建立,风险投资的一个细分领域被衍生出来——孵化器和加速器。由于初创企业不仅仅需要资金的支持,而且需要多方面的指导和支持,2005年以后,提供两方面服务的孵化器和加速器越来越多地在硅谷出现。一般会提供固定的工作场所、丰富的资源、及时的培训、定期的咨询和亟须的资金。因此,它们可以被看作是一种新型的风险投资公司。

孵化器和加速器在很多方面是相似的,细微的差别是,孵化器一般支持仍处在较早期阶段的企业,而加速器一般聚焦于较为成熟的阶段。孵化器没有固定孵化时间,而加速器一般会有大约三到四个月的固定时间,并且在结束之后会有一个公开展示环节。

在硅谷,较为知名的孵化器和加速器有 Y Combinator、Plug and Play 和 500 Startups 等,每个孵化器和加速器有自身的特色,提供给创业公司的服务重点也不尽相同。

▶ Y Combinator

硅谷最知名的加速器,当属 2005 年创办的 Y Combinator,其创办人是被称为"硅谷教父"的保罗·格雷厄姆(Paul Graham)。爱彼迎这个风靡全球的租房软件就是在 Y Combinator 孵化出来的。

此外，它还孵化出了 Dropbox、Reddit 等知名企业。2017 年，百度前总裁陆奇加入，成为 YC 中国的第一号员工。

在陆奇看来，YC 之所以能够成功，在战略层面，是因为有非常强大的文化基因。这个文化由 YC 的创始人团队所建立，并被后来的掌门人山姆·阿尔特曼（Sam Altman）进一步发扬光大。此外，YC 具有非常强的使命感，有长远的愿景，就是助力不同发展阶段的初创公司实现真正的腾飞，最大化实现创新，并确保全人类能从中公平受益。

YC 有独特的方法论和有效的实现方法，它能系统化地、全方位地对早期初创公司提供支持。

第一是至关重要的启动资金。YC 每年招募两批企业项目，一次是从 1 月到 3 月，另一次是从 6 月到 8 月。被招募到的企业会获得 15 万美元的资助，换取少量的股份。

第二是系统和专业的指导。入选 YC 的企业会得到三个月的密集辅导。YC 坚持要求选中的企业必须搬到旧金山地区来，每隔一段时间会邀请嘉宾分享创业经验，或者组织面对面的交流。入选 YC 孵化器的企业，YC 也会给他们指定一名创业导师，帮助他们在公司架构设计、投资者对接、潜在合作协议的法律把关等各方面提供支持。

第三是庞大校友网络的支持。到目前为止 YC 共孵化了 1900 多家企业，组成了一个庞大的初创企业网络。无人物流小车初创企业 Robby Technologies 几年前入选了 YC，公司创始人李瑞说，经过 YC 孵化的企业具有共同的 YC 文化基因，有很强的归属感，非常愿意给予校友支持。

第四是品牌的带动力。由于 YC 的录取过程极为严格，录取率较低，因此能够入选 YC 的企业一般都会被投资者认为是有潜力的企业，其获得投资的概率会大大提升。在 YC 路演和投资日，基本上硅谷所有顶级的投资公司都会出现，大大增加了这些初创企业获得融资的机会。

▶ Plug and Play

Plug and Play（简称 PnP）由伊朗移民萨义德·阿米迪（Saeed Amidi）创立。萨义德·阿米迪原来是做传统生意的，后来买下了斯坦福大学校园外大学路 165 号的一处房产并拿来出租给初创企业。这个小房子后来被称为硅谷的"幸运楼"，从这里走出了谷歌和 PayPal 两家获得巨大成功的初创企业。

位于大学路 165 号的硅谷"幸运楼"，从这里走出了谷歌和 PayPal，也启发了 Plug & Play 的诞生。（图片来源：作者摄）

作为这间房子的房东，阿米迪在出租房子给这些初创企业时，同时对企业进行了投资。当 PayPal 被 eBay 收购的时候，阿米迪也人赚了一笔。从这两段经历中，他看到了硅谷高科技公司成长的巨大机会。于是 2006 年他在硅谷森尼维尔买下了一栋大型的写字楼，专门用来孵化初创企业。

中关村科技园驻硅谷首席顾问谈锋长期跟踪观察 Plug and Play 的运作模式。他发现创业导师是这家孵化器最宝贵的一笔资产。这些导师有四种，第一种是来自某个行业的高手，他们可能处在退休和半退休状态，想通过担任导师来看其从事的行业出现了什么新兴力量。第二种是潜在的投资人，想要挖掘有价值的创业团队。第三种是猎头专家，他们通过做导师来发现优秀的团队，然后向其他公司推荐人才。第四种是来自跨国大企业的主管，他们想了解创业团队颠覆性的新项目对大公司会带来什么样的影响。

PnP 相比其他加速器而言，还有很多独特之处。除了传统的投资和辅导外，它最大的特色在于强调"创新平台"的概念，体现在以下几个方面。

第一是帮助小公司对接大公司资源。在全球范围内，PnP 有 200 多个大公司合作伙伴，比如中国的万达、京东、长安汽车都是其合作伙伴。通过搭建这个对接平台，PnP 能够帮助初创企业找到大企业客户，或者得到被收购的机会。

第二是帮助小公司对接投资机构。PnP 强调在加入其加速器服务时不会要求得到初创公司的股权，如果 PnP 看好这家公司，会选择在该公司后续的融资中正式参与，投资额在 2.5 万美元到 50 万美元之间。目前为止，其投资了 250 多家企业，并且跟 300 多家投资机构有合作关系。

第三是帮助小公司获得全球资源。作为硅谷最大的加速器，PnP 拥有较为宽敞的办公空间，同时其国际化程度也非常高，在全球 20 多个地方都建立了办公点，在中国的北京、上海、苏州、重庆和郑州有办公室。同时，PnP 也向全球各地的政府、大学和孵化器提供帮其所孵化企业到硅谷成长的机会。

500 Startups

500 Startups 于 2010 年创办,创办人是 PayPal 早期核心成员之一的戴夫·麦克卢尔(Dave McClure)。跟其他加速器相比,500 Startups 的特色在于是投资公司、加速器和教育培训机构的混合体。到目前为止其已经投资了 2000 多家公司,其中包括在东南亚很受欢迎的打车软件 Grab 等在内的 10 家独角兽。2013 年年初,500 Startups 进入中国市场。它为创业公司提供的服务有几个方面。

第一,种子加速项目。这是帮助创业者实现从 0 到 1 转变的四个月课程,涵盖了创业的方方面面。在这里创业者会学到如何向投资人推介自己的项目,如何精准定位公司发展存在的瓶颈,以及如何将战略付诸实施。由于筛选程序严格,入选率只有 2%。

第二,提供投资教育。基于已经投资的上千家公司的经验,500 Startups 跟斯坦福大学和加州大学伯克利分校法学院合作举办创业投资课程,向刚刚进入风险投资领域的风险投资人传授投资经验。

第三,加速器中的加速器。500 Startups 还开设了加速器教育,帮其他加速器分析商业模式,传授如何挑选创业企业的经验。

第三节 法律和咨询服务

硅谷这个庞大的生态系统中,除了前文详述的风险投资公司、创业加速器和孵化器外,还有一个庞大的科技服务体系。这个体系包括数不清的律师事务所、顾问公司、猎头公司、会计公司、科技媒体等,它们都在不同领域扮演专业角色，共同支撑起硅谷复杂运行的创新体系。

在这其中，最为重要的是律师事务所和咨询顾问公司。律师和顾问等专业人员一方面提供他们擅长的法律和商业咨询服务，另一方面凭借丰富的经历、专业的技能和对大量案例的观察积累，也充当着硅谷创业者和企业家们的"导师"角色。

❥ 律师事务所：交易的看守者和咨询者

1975 年，硅谷的法律服务还非常薄弱。当时，该地区最有名、最有权势的律师事务所都在旧金山。35 家在帕洛阿尔托（Palo Alto）登记的律所中，40%的公司只有一个律师，最大的律所只有 12 个律师。

乘着半导体产业的浪潮，硅谷的律所数量快速增长，在 1988 年已经达到 69 家。平均一个律所的人数也从 3.75 人跃升到 9.1 人，律师的人均产值已经可以比肩曼哈顿。10 家外地的律所在帕洛阿尔托设置了办公室。⊖

这些律所提供的法律服务主要聚焦于高科技行业，包括基金架构搭建、公司并购上市和知识产权保护等。除了法律顾问的角色外，这些律所还提供商业咨询服务，并充当交易的中介和桥梁。

首先，提供基础的法律服务，包括公司的合作协议如何拟定、如

⊖ Mark C. Suchman, Dealermakers and Counselors: Law Firms as Intermediaries in the Development of Silicon Valley, Understanding Silicon Valley: the Anatomy of an Entrepreneurial Region/edited by Martin Kenney, CA. Stanford University Press, 2000

何应对侵权纠纷、员工离职纠纷、公司上市等具体问题。美国威尔逊律师事务所是硅谷较为知名的一家律师事务所，其成立于1961年，刚好是硅谷开始起步的时期。位于帕洛阿尔托的地理位置给予了公司独特的优势，它专注做高科技领域的服务，见证了苹果、谷歌、网景等叱咤风云的科技公司的上市和相关法律事务。

由于初创科技公司往往资金短缺，难以负担高昂的法律费用，因此威尔逊律师事务所采用了一种独特的支付方式：用公司部分股权来支付法律费用，后来被当地其他律师事务所纷纷仿效。通过这种方式，律所跟公司形成了更加密切的关系。

1980年，苹果公司的公开上市由威尔逊律师事务所代理。而类似苹果公司这样的科技明星公司，在上市后给律所带来的收益，远比传统的法律代理费高。为了激励员工，律所还会将这部分收益再分发给员工，使得律所对律师的吸引力大大增强。

其次，硅谷的律师同样扮演商业咨询者的角色。硅谷律师对自己的定位显著区别于其他地区的律师，不仅仅需要提供法律咨询服务，而且提供商业咨询，而这也是硅谷律师必须具备的看家本领。他们经常会被抛来各种问题：如何设置公司架构、如何给公司正确估值、去哪里上市比较合适……这些问题是很多公司成长过程中需要面临的共性问题，必须由富有经验的商业导师来解答。而律师跟各种各样的公司打交道，这些经验有助于他们形成一个庞大的知识库，他们知晓其他公司处理这些问题的经验，这种独特的竞争和知识优势有时连资深商业人士都无法比拟。

在硅谷一家知名律师事务所做风险投资相关业务的律师还给我举了一个例子，有一个投资机构的投资者要出来自己做基金，这位客户先找到了律所，咨询如何离职、如何跟公司老板沟通、如何获得最佳经济利益等问题。这位律师说道："这些问题已经远超法律咨询的范畴了，我们更多是从人情世故等各方面去帮助顾客做出判断。这种情况对我们来说很常见，所以客户也很想知道其他人是怎么处理的。"

最后，合作撮合者。这个角色在连接企业和风投方面尤其显著，甚至有些律师直接说"风险投资公司就是我们的黄油和面包"。一些初创企业挑选律所的考量因素是律所背后掌握的投资人资源。而一些风投公司也直言，每天需要看的项目太多，但只有少部分会投资，这些项目很多来自于合作律所的介绍。如果将风险投资公司和创业公司之间达成合作比作"结婚"，很多时候律所就是他们之间的"红娘"。

此外，由于律所跟硅谷很多投资基金都有联系，所以在风险投资公司募资的时候，律所也会担任介绍人的角色。硅谷的一位律师对我说，其实律师更愿意以专业法律服务来体现自身的价值，但作为"媒人"的角色却又是真实存在的，这是在法律咨询服务之上的附加价值。

由于具备以上这些优势，律师在硅谷的交易中扮演着活跃角色。他们是法律的守门员，划出清晰的合法不合法界线。他们还是活跃的游说者，有能力影响交易的进行，特别是当初创企业管理团队显得经验不足的时候。通过这些活动，他们促进了知识的流动，成为活跃的硅谷生态系统的一个必要组成部分。

▶ 咨询公司：知识的传递者

由于硅谷科技公司的独特性，在很长时间内咨询是依靠各种各样非正式的联系达成的。家人、朋友、律师、投资人，可能都是初创公司寻求咨询的对象。

但随着技术的变革、组织管理的日益成熟和外部市场的剧变，光靠过去那种非正式咨询来推进问题解决的方式，已经不适应新的时代需要。因此，咨询机构作为一种专业性较强的业务模式，逐渐在硅谷站稳了脚跟。

伯克利研究集团（Berkeley Research Group）就是这样一家脱胎于大学并立足硅谷的专业咨询公司。其创办者大卫·蒂斯（David Teece）是加州大学伯克利分校哈斯商学院的资深教授，也是国际创新管理领域的顶尖专家。

大卫·蒂斯在宾夕法尼亚大学获得博士学位后，先是在斯坦福大学任教，后来转到伯克利。回忆起2010年创办伯克利研究集团的过程时，他说，从事教职很长时间后，他想把自己研究的理念应用到实际中。

短短几年时间，加盟伯克利研究集团的专家就已经达到1200多名。他说，专家的质量是咨询公司能否持续做下去的关键，因此筛选过程极为严格。400多名高级管理人员都必须经过自己的面试，而这些专家都来自各行各业，加盟之前都已经在各自领域取得了很大成功。

为什么这些人愿意加盟？大卫·蒂斯说，他将自己对创新管理的理念应用到了公司管理中，公司架构是扁平的，创造了一个去中心化的架构，这对很多高级管理人员而言是很有吸引力的。

此外，公司提供了强有力的绩效激励，如果这些专家提供的咨询服务产生了实际效果，专家可以从公司增长中得到一部分分成。对此，大卫·蒂斯说："不少人的收入比我高多了，但我乐见其成。"

伯克利研究集团的服务领域很广，比如有些公司明确提出要在一两年内达到某个增长率，他们会提供综合解决方案。有些涉及公司发展方向,需要提供公司战略咨询。另外还有比如知识产权侵权纠纷、具体技术咨询等。

伯克利研究集团的办公楼。(图片来源:作者摄)

专访"硅谷创业大师"史蒂夫·布兰克:风险投资是硅谷创新的"关键转折"

史蒂夫·布兰克(Steve Blank)简介:史蒂夫·布兰克被称为"硅谷创业大师"。他曾是一名军人,退伍后来到硅谷,在21年时间里进行了八次创业,退休后将自己的创业经历总结出来,将经验传授给创业者。他推动了"精益创业"运动的风靡,他的课程被美国国家科学基金会指定为培训科学家将技术商业化的标准课程。他目前在斯坦福大学管理科学与工程系担任兼职教授,教授创业课程。

问:您在美国国家科学基金会担任 I-Corps 创新项目的导师,很多人认为,在硅谷风险投资真正兴起之前,政府其实扮演了早期天使的角色。您怎么看?

答:很多美国人并不了解硅谷的历史,当他们提起硅谷的时候,能想到的就是史蒂夫·乔布斯或者马克·安德森,或者现在互联网领域那些名人。很多人不知道政府的作用,是政府的一系列投资,充当了早期风险投资的角色。同样的事情也发生在中国。当我在中国的时候,发现很多人不知道,中国政府从 20 世纪 80 年代开始实行了一系列科技计划,这为中国 21 世纪的科技发展奠定了很好的基础。政府为了建立自己的国防系统,需要大量的科学和技术,而这需要做大量的投资。

中国的火炬计划,可能是最成功的支持创新的计划。我认为,以色列、新加坡和中国,是世界上三个由政府主动推动创新的国家。当政府在科技创新上大笔投入的时候,创新和企业家就开始产生了。后来政府也开始允许银行、天使投资者等投资初创公司,风险投资的崛起产生了和政府投资互补的力量,而这才是真正推动创新连锁反应的因素。在中国,这一切都在 30 年的时间内发生,我为此惊叹。

问:您在美国国家科学基金会教科学家如何商业化他们的科学技术,这个项目是怎么来的?

答:30 年来,美国政府一直支持大学和科学家的商业化。政府就像一个风险投资者一样,直接给予他们资助,但是又不会拿他们的股份。这虽然是一个很好的想法,但不足之处在于,他们没有训练科学家如何创办公司、如何推销产品、如何建立销售渠道等。只是给他们钱,仅此而已。回想起来,这并不是很好的方法。但是政府又不知道怎么教这些科学家。大概 8 年前,他们开始使用我在斯坦福大学教授的课程作为训练科学家的基础,这个项目包括了数千名科学家,所以这相当于把 I-Corps 变成了世界上最大的加速器。

问:中国有国家自然基金委,但是它的主要职能是资助科学家,并没有提供科学家创业的课程。所以我感兴趣的是,你们是怎么教科学家的?

答:我们需要让科学家们知道,他们的发明只是公司的很小部分。这对科学家而言难以理解。他们认为有了发明离成功就不远了。这是不对的。还需要知道如何销售,如何推广,如何定价,如何募集资金。所以我们想到,用商业计划纸的方法来展现,给他们一张纸,列出所有这些要素。接下来,我们会做的就是告诉这些科学家、工程师们,把他们所有的设想都写下来。科学家对做假设是很在行的,这就是他们的科学方法。但是很不幸,他们列出的这些假设很多是不对的,仅仅是假设而已。在实验室或者实验楼里面是没法去向顾客测试这些假设的。那么就走出实验楼吧。他们需要做一些在现实生活中的实验,去测试出正确的定价,去搞明白消费者在意的是什么。

所以我们在课堂上传授的就是这样一种促进商业化的科学方法。我们称之为走出实验室。他们需要每周跟 10~15 个人交谈,10 周下来,他们就会跟 100~150 个人交谈,这些人既有消费者也有合作伙伴。同时,他们开发一款最小化可行产品,那是产品的雏形,基于每周的对话进行持续不断的改进,然后在大家面前展示。当然谁都不想在大家面前难堪,所以不能只是在头脑里想想而已,而是要真正做出来,因为要接受大家的评判。他们是科学家,对此会感到很不自然,同时又很有效。这个过程完全改变了科学技术商业化的轨迹,也改变了科学家们运作实验室的方式,他们会时刻记住如何更好地将科学技术运用到商业世界。同时,对研究生和博士后来讲,这也是一种教育过程,他们需要走出实验室。

问:现在美国有很多教授创新创业的课程,国家科学基金会肯定也是在全国范围内遴选合适的课程,他们为什么会觉得您的这个方法最为合适?

答:这是第一次有人用这种方法来教学,因为这也是源于我个人的经历。当他们了解到这个课程的时候,给我打了电话,他们跟我说的第一句话是:我们认为这就是我们要教给科学家将技术商业化的方法。科学家们对在实验室里工作已经很熟练了,我们需要做的是结合实践,所以这是一个很好的配合。

这些科学家是被迫做这些的,因为这是他们从国家科学基金会拿到资助的必经过程。就像在军队里面一样,进行基础训练,没有任何选择。这会让人不舒服。但最后，几乎所有人都会说，这是他们上过最好的课，他们因此掌握了成为销售员、推广者或者其他角色的技能。这就是他们除了发明之外所需要掌握的东西。当然，最后他们也会得到奖励，就是拿到政府的资助，这是他们来上这个课程的动力。

问：这跟传统的 MBA 课程不一样的地方在哪里？

答：是的，完全不同。我在伯克利和斯坦福都教过课，我知道那是什么样子。在传统 MBA 课堂上，你会使用案例教学，先阅读案例，然后大家讨论。我做了 21 年企业，创办了 8 家公司，我知道世界不是像商学院教的那样运作的。我希望开发出更好的课程。现在，我的学生会对我说，这是创办一家真正企业的课堂。斯坦福每个学期会有 100 多个跟创新和创业相关的课程，我们这个课可能是最接近创业的，它会提供真正的创业体验。

当然这并不意味着其他课程就没用了。传统课程教理论、教方法，那些都有用。而我教的是真正的体验。你永远都不会忘记，我们是在做的过程中学，而不是仅仅写下来或者靠阅读。这是手把手的教学。

问：您也一直强调，创业是一种独特的过程，它不像去运营一家大公司的小版本那样简单。能否阐述下您的理解？

答：大公司做的事情是一样的，他们已经知道商业模式是什么，知道顾客在哪里，知道他们需要做出哪些特点的产品，知道有哪些销售渠道，他们只是雇人把这些已知的东西执行下去而已。但创业公司没有现成的商业模式可供执行，他们一直在探索之中。实践已知的商业计划和寻找未知的商业计划的不同，还没有被完整地解释。

过去 100 多年间,我们在哈佛商学院或者其他商学院所做的事情,就是开发出商业工具、策略和执行方法。那些都是关于如何运作大公司的,但是没有关于创业的东西。以前我是一个创业者,现在我当老师,我知道我们需要开发出教育创业的独特方法。有趣的是,现在大公司也开始用这些创业公司的方法了,他们需要在跟初创公司的竞争中走在前面。进入 21 世纪,互联网、全球化和中国制造业崛起,这是新的背景。而且创新的速度在提升,初创公司显示出灵活性,它们能够得到很多资金支持,这些商业环境的改变都要求大公司的策略和工具产生改变。

问:您对硅谷的创业者很熟悉,也去过中国跟创业者交流,中国的创业者给您留下了什么印象?

答:他们就像硅谷的创业者一样,非常有活力,当然也会犯跟我一样的错误,但他们很快从错误中学习,变得更加聪明。硅谷也是不断在实践中学习。中国真正的发展,其实是在这 30 多年,所以你找不到有 40 年以上商业经历的人,但他们也学得很快。有一些创办过或者运营过成功企业的人,转型担任创业导师,将他们的知识和智慧传递给下一代创业者,这跟在硅谷发生的是一样的。我最有印象的就是中国创业者的活力,学习的强度,实验的强度。我这一代人曾经经历过中国跟美国存在巨大差异的年代,而在这么短时间内中国就迅速发展,这真是令人难以置信。我回硅谷后,也跟这边的人说,如果没有去过中国的话,你们根本不了解中国在发生什么,中国正在成为创新中心。

问:您在中国的时候,感觉创业者们遇到了哪些困惑,与您交流最多的是什么问题?

答:他们与我交流的问题跟硅谷是一样的,怎么创办一家企业,如何筹集资金,如何找到客户。中国很大的不同是拥有巨大的市场,这个市场是其他国家的好几倍,中国不像以色列和新加坡这种地方,这些地方的创业者从第一天开始就需要放眼全球。另外,中国的创业者借鉴了美国很多成熟的商业模式,比如学习了类似谷歌和脸书这样的企业模式,然后在中国落地。

问:所以也有些人指责中国创业者只是在模仿美国,对此您怎么看?

答:创新都需要从模仿开始。在1900年左右的时候,美国还在模仿英国。我们从其他国家借东西,之后才开始自己创新。同样的过程也发生在日本,在20世纪70年代到90年代初,日本被认为是模仿了美国的产品,只是他们做得更加便宜。只要看看科技史你就能了解,一个国家一开始只是模仿,然后慢慢地就会有越来越多的人能够懂得这门技术,培养出很多科学家和工程师,他们会自己创新,说中国只是会模仿的人不懂科技创新的历史。

问:您经常讲硅谷的发展历程,在硅谷的历程中,您觉得关键点在什么地方?

答:20世纪70年代,美国政府改变了法律,允许大量资金进入风险投资行业。我认为这是关键节点。同样的事情也发生在中国。20世纪90年代,中国政府开始允许风险投资的存在,另外,政府也大量投入资金,出现了很多天使投资人。要知道,创新不仅仅需要企业家,还需要有风险投资的集群愿意冒着极大风险把钱投给一帮疯狂的人,需要两者结合起来。我认为中国在这方面处理得很好。

第六章 硅谷的文化

上面几章所述的硅谷创新要素,在世界其他很多地方也都具备。即使在美国国内,也有地方具备研究型大学、大型企业、充足的资金,同时也得到政府的支持,为什么就没有像硅谷一样获得如此大的成功呢?

事实上,硅谷跟其他地区最大的区别在于它独特的文化。就像在一个生态系统中,要让树木茁壮地生长起来,光有水源、空气、阳光,显然是不够的。还必须有一个根本的依托:土壤,而这个土壤,就是地区的文化特质。硅谷文化的最核心部分是创新和企业家精神。另外还包括开放的移民文化,以及由人与人之间连接起来的复杂网络。

第一节　企业家精神

企业家精神，是驱动硅谷生态系统运转的根本力量，是硅谷创新的灵魂所在。

硅谷的企业家精神可以追溯到淘金热时期。当加州发现金矿时，这里在很多人眼里还是一片蛮荒之地。但一夜暴富的神话将人们从美国中部、东部甚至世界各地吸引过来。他们愿意承担高度风险，愿意忍耐极长的工作时间，在一些人认为不可能的领域去做创新。

今天如果问对企业家的印象，大部分人的答案或许一样：史蒂夫·乔布斯、埃隆·马斯克、马克·扎克伯格……很多美国人头脑中对企业家的印象就是："住在硅谷，跟一帮工程师伙伴创造出了一项新奇产品，吸引到巨大风险投资，然后把它做成功的人。"可以说，硅谷的创业者，已经成为大多数人脑海里对"企业家"这个概念的标准定义。

根据创新理论研究的鼻祖、奥地利经济学家约瑟夫·熊彼特的定义，创新就是创造性毁灭的过程，发明家发明了东西，而企业家把它变成效益。在熊彼特看来，创新是一种新的生产函数，即把已有的要素进行全新组合。创新可以包括几个方面：第一，引入一种新的产品，这些产品消费者并不熟悉，或者具有新的品质。第二，引入一种新的生产方式，这种新的方式之前还没有被试验过。第三，打开一个新的市场，这是一个之前没人进入的市场，不管它是已经存在的还是全新的。第四，寻找新的原材料或者半成品供应，不管这种新渠道是之前存在的还是新创造的。第五，新组织架构的实施，建立一种垄断地位或者打破垄断。

促使创新发生的主要是企业家。熊彼特指出，推动和促使企业家从事创新有几类动机,包括:"存在着一种梦想和意志,要去建立一个私人王国。"这种魔力对没有其他机会赢得社会地位的人尤其具有吸引力。另外,是"存在一种征服的意志、战斗的冲动,证明自己强于他人。成功本身就是目的,不是为了获得成功的果实,而是为了成功本身"。这种经济行为跟体育类似,获得财富的竞争就像打拳击比赛一样。财富本身只是次要的,它只是作为一种成功的衡量和胜利的象征。最后,"存在一种创造的快乐、把事情办成的喜悦,或者只是施展能力和才华的欢乐"。挑战困难、追求改变、寻求冒险,并不追求享乐主义。⊖

除了熊彼特提出的企业家的共性特点外,硅谷的企业家还有几个相当鲜明的个性特征。

第一,心怀梦想,改变世界。在 1994 年一段乔布斯接受硅谷历史协会采访的珍贵视频中,乔布斯曾经说过这样一段话:"当你长大的时候,你总是被告知世界就是如此,你要生活在一堵墙内,不要去试图冲击这堵墙。好好享受家庭、存钱、享受,就是这样。但这是非常狭隘的生命,生命可以更加宽广。你要明白一个事实,就是你所说的生活,是被一些不比你聪明的人创造的……去打破人生就是那回事的观念,去拥抱它,影响它,改变它,让它留下你的印记。当你意识到这点的时候,你就已经非同一般了。"⊜

"每天叫醒我的不是闹钟,而是梦想。"在很多硅谷人看来,这句话就是自己内心声音的真实写照。如果问硅谷一些创业公司的创始

⊖ The theory of economic development: an Inquiry into profits, capital, credit, interest, and the business cycle, Joseph Schumpeter, Cambridge, MA, Harvard University Press, 1934

⊜ Silicon Valley Historical Association, Interview of Steve Jobs, 1994, https://www.siliconvalleyhistorical.org/

人,是什么让他们忍受了创业的极度煎熬?很多人都会回答,是为了改变世界。这种理想和激情成为很多人工作的最大动力。

一名在特斯拉工作的工程师开玩笑地说:"我们很多人就是被埃隆·马斯克忽悠进来的。"在他看来,正是马斯克想要颠覆交通行业、提升新能源汽车普及度的梦想,把很多优秀的人才吸引到看似待遇并不诱人的特斯拉来工作。

第二,创新不停,创业不止。 在硅谷,很多成功的企业家都是连续创业者。在这方面,最有代表性的是埃隆·马斯克。他1971年出生于南非,10岁的时候就买了个电脑并自学编程,两年后他把自己编出来的一个电脑游戏卖出了500美元。17岁的时候,他进入加拿大安大略省的皇后大学,后来又在美国宾夕法尼亚大学读经济和物理。1995年他搬到了加州,开始在斯坦福大学攻读研究生学位,不过他只待了两天就辍学创业。

马斯克认为,最能够影响人类未来的是三个领域:互联网、清洁能源、太空,并将自己的精力集中于这些领域。他分别参与创办了PayPal、特斯拉、SolarCity和Space X。其中Paypal于2002年的时候被eBay以15亿美元收购。特斯拉引领了电动汽车的潮流,被称为汽车界的"iPhone"。Space X屡屡刷新人们对民营太空探索公司极限的认知。

硅谷的一些创业者,在他们创办的企业被收购之后,往往会继续创办新的企业,或者转型做风险投资人,开启新的事业。在这方面,跟马斯克一起创办PayPal的伙伴彼得·蒂尔也是一个典型代表,在PayPal被eBay收购后,又创办了Clarium Capital、Founders Fund、Valar Ventures、Mithril Capital等多家投资公司。此外,他还创办了Palantir这家硅谷的独角兽企业,并且成为脸书的早期投资人。

特斯拉位于硅谷的公司总部。(图片来源:作者摄)

第三,敢于冒险,不惧失败。 在硅谷经常可以听到这样一句话:It's OK to fail(失败没什么大不了的)。在硅谷,失败是被容忍的,不被容忍的是惧怕失败而不去尝试。旧金山湾区委员会主席吉姆·伍德曼(Jim Wunderman)跟我说道:"在很多文化中,如果失败就会受到惩罚,比如丢掉工作或者损失声誉。但在硅谷,如果你去面试一份工作,需要告诉别人你曾经有哪些失败。如果你说不出来,你就没法得到工作。"

硅谷不仅崇尚失败,而且崇尚连续成功。在技术变革如此之快的背景下,重要的不再是"你曾经做成功了什么",而是"你最近做成功了什么"。硅谷鼓励"在做中学习,在失败中学习"。正是剔除掉了对失败的恐惧,才能鼓励人们不断勇往直前,一次次创新。

乔布斯的职业生涯也面临过很多的失败。20 世纪 80 年代,苹果就推出过两款失败的产品,一款是苹果 3 电脑,一款是丽萨电脑。在经过两个失败产品的尝试后,苹果推出了广受欢迎的麦金塔。而乔布斯最大的失败,莫过于被赶出自己亲手创立的苹果公司。

乔布斯创业早期失败的一款产品：丽萨电脑。（图片来源：作者摄）

乔布斯2005年在斯坦福大学毕业典礼的演讲中提到他被赶出苹果时的心情，以及他是如何从这种失败的阴影中走出来的。他说："我甚至想过从硅谷逃跑。但我后来慢慢明白，我还是喜欢我做的事情。在苹果发生的这些事情一点都没有改变这个事实。我被拒绝了，但我还是深爱着这份事业。所以我决定重新开始。我那个时候还不理解，但后来证明，从苹果被赶出来是最好不过的事情。成功的负担没有了，取而代之的是，作为一个起步者我可以轻装前行，对身边的一切也都不再那么武断。它让我进入了人生中创造力最为活跃的时期。"⊖

第四，质疑权威，反叛传统。 叛逆文化一直是硅谷重要的组成部分，而硅谷的企业家们也深受叛逆文化影响，敢于挑战权威。正如前文所述，正是因为从肖克利半导体出来的"八叛徒"跟诺贝尔奖得主

⊖ Steve Jobs' 2005 Stanford Commencement Speech, Stanford News, June 12, 2005, https://news.stanford.edu/2005/06/14/jobs-061505/

肖克利在研发方向上产生分歧并成立仙童半导体，才得以开创了硅谷半导体产业的繁荣，并后续衍生出更多"仙童子孙"。

在硅谷，知名公司的创始人经常是那种充满个性、厌恶循规蹈矩的人物。硅谷孵化器 Y Combinator 创始人保罗·格雷厄姆经常以"黑客"自居。他从哈佛大学获得计算机博士学位后，没有选择当大学教授或者去研究机构从事计算机研究或者创业，而是先选择了去当艺术家。硅谷风投教父彼得·蒂尔，虽然是从斯坦福大学法律专业毕业，却极度质疑大学的真正价值，还创办了鼓励大学生辍学创业的基金。特斯拉联合创始人埃隆·马斯克、甲骨文创始人拉里·埃里克森、脸书公司创始人马克·扎克伯格、苹果创始人史蒂夫·乔布斯和史蒂夫·沃兹尼亚克等，都是这样一类看起来"离经叛道"的人。

第五，富有远见，坚持判断。硅谷职业经理人雨果·巴拉（Hugo Barra）曾经担任过谷歌安卓部门副总裁、小米公司全球副总裁，目前担任脸书公司虚拟现实项目 Oculus 副总裁。他 2019 年在斯坦福大学和学生们交流时说，他跟硅谷知名企业家们近距离打交道时的最大感受是，他们都是极其富有远见的人。比如曾经担任谷歌董事长的埃里克·施密特，在 2003 年谷歌还沉溺于搜索引擎产生的巨大利润时，他就意识到了移动互联网时代即将来临，并做出了开发移动操作系统的决定。当时还在公司内部遭遇了很多反对声音，但他一直坚持自己的看法不动摇。2007 年，谷歌将安迪·鲁宾开发的安卓收购进来，得以确定在移动互联网时代的领先地位，证明了施密特的远见。同样，在脸书公司，由于负责虚拟现实产品，他也经常和马克·扎克伯格近距离共事。他说扎克伯格预见到了虚拟现实和增强现实技术即将颠覆现代社会生活的方方面面，并敢于重金投入。

有时候，硅谷企业家的远见甚至超出了 5 年、10 年的幅度，看到未来数十年甚至更加长远的未来。埃隆·马斯克进军新能源产业，是因为他看到了当前的能源消费模式不可持续，而太阳能等清洁能源才能代表未来的方向。他创办 Space X，是因为他认为有朝一日地球上发生会导致人类灭绝的事件时，人类应该还有机会去移民外星。而当他坚持把这些看似疯狂、过于长远的事情付诸行动时，就应了乔布斯曾经用来形容苹果公司的那句"接下来发生的，就是历史"（The rest is history）。

第二节　开放的移民文化

硅谷教父、YC 创始人保罗·格雷厄姆曾如此总结：要想成为硅谷，就吸引世界上最优秀的人过来，其他就是顺理成章的事情了。硅谷最显著的文化特征，就是开放的移民文化，来自亚洲尤其是中国的移民，对硅谷的贡献功不可没。

▶ 华人移民的艰难历史

在硅谷有一个广为流传的说法：硅谷是建立在 IC 基础之上的。IC（Integrated Circuit）有集成电路的意思，但这里的 IC 指的却是印度人和中国人（Indian+Chinese）。

硅谷中国移民的到来过程，有一段曲折的历史。在淘金热之前，硅谷这个地方鲜有外人拜访。但淘金热改变了这一切，大批人来到这里，希望寻找发财致富的机会，其中就有不少中国人。当地人发现，华人的工作时间更长，工作更加刻苦，而佣金又便宜。很快，华人就占据了大量工作岗位，建设太平洋铁路、建水库、开沟渠等，都有大量华人劳工的身影。

但华人的涌入，却给当地工会组织等带来了压力。1882 年，他们促使政府通过了一部专门针对中国人的《排华法案》。这个法案不再允许中国工人进入美国,但是留了个口子:会带来贸易和钞票的中国商人、商人的孩子以及已经在美国的华人子女,可以进入美国。

在旧金山海湾,有座名为"天使岛"的美丽小岛。美丽的名字和优美的风光背后,却是一段华人的屈辱史和血泪史。1901 年,美国在这个岛上建立了移民拘留所,所有从旧金山入境美国的华人,都必须先到拘留所接受问询,以判断是否具有入境美国的条件。这里条件简陋,每间房子可以容纳数十人,但是高峰期时可能多达 200~300 人。每个华人平均需要待三周时间,最长的要待两年,基本上就跟坐牢没太大区别。

这期间发生一宗影响深远的案子。一个在美国出生的华人黄金德回中国探望父母后重新入境美国时被拒绝。他的律师将美国政府告上了法庭,最后,美国最高法院裁定黄金德在美国一出生就具有了美国公民的身份。从那之后,美国的"出生公民权"得到了确认。

旧金山附近天使岛上的移民拘留所,很多华人在这里度过了悲惨的时光。
(图片来源:作者摄)

从 1882 年到 1943 年，共有超过 17 万华人曾经被拘留在天使岛。二战中，由于中美在反法西斯战争中形成了同盟，中美两国国内民众对《排华法案》的批评声浪越来越高。1943 年，宋美龄到美国国会发表演讲，进一步促成了美国国会废除这个法案。

硅谷移民的黄金时期

美国对移民态度真正的改变发生在二战后，因应高技术产业发展对技术移民的强烈需求，逐渐完善了其移民法案。1965 年，美国通过了《哈特—塞勒移民法》，允许外国人以稀有技能作为移民美国的依据。

有研究数据表明，截至 1990 年，1/3 的硅谷科学家和工程师是外来移民，其中几乎有 2/3 是亚洲人，多数是中国人和印度人。根据 1990 年的人口普查，硅谷地区有一半以上的亚洲工程师是中国人或印度人，剩余部分包括相对较少的越南人、菲律宾人、日本人和韩国人。⊖

在这样的背景下，1990 年的《移民与国籍法》更深度支持了工程师的移民进程，每年依据职业技能授予的签证数量几乎增长了三倍，促使大量移民特别是来自亚洲的移民来到了洛杉矶和旧金山等中心城市圈。

美国鼓励移民的系列举措，对硅谷发展起了重要作用。回顾硅谷历史，在其形成和发展过程中起重要作用的人很多都是外国移民。比如创办了肖克利半导体并带来"八叛徒"的威廉·肖克利出生于英国；参与创办仙童半导体、后来又创办风险投资公司凯鹏华盈的尤金·克

⊖ 李钟文，威廉·米勒，玛格丽特·韩柯克，亨利·罗文，主编. 创新之源——硅谷的企业家精神与新技术革命.陈禹，等译.北京：人民邮电出版社，2017 年

莱纳是奥地利移民；把英特尔带入辉煌的安迪·格鲁夫是匈牙利移民；雅虎的创始人杨致远和英伟达的创始人黄仁勋是来自中国台湾的移民；苹果公司的联合创始人史蒂夫·沃兹尼亚克是波兰裔；谷歌创始人谢尔盖·布林是俄罗斯裔；脸书创始人马克·扎克伯格是犹太裔；特斯拉联合创始人埃隆·马斯克出生于南非；人工智能技术背后的深度学习权威杰弗里·辛顿（Geoffrey Hinton）来自英国，目前有大量时间在谷歌工作。

作为一名从中国来硅谷学习的访问学者，从下飞机的那一刻我就深刻感受到了硅谷显著的移民文化。旧金山机场内的指示牌有中文，伯克利校园周边的公交车站有中文信息。不管是伯克利还是斯坦福，都会提供很多免费的英文课程帮助新来的学生适应。如果想吃中餐，在硅谷轻易就能找到中餐馆，还能找到中国各种地方菜系。如果在硅谷科技公司园区内闲逛，从你身边走过的大概率是华人或者印度人。为了满足大量亚洲移民的需求，一些科技公司的食堂还专门开辟了亚洲食物柜台。可以说，硅谷已经形成了各种很好的移民配套服务。

当今硅谷的移民构成

根据硅谷指数的统计，截至 2019 年 6 月，硅谷人口大约为 310 万。从人口构成来看，移民人口占很大的比重。硅谷人口中 34% 是亚裔，33.5% 是白人，25.3% 是西班牙和拉丁裔，还有 7.2% 的其他少数族裔，[⊖]这意味着亚裔已经超过白人，成为硅谷第一大族裔。

在硅谷，37.8% 的人口在美国以外的国家和地区出生，在这些人中，在墨西哥出生的人最多，占其中的 18%，其次为中国，占 17%。

⊖ Silicon Valley Institute for Regional Studies, Silicon Valley Indicators, https://siliconvalleyindicators.org

按此比例计算，出生于中国、现居住在硅谷的人口大约为 20 万。外国移民中，来自印度的占 13%，来自菲律宾的占 11%，来自越南的占 11%。

硅谷就像一块磁铁，源源不断地吸引全球各地的优秀人才。从 1996 年到 2018 年的数据来看，每一年硅谷的外国移民都是净流入，最低谷出现在 2012 年，净流入 1 万人，最高峰出现在 2001 年，净流入近 3 万人，2018 年净流入 2 万人。

与此同时，在硅谷的美国本地人口大体呈现净流出态势。过去 20 年，只有 2011 年到 2014 年期间美国本土人口净流入硅谷，其他年份均为净流出。2018 年，硅谷本土人口净流出 2.2 万人。一进一出，意味着外国移民在本地人口中所占比重仍在不断扩大。

根据 2015 年南加州大学的一份报告，在接下来 25 年时间里亚裔人口还将不断攀升，到 2040 年亚裔人口将占硅谷人口的 43%，成为硅谷绝对的第一大族裔，而白人人口会下降到 25%。⊖

第三节　复杂的连接网络

"创新战略理论和创新商业模式引发新市场"研究领域的前沿学者、斯坦福大学管理科学与工程系教授谢德荪认为，硅谷的独特之处，在于其生态系统成员之间的相互关系所形成的网络效应，以及硅谷的创业文化。这些都是在硅谷发展历史中慢慢建立起来的，也正因为如此，硅谷不可能被复制。

⊖ Sharon Simonson, Asians Outnumber Whites In Silicon Valley, SiliconValley-OneWorld, http://www.siliconvalleyoneworld.com/2015/04/20/demogra-phers-asians-now-outnumber-whites-in-silicon-valley/

硅谷的连接网络，是建立在人才频繁流动带来的高度活跃的劳动力市场，以及人与人之间各种各样的社会关系基础上的，是硅谷文化的重要组成部分。它塑造了硅谷独特的工业系统结构，使得整个系统可以快速学习、灵活适应瞬息万变的市场环境。

▶ 人才频繁流动

和很多传统地区不一样，硅谷的跳槽现象极为普遍。前文已经提到，加州的法律禁止任何劳动合同对员工离职后从事什么工作加以限制，这为硅谷的人员流动创造了很好的法律环境。而逃离肖克利半导体的"八叛徒"，可谓硅谷跳槽文化的鼻祖。

对很多硅谷人而言，比忠于某家公司更重要的，是忠于技术进步的大事业。也许员工跳槽对某家公司而言不是一件好事，但却有利于整个地区的创新经济发展。

第一，人员的流动促进了知识的流动。硅谷的人才流动，既包括同行业科技公司之间的流动，比如软件工程师从脸书跳槽到谷歌；也包括产业界内各种公司和组织之间的流动，比如曾经的雅虎创始人杨致远后来投身风险投资产业；还包括学术界和产业界之间的跨界流动，比如斯坦福大学计算机教授李飞飞去谷歌公司负责其人工智能项目，后来又回到斯坦福大学教书。不难想象，这样的人才流动，实质上促进了各种知识在创新生态圈各个组成部分之间的流动。

第二，人员的流动促进了资源的整合。这些有着各种知识、经验和社交网络的人的流动，给各自进入的新行业带来了新的资源补充，他们本身也成为了更多流动的中介和桥梁。比如，一个有着实际创业经验的风险投资者往往具备很好的产业界背景，在投资企业时，可以通过引入外部资源帮助企业成长。一个从产业界跳槽到大学任教的老师,往往可以动用很多产业界的关系来让自己的课程更加具有实用性。

第三,人员的流动消弭了组织的边界。在美国的政治生态中,有一个著名的"旋转门"现象,即在政府任职的官员退休后转到高校、团队、企业任职。而在硅谷的创新生态体系中,大学老师、工程师、企业管理者、风险投资家这几个角色之间常常相互转换,或者集于一身。这种职业转换,也使得传统上泾渭分明的组织界限变得模糊,也更有助于建立起一个地区性的生产网络。

人与人之间的社会网络

"社交"是硅谷出现的高频词汇。硅谷人的晚上和周末,总是被各种活动填满。校友会举办的活动,各种协会举办的会员之间的活动,无数的讲座、论坛、小型研讨会,都是硅谷人构建和增强社会关系网络的途径。

大学是建立各种社交联系的最重要场所。斯坦福大学每年都会举办校友日活动,给校友创造交流的机会。我在斯坦福曾经旁听过一门有关亚洲人工智能崛起的课程,负责此门课的理查德·达舍(Richard Dasher)教授会在每节课结束后备上点心,让听课者可以在一个轻松的场合相互交流,增强彼此的联系。他说,在 30 年前,他就开始把鼓励课堂上的交流作为上课的宗旨之一,斯坦福大学的很多教授也跟他有着相同的理念,社交从来都是斯坦福校园生活中的重要环节,也许一些新的商业机会和想法就会从这些碰撞交流中产生。

在硅谷还有很多非正式的交流。来到硅谷的人会很快感受到,不管来自哪里,硅谷的人都心态开放、乐于交流。打开在线活动服务平台 Eventbrite,就能看到周围每天众多技术圈内好玩的派对、活动,不少都是对公众免费开放的,还提供饮料、小吃或者点心,目的就是创造一个让人舒适的交流环境。

在硅谷,常见的社交场所还包括极客、黑客组织或者是酒吧、咖啡店。这些非正式场合交流的作用不可小觑。比如,硅谷曾经有一家知名的电脑发烧友组织,名为家酿啤酒俱乐部(Homebrew Computer Club),苹果共同创始人沃兹尼亚克是该组织的会员,会员之间的信息交流和沟通,对苹果公司的诞生产生了重要影响。苹果的第一台电脑,就在俱乐部做了展示。

斯坦福大学举行的校友聚会。(图片来源:作者摄)

连接网络形成的灵活产业系统

美国马萨诸塞州128公路地区经常被拿来和硅谷做对比。在硅谷的半导体工业起步之前,这里不管从各方面条件来看,都优于硅谷。

要论传统工业基础,128公路地区的工业基础比硅谷雄厚,如前文所述，硅谷在二战时期还是一片果园，虽然当时已经有无线电工业的早期萌芽。但当时的 128 公路地区已经拥有美国最强大的工业体系，诸如 IBM、GE、西屋电气等老牌企业都位于东部，此外还拥有贝尔实验室等具备世界级影响力的科研机构。

要论研究型大学，128 公路地区拥有麻省理工学院这所以技术为导向的大学，它也拥有很强的创业文化，其校友创办的企业数量和质量不逊色于斯坦福大学。事实上，斯坦福大学工程学院院长弗雷德里克·特曼就是在麻省理工学院读博士期间受到这种创新创业氛围影响，才会在回到斯坦福大学执教时大力倡导大学的实用主义导向。除了麻省理工学院外，这里还拥有哈佛大学这一老牌名校。

在政府支持方面，东部是联邦政府所在地，产业界有更多的跟政府互动的机会。而且，东部还拥有比西部更丰富的科研院所资源，所吸纳的政府基础科研资助比西部多。美国军方的大量采购合同，也是由东部的国防工业公司获得。

在资金支持方面，最开始的风险投资诞生于东部，因为这里拥有美国最多的富人家族，比如洛克菲勒、惠特尼、范德比尔特等，这些富人家族有一部分闲钱可以拿出来投资。在硅谷成长的早期企业，比如肖克利半导体实验室、仙童半导体以及英特尔等，其很多资金都是在东部募集得到的。而且波士顿距离纽约——世界的金融中心华尔街更近，那里更是拥有非常充沛的资金。

加州大学伯克利分校区域经济教授安娜李·萨克森尼安曾于 20 世纪 90 年代专门研究了这两个地方不同的创新组织方式。20 世纪 80 年代，两者都面临衰退的威胁，但硅谷很快恢复过来，典型表现是如雨后春笋般冒出的初创企业，而马萨诸塞州则颓势明显，到 20 世纪 80 年代末已经将电脑制造工业上的优势拱手相让。1975 年，两个地区创造的就业机会相当，但 1975 年到 1990 年间，硅谷的公司产生了 15 万个新的科技工作岗位，是 128 公路地区的三倍。1990 年，硅谷公司出口了超过 110 亿美元的电子产品，相当于全国的 1/3，而 128 公路地区只有 46 亿美元。此外，当时美国 100 家增长最快的电子公司中，有 33 家在硅谷，而 128 公路地区只有 4 家。⊖

她研究后发现，比地理聚集更重要的是灵活的工业体系。128 公路地区在战后建立的是一种自给自足文化。这种文化强调公司秘密、独立自主、员工忠诚、稳定，公司等级制度强调中心化治理模式、信息纵向流动。因此，公司与公司之间、公司与其他组织之间、公司与社会之间是泾渭分明的，这种垂直的、内部的、封闭的体系适用于静态的市场。

一个周末晚上，在旧金山市区内举行的区块链活动聚会。在硅谷类似这样的社会交际活动每天都有无数场。（图片来源：作者摄）

⊖ AnnaLee Saxenian, Inside-Out: Regional Networks and Industrial Adapt- ation in Silicon Valley and Route 128, University of California, Berkeley, Cityscape: A Journal of Policy Development and Research ,Volume 2, Number 2 • May 1996

而硅谷公司的成功受益于跟其他公司、社会组织和整个社会建立的网络连接。这种连接模糊了大公司和小公司、不同组织、不同行业之间的界限，促进了人才、技术、资金的不断重新组合，使得其可以很好地适应环境和市场的变化。㊀

㊀ AnnaLee Saxenian, Regional Advantage: Culture and Competition in Silicon Valley and Route 128, Cambridge, MA, Harvard University Press, 1996

专访硅谷历史协会主席约翰·麦克劳克林：
文化是硅谷成功的根源

约翰·麦克劳克林（John Mclaughlin）简介：约翰·麦克劳克林是硅谷历史协会主席，他是一名历史学家，著有《硅谷的诞生：100年的复兴》（The Making of Silicon Valley：A One Hundred Year Renaissance）一书，经常受邀在各地讲解硅谷的历史和文化。他曾经采访过硅谷历史上举足轻重的人物，并制作成了纪录片，向全世界各地展现硅谷的真实状况。

问：请您介绍一下硅谷历史协会是做什么的？

答：我们协会是在大概28年前创立的，我们当时想要拍摄一部电影。当时有一部关于美国内战的电影，用了一些黑白照片，配上背景音乐和解说，缓缓地播放。那部电影对我影响很深，我在想我有出版书和杂志的经验，我也可以来做，但是我当时还没有做电影和纪录片的经验。三年后，我们就跟PBS合作做出了一部90分钟的电影，这部电影在全世界播放，获得了很大成功。我也从中得到了很多快乐，因为去采访威廉·休利特、大卫·帕卡德、史蒂夫·乔布斯、安迪·格鲁夫这些影响了世界的人，是令人非常兴奋的事情。

我们现在还在做很多采访。我们大概已经采访了150位有世界级影响力的人。我会问他们的失败经历，在失败时有多少人会拍拍背给他们鼓励，在他们低谷时愿意借钱给他们，或者给予投资。出乎意料的是，我得到的答案大多数是相同的，就是最后成功的企业家在学校的时候很少是优秀的学生。他们当然都是聪明的学生，但他们不一定会对课业感兴趣，或者他们会喜欢教授没有教的东西。

问：您对硅谷的发展历程做了深入的研究，我们可以从中学到的精髓是什么？

答：有一位历史学家曾经说，没有人愿意为历史花钱。我曾经跟来自世界各地的团体交流，包括巴西、南非、哥伦比亚、厄瓜多尔、埃及，还有一些来自亚洲的国家，他们都想要重新创造一个硅谷。他们有钱、有发明、有大学，也非常有主见，然后就认为可以再造个硅谷出来。但我总是抱着怀疑的态度，因为在一个没有相应文化的地方要鼓励创新是很难的。

至少在1940年之前，在这个地方被称为硅谷之前，这里已经有企业家精神的存在。有几个原因。一个是有榜样，瓦里安兄弟成立了瓦里安联合公司，大家都看到他们一开始没什么钱，但后来成功了，这会让人们认为自己也可以做到。这不仅影响到斯坦福大学的学生，也影响了所有在这周边的人，很多人都开启了新的事业，为自己打工，做一些与众不同的事情。

在这样的环境下，如果你想要开餐馆或者做个乐队，你总会想做出跟别人不一样的东西。我高中毕业后去了俄勒冈大学，然后去圣地亚哥读硕士，在那里开公司。我发现，那里的人们询问我的公司的时候，大部分会说：之前都没有人做过，你为什么要做？但我之前的观念是，正是因为别人没有做过，所以我才来做。我希望自己的人生能做一些别人没有做过的事。

之后我搬到了帕洛阿尔托，从那个时候开始我第一次真切感受到这里的文化跟圣地亚哥和俄勒冈州都很不一样，这里是真正在鼓励创意。我认为乔布斯就是一个极好的案例，他不一定发明了全新的东西，但是他用不一样的方法来做。

问：我们知道世界上有很多地方想要模仿硅谷，但回顾硅谷的历史，似乎有很多偶然的因素，这些都不可能再出现了。您看到的其他地方的尝试结果怎么样？

答：我看到了一些失败的例子。在巴西，他们的石油产业想要模仿硅谷，鼓励一大批初创企业开发出可以给石油公司使用的技术。但当有人想出一个好主意，这些石油公司就会把这些想法占为己有，给发明人一定的奖金，或者提升点工资，仅此而已，因为这些石油公司想自己干。所以在那里你看不到乔布斯、扎克伯格这样的人，因为社会根本就不允许这种人出现。如果你想要成为像拉里·埃里森这样的人，你不会待在巴西，你会来硅谷。你在这里会看到很多来自不同国家的人，比如来自中国、日本等世界上很多地方，他们来到这里，因为他们觉得这里是可以发挥他们企业家才华的地方，可以让他们的想法开花结果的地方，在这里他们会得到回报。然后，不断有越来越多的榜样出现。在巴西，如果石油公司、政府、大学一起行动，它们可以给小公司很大的支持，但它们还是想保证对公司的控制。有时候发明者一开始干得好好的，但是一旦他犯了错，董事会就会开会，把他开除出去。

问：您在硅谷曾经采访了很多传奇人物，有些人已经不在世了。当您问他们是什么让硅谷如此独特的时候，他们的回答是什么？有哪些回答让您印象深刻？

答：我得到的最好回答来自乔布斯。他说首先最重要的是一种企业家愿意冒险的文化。与其只是去想，不如去尝试，哪怕失败都比什么都不做要强。第二是这里的聚集效应，这里有这么多公司，如果你加入一家初创公司，结果它失败了，那你就走到街对面为另一家公司工作就行了。你会看到有些人创立了一家企业，然后就得到了价值数百万美元的股票，你就想自己试试。万一失败，就回来给其他人打工。这提供了一种安全感。

乔布斯还举了一个例子，说如果你是电气工程师，想要去一个传统农业国家创业，你会是那里唯一一家电子企业，你跟你的家人都搬到了那里，花了很多钱，如果你失败了，就要困在那里。这听起来很对。正如你去美国的怀俄明州，或者其他西部的大州，也是同样的道理。

接下来还需要风险投资。这个地区成功吸引了成千上万的资金，而且不会受到股票市场波动的影响，它们可以直接注入公司。还需要有能够持续输送人才的大学体系，这里有斯坦福、伯克利、圣塔克拉拉大学、圣何塞州立大学。

问：乔布斯逝世后，您当时采访他的珍贵视频也在互联网上广为流传，这帮助人们更多地了解了乔布斯。

答：为了采访乔布斯，我在一年内可能给他办公室打了有100次电话。那个秘书都能够听得出我的声音，她跟我说不行，乔布斯这一年都没法接受采访，他太忙了。但我不断地尝试。直到有一次我采访了乔布斯的好朋友拉里·埃里森，采访的最后他说：这个保存历史的项目很棒，有什么我可以帮忙的？很多同事都想得到资金上的帮助，但我知道他能帮我采访到乔布斯，所以就请他帮忙介绍。

但这个过程也不顺利。有三四次我都准备好了，采访又被临时取消了。不过最后他还是同意了，他迟到了一个小时，坐下来的时候，可以看到他有些恼怒，他其实不想做这个采访。但当我打开摄像机的时候，一个不同的乔布斯就出现了。

问：您通过拉里森联系上了乔布斯，我们在硅谷的发展中，也一再看到这种密切的人际关系网络的重要性。

答：说到人际网络，史蒂夫·乔布斯一开始是在雅达利公司工作，雅达利的第一个风险投资人是唐纳德·瓦伦丁，他是从仙童半导体出来的，后来创立了红杉资本。乔布斯找到了瓦伦丁，说我有个制造个人电脑的想法，你之前投资了诺兰·布什内尔（雅达利创始人），你可以投资我吗？瓦伦丁说，我认识一个叫作迈克·马库拉的人，可以把你介绍给他。马库拉之前在英特尔工作，从英特尔上市中获得大笔财富，30岁出头就退休了。瓦伦丁给马库拉打电话，说我这里有一个古怪的嬉皮士。后来马库拉去了乔布斯家里，当他看到这个产品时受到了很大的震动，投资了很多钱。如果没有这些联系和引荐，就不会有现在的苹果电脑。

问：除了乔布斯的回答，您自己对硅谷成功秘密的回答是什么？

答：在乔布斯的观点之外，我想要加的一点是，你需要有一种文化，需要有榜样，需要有能够原谅失败、理解失败是通往成功必经之路的文化。我身边有很多朋友，他们不愿意去做任何事情，因为他们害怕失败。他们不愿意去写书，不愿意创业，不愿意做任何有风险的事情。我有一个姐姐就是这样的人，她非常担心一旦失败，别人会说她不够聪明，她一直生活在焦虑之中，所以她一生都没有做任何尝试。

我在堪萨斯州有个亲戚，每次有人在他住的小镇上开了新餐馆，他讨论的话题就是这个生意要失败，这是一种很悲观的态度。在硅谷，如果有人开了新餐馆，他们至少头一两个月都会很忙，因为每个人都想试试。但在堪萨斯，没有人会去，所有人都在等着这家餐馆关门。所以这真的是一种不同的文化。

　　我也有另外一些朋友,他们不断在尝试新的东西,不断失败,有时候你都会被惹恼,他们想要你参与进来,然后你看到他们不断尝试,直到第十次终于成功了。现在他们住在大房子里,也有钱,但还是在不断尝试新东西。我认为这种人更有趣,对人类社会的进步和文化的贡献也比那些胆怯的人多。我认为硅谷拥有比世界其他地方多得多的这类人。

第七章 硅谷的挑战

有阳光的地方就有阴影。在硅谷光鲜亮丽一面的背后,也有很多不容忽略的阴暗面。高科技发展的快车把一些人带向了远方,也把一些坐不上车的人远远甩在了身后。高房价不断把一些人挤向硅谷的边缘,严重落后于需求的交通基础设施让人们叫苦不迭。人们总是乐于谈论那些造富神话,却忽略了其背后严重的收入、性别和种族不平等。高科技公司狂飙突进,却也越来越遇到伦理道德的拷问,如果科技企业不去承担应有的责任,其给人类社会带来的破坏将远大于贡献。而在美国政府日益严重的反全球化政策影响下,硅谷也比其他地方面临更大的危险。

第一节 高房价及交通拥堵

斯坦福大学教授理查德·达舍说:"当一个地方的房价对人工智能工程师而言不成问题,而对诸如老师、警察、普通公司的普通员工而言成问题的时候,这就是大问题了。"而硅谷就是这样一个地方。

❯ 令人咋舌的高房价

根据硅谷指数对硅谷房价的统计,2010年硅谷房价的平均数是46万美元,而到了2017年年底,这个数字上涨到了75万美元。从中位数来看,2017年硅谷房价中位数上涨了7.4%,达到96.8万美元,仅有34%的首次购房者可以负担中位数的房子,而在全国这一比例为49%。⊖

2018年3月份,有一则关于房价的新闻引起了人们的关注。相比斯坦福大学所在的帕洛阿尔托和苹果公司所在的库比蒂诺,森尼维尔一向被认为是硅谷相对的房价洼地,可是当月有一间大概79平方米的两居室小屋以145万美元挂售,结果两天之内以200万美元成交,刷新了当地的单价记录。这间屋子非常普通,唯一的优势是距离谷歌的一个办公楼比较近。⊖

2018年上半年,旧金山市的房价创下历史上的最高半年涨幅。根据当地的房地产经纪公司Paragon的统计,2018年7月,旧金山

⊖ Joint Venture Silicon Valley, Silicon Valley Index, 2018
⊖ Marisa Kendall, Sunnyvale home shatters record with enormous price tag, The Mercury News, March 2, 2018. https://www.mercurynews.com/2018/03/02/sunnyvale-home-shatters-new-record-with-enormous-price-tag/

市区平均房屋价格为 162 万美元,半年内涨了 20 万美元。平均一套公寓为 121 万美元,上涨了 7.1 万美元。[1]

租金同样在上涨。在旧金山市区,2/3 的家庭是靠租房,平均房租从 2010 年的每月 2 000 美元,上涨到 2015 年的 3 500 美元。[2]在这个过程中,旧金山超过了纽约的曼哈顿,成为美国最为昂贵的都市中心。

旧金山周围房价居高不下。(图片来源:作者摄)

如果收入同步上涨,房价的上涨并不会让人无家可归。比单纯考虑房价更有价值的是"可负担率",即将收入水平考虑在内。数据显示,旧金山湾区的可负担率已经是全球最差之一。

根据加州房产经纪协会 2018 年 8 月份公布的一份统计数据,旧

---

[1] Paragon Real Estate Report, Long-Term Trends in San Francisco Real Estate, Dec 2018 https://www.bayareamarketreports.com/trend/annual-trends-overview-san-francisco-real-estate

[2] Matt Rosoff, San Francisco house prices grew the fastest ever in the first half of 2018 as the tech boom shows no signs of slowing, CNBC News, July 6 2018 https://www.cnbc.com/2018/07/06/san-francisco-house-prices-grew-fastest-ever-in-the-first-half-of-2018.html

金山湾区只有18%的人能够负担一间中位数价格房屋的居住成本。

加州的房屋可负担指数低于全美国，旧金山湾区的房屋可负担指数低于加州其他地区。而在湾区内部，旧金山市区的可负担指数又最低。从全球来看，旧金山都市区和圣何塞都市区跟香港、悉尼、奥克兰、墨尔本一道位列全球房屋负担指数最低地区的前几位。

❯ 为何房价疯涨

价格上涨是由供求关系失衡决定的，有几个因素驱动了需求，首先是经济增长。从20世纪70年代开始，湾区的经济增长一直领先于美国全国平均水平。直到今天，硅谷依然是驱动美国经济增长的重要引擎。其次，经济增长和科技产业发展，造就了一大批高收入群体。这个群体愿意出高价钱居住在离工作地点更近、环境更好的房屋。此外，全球各地的资金也在不断涌入硅谷，投资者都希望从这一波科技热潮中掘金。

另一方面，供应却严重滞后于需求。一般而言，当某些商品需求提升时，工厂往往能快速响应，提高产量。而房子是一种特殊的商品，土地资源非常有限，而且房子的建造周期较长，当需求信号传来时，房地产开发商需要购买土地、设计、制订建造计划、获得建造许可、寻找建造商、付诸实施。大的开发商往往还要协调推进市政基础设施建设：道路、电力设备、输水管道、排污设施，这都需要漫长的过程。

导致的后果往往是供求关系错配。在美国，房屋供应落后于需求的一个经典例子是位于美国纽约曼哈顿的帝国大厦。开始建造时，建造者是为了满足20世纪20年代疯长的办公场地需求。而当它在1931年建设完毕时，却刚好赶上了大萧条，花了好几年才将办公室全部出租出去。

　　硅谷当地增加住房密度的努力，也遇到了很多政治阻力。一些居民不愿意开发商在自己的周边大兴土木，他们组成了一些反对组织，进一步加大了扩充房源的难度。

　　高房价造成的后果是多方面的。最明显的是"挤出效应"，即很多无法负担房租的人不断往价格更便宜的湾区东部、南部和北部移动，房屋内也变得越来越的拥挤。2016 年，大概 1/4 的人口居住在"多代"的房子中，超过 1/3 年轻人跟父母住在一起。⊖

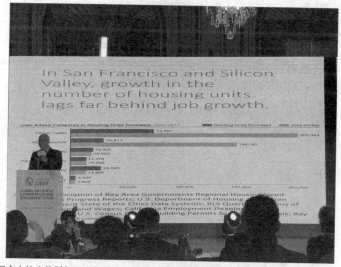
旧金山的房价引起了人们的广泛讨论，这是旧金山湾区委员会主席吉姆·伍德曼在一次讲座中介绍硅谷的住房危机。（图片来源：作者摄）

　　此外，房价上涨也带来一系列冲突和种族不平等问题。比如房东驱赶租客，以寻求能够支付更高房租租客的发生率越来越高。一些族

⊖ Richard A. Walker, Pictures of a Gone City: Tech and the Dark Side of Prosperity in the San Francisco Bay Area, US. PM Press, 2018

裔被高房价远远抛下。1970 年，旧金山有 17%的黑人家庭，现在这个数字已经下降到了 6%以下。

市场这只手是在慢慢调整的，但硅谷的调整过程并非平稳过渡，而是激烈动荡。很多人被迫在短时间内搬离住所，带来的是巨大的失望、失落，进而引发的一系列社会问题不容忽视。

❯ 拥堵的交通

高房价进一步增加了道路通勤压力。数据显示，在过去十年，硅谷通勤时间增长了 17%，意味着每人每周要多花 43 分钟在路上。大部分人都在旧金山、阿拉米达县、圣塔克拉拉县之间通勤。2016 年，硅谷的通勤者每天因为交通拥堵耽误的时间长达 6.6 万个小时，整个旧金山湾区为 20 万小时。在过去十年里，这个数字增长了两倍多。㊀

晚高峰时硅谷拥堵的交通。（图片来源：作者摄）

㊀ Joint Venture Silicon Valley, Silicon Valley Index, 2018

尽管交通已经如此拥堵，但是多项研究显示，硅谷的人们并不愿意减少私家车的使用，因为公共交通远远落后于需求。以地铁为例，目前旧金山湾区并没有一条完整统一的地铁线可以满足人们在湾区各个城市之间通行的需求。

目前旧金山周边运行的地铁为BART，其规划于20世纪50年代。当时的设想是这条地铁线路要把旧金山、机场、硅谷、圣何塞以及东部的奥克兰等都连接起来，形成一个穿越整个湾区的环形，但该方案因为湾区各市的自我利益考量而胎死腹中。

首先，圣塔克拉拉县因为不满该工程首期只是建设到帕洛阿尔托而退出，之后圣马特奥县因为受到地产商的游说而退出，据称该地产商认为建地铁会影响一些区域的房产价值。地方政府缺乏协调一致的行动，也引发一系列连锁反应。最后该线路能通达的地区数量大打折扣，以至于在长达数十年的时间里，该地铁线连旧金山机场都无法连接。

我有段时间经常来往伯克利和斯坦福，也感受到硅谷公共交通的落后。从伯克利到斯坦福乘坐公共交通有两种方式，一种是先地铁后转公交，或者先地铁再转火车（Caltrain）。公交车每半小时一班，周末则没有班次。火车线路最早建于19世纪，最高运行速度为120千米/小时，工作日班次间隔为20分钟左右，周末班次间隔为90分钟。不管采取哪种方式，一般都要2小时以上才能到达。但如果是自己驾车，避开交通高峰期则1小时之内就能到达。

既然硅谷人口如此密集，各城市之间的通行需求也如此旺盛，为什么不像中国一样建高铁呢？比如广州和深圳之间的距离，大概是旧金山和圣何塞之间距离的两倍。而现在中国在广深两地之间运行的高铁，时速为300千米/小时，30分钟左右即可连接两座城市。

实际上，这确实是湾区的很多政策制定者们多年来在考虑的问题,但是这一计划也遇到了很多阻力。由于兴建高铁需要占用大量农业和工业土地,这些土地的所有者和沿途的居民首先站出来反对。

一些科技大佬也对高铁提出了反对声音。特斯拉的埃隆·马斯克由于正在研究速度更快的真空隧道高铁Hyperloop,因此称兴建传统高铁"荒谬可笑"。甲骨文创始人拉里·埃里森也说高铁是一种"在你不想要的时间,经过你不想要的站点,把你送到你不想要的地方的交通工具",批评高铁这种固定时间、固定行程、固定始发和终点站的运营模式不够灵活,中间依然需要汽车接驳,不能一站到达目的地。他认为,自动驾驶才代表硅谷交通的未来。

正是因为无法达成一致意见,导致兴建高铁的计划一再拖延,造价预算也在不断攀升。加州估计兴建接驳首府萨克拉门托、旧金山和洛杉矶的高铁将会花费800亿美元以上。其中部分资金需要来自私营部门,但这部分资金还没有着落。2019年2月,加州新上任州长加文·纽森正式宣布,因为造价太过昂贵、工期太长,加州将放弃之前的高铁计划。

第二节 收入、性别和种族不平等

不管从哪个方面看,硅谷都是值得骄傲的:庞大的经济产值、远高于美国其他地方的经济增长率、傲视全球的人均收入、较高的生活水平……在很多人看来,这里就是当今人类文明最发达的象征。可是,如果光是看表面的光鲜,很容易忽略残酷的真相:严重的不平等。

▶ 收入不平等

以前人们从矿场掘金,现在人们从技术中掘金。高科技产业的发展,让美国西海岸从"旧金山"变为"新金山"。无疑,旧金山是美国乃至全世界收入最高的地区之一。2017年,该地区人均收入接近10万美元,可谓"水涨船高"。但如果透过现象看本质,会发现很多人其实是"被平均"的。

在很多人的印象中,在硅谷居住的都是一帮高学历、在科技公司工作、拿着高薪的工程师。但事实上,湾区90%的人都没有从事与科技相关的工作,75%的人都不具备高学历。科技公司对开发软件和产品的工程师们给出的工资越来越高,但是对行政、后勤等岗位支付的工资并没有同比例提升。

判断社会收入不平等现象的一个指标是看收入最高的5%人群和收入最低的20%人群的财富比值。根据布鲁金斯学会近年的一份报告,在旧金山,该比值为16.6,位于美国贫富差距最大的城市第二位,仅次于亚特兰大。

若依照收入水平把硅谷的人群分成三个部分,则低收入群体占比为38%,中等收入群体占比36%,高收入群体占比26%。高收入和中等收入的分界线为12.3万美元,而中等与低收入的分界线为5.1万美元。处于中等收入底端的四口之家(两大人两小孩),只能负担基本生活开支。

一方面,旧金山地区居住着世界上最有钱的一群人。根据《福布斯》杂志公布的2018年亿万富翁榜,脸书公司创始人马克·扎克伯格、谷歌公司创始人拉里·佩奇和谢尔盖·布林以及甲骨文创始人拉里·埃里森均位于世界上最有钱的15个人之列。⊖

另一方面,高昂的房价和微薄的收入导致该地区出现大量无家可归的人。不管是在旧金山市区,还是在奥克兰、伯克利、圣何塞,都

⊖ Forbes, The Richest People in the World, March 5, 2019, https://www.forbes.com/billionaires/list/#version:static

会经常看到一些衣衫褴褛的人流落街头,即使到了寒冷的冬夜,也不时可以看到一些人裹着被子睡在路边。条件稍微好点的人会搭起帐篷,或者睡到车上。

硅谷地区很多县每两年会进行一次无家可归人口的普查。根据最新的 2017 年研究报告,旧金山市区内有 7 499 名无家可归的人。[一]圣塔克拉拉县有 7 394 名,比 2015 年提高了 13%。在这部分人之中,0~24 岁的儿童和青少年的数量也有所上升。[二]在东湾的阿拉米达县,2017 年的统计报告显示有 5 629 名无家可归的人。[三]

旧金山市区内的无家可归者(图片来源:作者摄)

[一] Applied Survey Research, San Francisco County Homeless Count & Survey, 2017, http://hsh.sfgov.org/wp-content/uploads/2017/06/San-Francisco-PIT-Executive-Summary-FINAL-6.21.17.pdf

[二] County of Santa Clara, Point-in-Time Homeless Count Drops with Veterans and Chronic Homeless, Rises with Youth and Family Homeless, County News, 2017https://www.sccgov.org/sites/opa/newsroom/Pages/2017HomelessC-ount-.aspx

[三] Homeless Solutions in Alameda County, Homeless Point-In-Time Count & Report, https://homelessness.acgov.org/reports.page?

性别不平等

在硅谷从业的一位女性说道:"就像华尔街已经成为一个东部的男人俱乐部一样,硅谷也把自己建成了一个位于西部的男人俱乐部。"

从全球和美国范围内来看,职业上的性别不平等一直是个永恒的话题,而科技行业的性别不平等问题更为突出,一些公开的数据已经揭示出一个基本由男性主导的科技产业图景。

2018年2月,一家名为Angel的公司和管理股权结构的软件平台公司Carta合作,调查了硅谷6 000多家总价值达450亿美元的科技公司的股权结构,结果发现,虽然女性占了所有劳动力的33%,但只拥有9%的股权。此外,在所有企业的创始人中,女性占比仅为11%。[1]

另一个在2017年由媒体记者组成的"调查报道中心",对211家科技公司做了调查,结果发现著名科技公司中几乎没有一家的女性劳动力占比能够达到50%。我们熟知的几家公司,比如苹果、谷歌、思科、惠普、英特尔、脸书、奥多比等,女性劳动力比例都在30%左右。在被调查的公司中,性别比例最不均衡的为芯片公司英伟达,女性劳动力只占17%。

在高管团队中,这个比例进一步下降。表现最好的是脸书,27%的高级经理为女性,其他大部分公司这一比例基本在20%左右,比如苹果和谷歌。英伟达的女性高管比例为11%。[2]

---

[1] Angels news, Silicon Valley's Equity Gap: Women Own Just 9%, Sep 18, 2018 httpo://mcdium.com/angels-news/silicon-valleys-equity-gap-women-own-just-9-29159f40

[2] Sissi Cao, A Data-Backed Look Into Silicon Valley's Gender Equality Problem, The Observer, Nov. 16, 2017 https://observer.com/2017/11/a-data-bac-ked-look-into- silicon-valleys-gender-equality-problem/

女性在职场上的不平等待遇并不仅仅体现在总体数量、男女比例、收入水平和晋升机会上，在硅谷经常爆发出的性骚扰和性丑闻，更是这种不平等地位的极端表现。2018年，在全球发展得轰轰烈烈的控诉性骚扰的"Me Too"运动，在硅谷得到巨大响应。

在彭博社科技新闻记者埃米丽·常（Emily Chang）出版的描述硅谷性别不平等的书籍《男性乌托邦：打破硅谷的男孩俱乐部》(Brotopia: Breaking Up the Boys Club of Silicon Valley)中，更是曝光了硅谷"充斥着嗑药和滥交的专属派对"，[一]女性创始人在派对上成为男人们的"猎物"，揭示出了硅谷光鲜华丽背后不堪的一面。

种族不平等

如果说硅谷的性别不平等已经很严重，那种族不平等甚至更加严重。"调查报道中心"这份报告同时揭示了种族的不平等：在这些男性主导的公司中，管理团队大部分是白人男性。比如惠普公司，70%的管理团队成员都是白人男性。苹果公司的这一比例为68%。

虽然旧金山大湾区相比美国其他地方而言，已经在促进种族平等上做了很多工作，但是依然还未解决这个问题。在国外出生的移民人数已占湾区总人口1/3的情况下，多数居于社会顶层的依然还是白人。

2017年，一个名为Ascend基金会的非营利组织发布了一份研究，名为《亚裔成功的幻觉：打破玻璃天花板依然乏善可陈（2007—2015）》。这份报告仔细研究了硅谷科技公司的公开资料，研究发现，

[一] Emily Chang, Brotopia: Breaking Up the Boys Club of Silicon Valley, NY. Porforlio/Penguin,2018

过去 10 年在公司高管团队中多样性的进展依然陷于停滞。

得益于科技飞速发展对技术岗位的需求,亚洲人特别是华裔和印度裔得以越来越多地挤入硅谷的工程师梯队,但能够占据高管位置的依然还是少数。事实上,他们成为公司高管的概率只有白人的一半。黑人经理的数量在研究覆盖的 10 年内下降了 18%,黑人女性的总体数量下降了 13%。

研究发现,少数族裔女性是最受玻璃天花板影响的人群,亚裔女性要成为高管概率非常之低。而白人女性成为高管的概率比亚裔男性和黑人男性分别高出 88% 和 97%,比西班牙裔男性高出 31%。⊖

要打破这些不平等,意味着常人难以想象的付出。风险投资公司 Fusion Fund 的创始人张璐自嘲说,在硅谷职场人士看来,当时初入职场的自己是"各种劣势的集合":女性、亚裔、30 岁以下。她在硅谷打拼的这些年,也遇到过很多的质疑,遇到过不少的歧视。但是"我从来都不害怕,如果被人挑战,我的第一反应是,我要证明你是错的。我每遇到的每一个质疑,最后我都证明他们是错的"。

不过她也坦言,这背后也意味着巨大的付出。在斯坦福大学求学的两年间,她没有参加过一次派对。在成为风险投资人的这些年里,她的时间基本被工作占据,几乎没有自己的生活。有时候忙到两天才吃一顿饭,周末加班是家常便饭。她说:"投入和产出是成正比的。很多人会说我发展的速度很快,但他们不知道这些背后的付出。硅谷有很多很聪明很努力的人,我只能比他们更加努力更加高效。"

⊖ Brentin Mock, When it Comes to Tech, Racial Disparities Are Far Worse Than Gender Disparities, Citylab, Oct 5, 2017 https://www.citylab.com/equity/2017/10/when-it-comes-to-tech-racial-disparities-are-far-worse-than-gender-disparities/542013/

第三节　科技伦理困境

电影《蜘蛛侠》中有句著名的台词:"能力越大,责任越大。"

如果把硅谷比作一个富有天赋的孩子,那么伦理就是社会需要给予这个孩子的价值观和道德品质。如果孩子没有得到好的价值观引导而他又有天大的本事,长大后对社会是福还是祸呢?

▶ 巨头们"麻烦"不断的 2018

2018 年,对脸书而言,是成立以来最为艰难的一年。

这一年,脸书遭遇的舆论危机接连不断。3 月份,公司先是被曝光其 5 000 万用户数据被英国剑桥分析公司盗用,用来分析选民状况并用于 2016 年的美国总统选举。马克·扎克伯格也因为此事被召进美国国会接受询问。

11 月,其被曝光跟一家广告公司合作,撰写文章攻击竞争对手苹果和谷歌公司,用以转移公众对其接连不断的负面新闻。正当大家觉得脸书即将结束"噩梦般的 2018 年"时,又被曝出其出现安全漏洞,导致第三方应用软件获取用户未公开的私人照片,有多达 680 万用户受影响。

从年初到年尾,脸书的市值,也随着这些丑闻一道"跌跌不休"。

脸书不是唯一一家在 2018 年遭遇麻烦的公司。谷歌被曝与美国国防部存在合作,将人工智能应用于军事项目。消息一出,引发员工激烈反对,数千名员工签署请愿书要求谷歌取消该项目的合同,数十名员工辞职以示抗议。

被曝光的项目名为"行家项目",谷歌于 2017 年 9 月底获得该项目合同，之后一直处于保密状态。该项目旨在建立一个类似"谷歌地球"的监测系统，让五角大楼的分析师能"点击建筑，查看与之相关的一切"，并为整个城市建立车辆、人员、土地特性和大量人群的图像。在员工的反对和社会压力下，谷歌宣布该合作项目合同将于2019年到期，此后不再续签。

2018年10月，媒体报道谷歌高管、安卓创始人安迪·鲁宾在被指控存在不端行为的情况下，依然得到了公司9 000万美元的天价遣散费，引起社会极度不满。

在经过一系列事件后，人们不禁怀疑，谷歌这家曾经把"不作恶"作为公司核心信条的公司，是不是已经逐渐背离了自己的价值观，走到了自己的对立面？

另外一个硅谷明星埃隆·马斯克2018年也不好过。先是因为其在推特上说要将特斯拉私有化而遭到涉嫌欺诈的指控，并因此丢掉了特斯拉公司董事长的职位；而后的9月份，马斯克在一次网络播客节目中竟然吸起了大麻，以至于美国空军不得不出来说要对马斯克进一步调查，因为其名下Space X跟空军签订了多个合同……

这一系列事件凸显出，当科技巨头走出初创阶段的"死亡之谷"，处在向上奋力搏击阶段之时，伦理困境越来越成为其不得不面对的另一场"生死劫"。越来越多的人认为，硅谷科技公司应该设立一个新的岗位：首席伦理官。

▶ 沾染上"恶习"的初创公司

在硅谷，并非只有人型科技公司面临伦理困境。实际上，不遵守伦理规范的毒瘤正在向初创公司蔓延。科技公司经常标榜自身为"颠覆者"，"颠覆"已经成为社会可以给予科技公司的一顶皇冠。正如马克·扎克伯格所说的：快速行动、打破常规（Move fast and break things），但如果想颠覆的是社会底线呢？

优步，这家创立仅数年的明星公司，一直争议不断。其被指在无人驾驶试验时限制司机上厕所，公司创始人特拉维斯·卡兰尼克（Travis Kalanick）对一名普通优步司机出言不逊的视频在网上疯传，公司被指不尊重女性……2017 年，在经过了一系列丑闻后，卡兰尼克被迫黯然下台。

近些年在硅谷发生的最离谱的初创公司造假事件，非 Theranos 莫属。斯坦福大学辍学生伊丽莎白·霍尔姆斯（Elizabeth Holmes）2013 年成立了 Theranos 公司，宣称其具有先进的血液测试技术，只需要几滴血就能完成复杂的血液测试。随后，Theranos 获得了包括甲骨文创始人拉里·埃里森等在内的投资人青睐，估值一度达到 90 亿美元。霍尔姆斯也俨然把自己包装成"女版乔布斯"，一时间风光无限。

2015 年，《华尔街日报》的一篇报道揭穿了公司一路造假的真相，刺破这个浮夸的泡沫。原来，Theranos 很少用自己的机器检测血液，而且其结果并不准确，大量的血液测试是依靠其他公司的机器完成的。谎言被揭穿后，霍尔姆斯跌下神坛，名誉扫地。2018 年 8 月 31 日，在经过了三年的不断诉讼后，公司停止运营。

另一家被揭穿造假的公司是 Hampton Creek。跟 Theranos 一样，其投资人有比尔·盖茨、李嘉诚和彼得·蒂尔等商界大佬。这家公司以用植物制造蛋类食品知名，典型产品是蛋黄酱。不过 2016 年的一篇媒体报道揭露公司在一轮新融资之前，要求合同商前往大型超市大量采购自家产品，以此制造其在市场上广受欢迎的假象。

还有一家名为 Zenefits 的独角兽企业，总部位于旧金山，开发基于云端的人力资源管理系统软件。被曝光在浏览器中做手脚，绕过加州对保险代理人员的教育培训要求，由此受到了美国监管当局的调查,并收到巨额罚单。这个丑闻也迫使当时的公司联合创始人兼 CEO 帕克·康拉德(Parker Conrad)辞职,独角兽轰然倒下。

当一个个曾经辉煌无比的初创公司纷纷"中招",人们不禁开始反思这些事件背后的深层次原因。硅谷急功近利的文化被认为是罪魁祸首。初创公司急于向投资人、媒体和大众证明自己,以便获得高速增长,并快速套现。

▶ 科技,解决问题还是产生问题?

除了科技公司"作恶"之外,硅谷面临的深层次问题是由科技本身带来的潜在威胁。在科技精英们看来,硅谷的科技创新是解决人类问题的出路。殊不知,科技发展本身就带来了一些新问题。

隐私侵犯。当我们看向互联网的时候,互联网也在看着我们。互联网就像一面镜子,照出来的样子可能比我们自己看到的还要清楚。在大数据时代,网络可能比你更了解你,这并非夸张之辞。

不妨想象一下,你有多少信息在网上?地图软件时刻知道你的位置,知道你曾经去过哪里,在你到达目的地之前,它就知道你将要去哪里。网络知道你的健康状况,因为当身体出现伤病后,你可能第一时间会去网上找相关知识。新闻软件知道你浏览新闻的偏好,所以也会向你推送符合你浏览习惯的新闻。你最近在看什么书、买了哪些物品、看了什么电视剧……如果把全部这些数据搜集起来,就可能描绘出一个清晰无比的个人图像。在无处不在的信息巨网面前,我们事实上已经在"裸奔"。

有时候,科技对隐私的侵犯甚至超乎人们的想象。据媒体报道,在一个名为"你的脸就是大数据"的项目中,俄罗斯摄影师叶戈尔·茨韦特科夫(Egor Tsvetkov)在圣彼得堡用了六周时间拍摄 100 名地铁乘客的人脸照片，之后利用人脸识别工具比对俄罗斯最大社交网站VK（VKontakte）上的5 500万用户，找到了70%的乘客在网上的个人资料。无独有偶，2017年，斯坦福大学的研究人员使用人脸识别算法分析性取向，结果发现男性同性恋的识别正确率为81%，女性同性恋的识别正确率达到74%，此举也引发了巨大争议。

巨头垄断。当科技越来越集中于少数国家少数公司少数产品，这些公司形成了事实上的垄断地位，结果就是消费者缺乏选择，对科技巨头缺乏制约。比如，优步和Lyft对大众宣称，其打破了出租车行业的垄断，可是它们又带来了新的垄断。

彼得·蒂尔直言，"竞争"是留给失败者的，成功者都追求垄断。但是巨头们担忧引起反垄断调查，以及顾忌公众的反感，所以会极力掩盖垄断的地位。他在《从0到1》这本书中举了谷歌的例子。2014年5月，谷歌占据了搜索引擎68%的市场，这是明显的垄断。但是谷歌辩称，自己只是一家广告公司，在全球广告市场中只能占3%左右，这看起来不是垄断。⊖但事实上，谷歌是不是垄断者，大家心里都明白。

信息泛滥。互联网把人类从信息短缺时代一下子带入信息爆炸时代。打开浏览器，每个人都可以接触到几乎一切的知识。谷歌是如此受欢迎，以至于它变成了一个动词："谷歌一下。"但是，当搜索引擎是建立在靠广告支撑的商业模式基础之上时，人们也暴露在了大量广告的轰炸之下。

注意力经济时代，科技公司变着法子不断增加用户黏性，谷歌、苹果、脸书、推特等硅谷科技巨头都给人们带来大量信息，新闻动态、社交媒体、音乐电影、广告邮件，信息的轰炸几乎无处不在。

1970年，美国作家阿尔文·托夫勒（Alvin Toffler）在其著作《未

⊖ 彼得·蒂尔，布莱克·马斯特斯. 从0到1——开启商业与未来的秘密. 高玉芳，译. 北京：中信出版社，2015

来的冲击》(*Future Shock*)中提到:"当输入系统的信息量超过它的处理能力时,就会发生信息过载。决策者只有有限的认知处理能力。于是当信息过载发生时,可能就会导致决策质量下降。"

信息的本质在于消除人们对周围环境的不确定性,但是当信息变得极度方便和触手可及时,过量的信息却导致另一个极端,让人们无所适从,甚至产生信息焦虑。

智能危机。人工智能的日益发展也让人们怀疑,科幻电影中人类被自己制造的机器人所控制的场景,会不会很快到来,以至于人工智能成为人类的掘墓人?虽然当前的人工智能技术离此尚远,但其可能带来的大规模失业,以及可能被用于网络及城市公共设施攻击的潜在威胁,已不是天方夜谭。

比如,加州大学伯克利分校计算机系教授宋晓冬和同事研究发现,在实施一些技术干扰后,计算机在进行深度学习时容易被欺骗,比如一个"禁止停车"标志,可能被计算机解读为"限速"标志。

此外,人工智能被黑客利用来进行不断迭代的网络攻击,也已经出现苗头。优步自动驾驶汽车在亚利桑那州凤凰城进行自动驾驶测试时撞死了一名路人,已经引发人们对自动驾驶技术可靠性的担忧。如果一部自动驾驶汽车被黑客攻陷,马上就会变成一部破坏性极强的工具,其后果更是难以想象。

算法歧视。当现实社会中的歧视映射到人工智能算法中,也继续增强了这种社会偏见。2016年微软智能机器人小冰上线不足24小时,就在跟人类的对话中学会了满嘴脏话、种族歧视甚至纳粹主义,让微软不得不火速下线,就是最好的例子。

一份研究表明,当负责招募员工的人力资源官在浏览简历时,即使在各方面条件相似的情况下,还是会倾向于选择一个看起来像是白人的名字,而非黑人。而受到这种数据训练的算法,会进一步强化这种种族偏见。算法没有伦理意识,没有价值判断,没有关切温情,它只导出它所认为人类需要的结果。

上述这些问题,只是伴随科技产生的新问题的冰山一角。在科技的狂飙突进中,人们越来越意识到,硅谷必须承担起更多的社会责任。苹果首席执行官蒂姆·库克在 2019 年 6 月的斯坦福大学毕业演讲中,对硅谷的现状进行了抨击。他说,在过去四年里,"危机盖过了乐观主义,后果挑战了理想主义,现实动摇了盲目的信念"。硅谷曾经创造了现代历史上最重要的一些发明,但最近,硅谷科技界似乎更因一项不那么光彩的"创新"而出名,那就是"认为你可以邀功而无须承担责任"。他告诫斯坦福大学的毕业生们从这些错误中学习,学会承担责任,成为负责任的建设者。⊖

一些教育机构,比如圣何塞州立大学伦理研究中心,开始为工程师们开设科技伦理课程,让他们在开发产品时即意识到自己的产品会带来的社会影响,在开发阶段就避免一些陷阱。

中国创新研究学者梅亮等倡导"责任式创新",即建立开放、互动和透明的创新过程,创新主体与社会行动者共担责任,从而将科技进步合理嵌入社会发展中,引导创新过程和产品实现伦理道德可接受、发展可持续和社会满意。⊖

第四节 反全球化

过去 30 年,日本市场、韩国市场的增长对硅谷崛起产生了重要作用。而现在,中国市场的巨大增长为硅谷提供了重要支撑。如果不

⊖ Tim Cook, 2019 Stanford Commencement Speech, June 16, 2019, https://news.stanford.edu/2019/06/16/remarks-tim-cook-2019-stanford-commencement/
⊖ 梅亮,责任式创新:科技进步与发展永续的选择,北京,清华大学出版社,2018

能进入那些市场,科技公司就无法获得足够的利润去支撑硅谷的研发投入。以苹果手机为例,其虽然总部和设计在硅谷,但严重依赖中国的供应商、组装工厂和市场。2016—2018年近三年来,苹果在全球范围内1/5的收入来自中国市场。

另外,硅谷1/3人口是国际移民。因此,相比房价、交通、伦理等挑战,硅谷最大的挑战来自于反全球化。随着美国政府采取片面的"美国优先"政策,以及随之而来的一系列反全球化举措,硅谷的繁荣也受到了严重威胁,甚至可以说,硅谷受到的伤害比美国其他地方更深。

▶ 对外国学生学者防范的加深

首先是缩短所谓"敏感专业"学生的签证时限,从最长五年的有效期变为一年。有一些学生在回国申请更新签证时,因为无法及时获得签证而被迫中断学业。其次,背景审查变得更加频繁、范围也在扩大。我在跟斯坦福和伯克利的很多学生交流时发现,他们都困惑自己的专业并不敏感但还是被审查。还有一些学者被直接拒签,导致无法到美国参与正常的学术会议。更有甚者,一些华裔学者还直接被以莫须有的罪名调查。种种迹象似乎都在传递这样一种信息:来自中国的学生学者在美国并不受欢迎。

在这样的背景下,我访学所在的伯克利于2019年初发生了一起一名教职员针对华裔教授的言辞不当事件。对此,加州大学伯克利分校校长卡洛·克里斯特(Carol Christ)在2019年2月发表了一封公开信,信中指出,学校行政部门近期收到了一些针对华裔教授以及与中国企业和科研机构合作的教员的负面评价,暗示这些人可能充当间谍或者从事跟美国利益相违背的行动。相同的指控也指向伊朗裔教授或其他与中东有学术和个人联系的教授。

她在信中说:"当涉及外国的国家安全问题屡次登上报纸头条的时候,至关重要的是我们不会向来自这些国家或者祖籍国是这些国家的学生、职员、教授、访问学者关闭大门。加州黑暗的历史告诉我们,基于国籍的自动怀疑,会导致可怕的不公。"

这封信开启了美国很多大学对华裔学者的集体声援。斯坦福大学校长随后也在公开信中重申了对华裔学生和研究者群体的支持。

除了这两所大学外,哈佛大学、耶鲁大学、麻省理工学院等知名高校也纷纷发表公开信,但这些大学的呼吁似乎并不能阻止美国政府对中国学生学者的敌意。根据国家留学基金委的统计,2018 年中国计划公派赴美留学 10 313 人,其中因为签证问题无法按照计划赴美的 331 人,占 3.2%。但在 2019 年第一季度,因为签证问题不能按照计划成行者达到了 182 人,占比大幅上升为 13.5%。⊖

▶ 对科研预算开支的大幅削减

特朗普上台后第一年提出的财政预算,几乎压缩了所有联邦政府部门的科研预算,引发科学界的震惊和反弹。虽然在其 2018 年的财政预算中有所收敛,但 2019 年白宫提出的预算案继续尝试大幅削减科研开支。在 3 月份发布的预算中,更打算削减 13%国家科学基金会预算,削减 12%国立卫生研究院预算,削减能源部科学办公室 16%的经费……⊖

⊖ 教育部发布 2019 年第 1 号留学预警,http://www.xinhuanet.com/mrdx/2019-06/04/c_138115600.htm

⊖ Heidi Ledford, Sara Reardon, Emiliano Rodríguez Mega, Jeff Tollefson & Alexandra Witze, Trump seeks big cuts to science funding — again, Nature, March 11 2019, https://www.nature.com/articles/d41586-019-00719-4

在州政府层面，情况也不容乐观。加州大学伯克利分校作为硅谷的一所公立学校，从 20 世纪 90 年代开始就面临州政府不断削减的开支。根据加州大学的数据，加州州政府平均在每名学生身上投入的资助金额，已经从 1996 年的人均 1.5 万美元，下降到 2017 年的 7 000 美元。[⊖]

尽管加州大学采取了提高学费及增加外州和国际学生数量的方法来应对，依然无法补上政府资助的缺口。伯克利的预算赤字一度达到近 1.5 亿美元，在本届校长克里斯特的领导下，才在 2018 年 7 月将赤字压缩到了 5 700 万美元。伯克利教授的薪资待遇也跟附近的私立学校斯坦福大学差距越来越大，因此校内经常有教授表达对伯克利如何保持学术竞争力的担忧。

对正常学术商业活动的干扰

2018 年开始，在美国政府以"国家安全"为由的压力下，一些高校也中断了和中国企业华为的合作。2018 年 12 月，因受美国政府的警告，斯坦福大学终止了跟华为的合作关系，而此前华为跟斯坦福大学的人工智能实验室有合作。与此同时，加州大学伯克利分校也在 2019 年 1 月底决定，暂停跟华为的任何新的研究合作。一些美国大学还停止使用华为的通信设备。

2018 年，美国将《外国投资风险审查更新法案》纳入《2019 财年国防授权法》。法案要求美国外国投资委员会（CFIUS）更加严格地

⊖ Teresa, Watanabe, UC system's global rankings slip amid funding cuts, international competition, the Los Angeles Times, Feb 28, 2018 https://www.latimes.com/local/education/higher-ed/la-me-uc-global-rankings-20180-228-story.html

审查外资收购美国公司，虽然没有直接点名中国，但很多人认为这份法案针对的就是中国资金的并购。受此影响，中美企业在跨境并购等方面变得谨慎。2017年中国资本对美国初创企业的投资达到了创纪录的30亿美元，而在2018年两国跨境投资的节奏迅速放缓，一种忧虑和观望的情绪弥漫在硅谷的上空。

"如果我是在美国毕业的博士生，利用我所学的技术到中国去开公司，会受影响吗？""我们这家投资公司的大股东是中国人，但公司注册在开曼，投资美国公司也要受到审查吗？""美国原创的技术，不授权给中国公司，只是让公司在中国生产，这也违反美国最新的规定吗？"……2019年5月份，在我参加的一次关于中美投资并购最新趋势的研讨会上，观众不断地向在场的律师提出他们的担忧。这个研讨会是硅谷当地一家颇有名望的律师事务所应一家华人协会邀请召开的，针对在美华人华侨提供免费的咨询服务。这些问题凸显出硅谷投资界和教育界对美国收紧技术合作的深深忧虑。

在硅谷举行的中美投资并购最新趋势研讨会引起了人们的广泛兴趣。（图片来源：作者摄）

硅谷的抵制努力

如果没有了全球化的灵魂和支持科技的态度,硅谷还能继续保持优势吗?如果联邦政府背弃了全球化,必然削弱美国作为全球科技中心的吸引力,"皮之不存毛将焉附",硅谷也将难以幸免。一些有识之士也开始反思,如果硅谷继续按照"埋头做生意,远离华盛顿"的做法行事,而不积极参与和影响美国政治决策,那么在攸关未来的政策议题上,硅谷将会越来越边缘化。

斯坦福大学美国—亚洲技术管理中心主任理查德·达舍说:"硅谷的一个失败之处就是对美国其他地方相对停滞的经济发展缺少关注,而那些地方的态度影响了美国的政策。在硅谷,我们忙着在全球范围内创新,华盛顿的政治似乎离得很远。我认为这种态度需要改变,硅谷需要更多地关注政策。"

值得一提的是,硅谷也慢慢意识到了这个问题,开始进行反思和反抗。正因如此,美国特朗普政府一系列反全球化的举措,在加州和硅谷遭遇的反对声浪也越来越大。2018年10月在伯克利举行的中美创新峰会上,加州审计长贝蒂·叶(Betty Yee)说,中国对加州至关重要,不管联邦政府怎么做,加州的立场很明确:我们要坚持和中国做生意。

在商界,旧金山大湾区委员会主席吉姆·伍德曼说,湾区委员会的商业人士成员在过去多年已经跟中国建立了很多合作,从任何角度来看都不应该把这种关系拉向倒退,他还要率领更大的湾区代表团去中国访问。在美国政府宣布对一些中国公司采取制裁措施后,包括谷歌等在内的许多科技公司集体发声,直言制裁中国公司将会"引火烧身"。

在学术界，我参加的一次在斯坦福大学举行的研讨会上，一名计算机学教授表达了他对联邦政府收紧学术交流的担忧。他说自己本来跟中国有很多的合作，现在也不知道该怎么办了。对此，美国前任国务卿赖斯说："大学跟政府是不一样的，在政府变得日渐封闭的时候，大学更应该坚守更高的价值观，那就是知识无国界。"

专访加州大学伯克利分校教授理查德·沃克：
揭开硅谷的阴暗面

理查德·沃克（Richard Walker）简介：理查德·沃克是加州大学伯克利分校教授，他在经济地理学领域有很深造诣，曾担任加州大学伯克利分校地理系主任。沃克是公认的加州问题研究专家，对加州的经济、自然资源、种族冲突、政治割裂等问题有深入研究，已经出版了六本专著，包括2018年出版的最新著作《逝去城市的图景：旧金山大湾区繁荣背后的科技和黑暗》。

问：您曾经说过您最新的著作是为了纠正社会对硅谷的片面理解。那您认为现在社会上对硅谷存在哪些误解？

答：人们认为硅谷有很多的创意、冒险精神、激情，但忽略了资本的力量。硅谷有这么多充足的资本可以支撑初创公司，这起了很大的作用。同时硅谷也吸收了大量的政府资金，特别是过去来自国防部的订单，现在很可能还有很多秘密订单存在，只是我们不知道。人们并没有很好地了解到整个系统是如何发挥作用的，这种聚集产生的效应比把所有那些单独的公司加起来产生的效应要大得多。

有一种误解，认为硅谷的成功只是市场的作用。这种认知忽视了政府在其中扮演的作用、人们之间的社会联系在中间扮演的作用，硅谷的成功不仅是一个市场现象，也是一个社会文化现象。同时，它的成功还源于资本的力量。很多人说这也是市场的结果，但我们也看到在很多其他的市场并没有这么多资本，或者资本并没有发挥出这种作用。

还有一种误解是，既然硅谷如此富足，它应该让每个人的生活好起来，因为平均收入是在上升的。但同时你要看到有成千上万人的工资在平均线以下，他们在这个美国乃至全世界生活成本最高的地方艰难地挣扎。最典型的表现就是房价。高收入群体推高了湾区的整体房价，以至于房价如此之高，超过了普通工薪阶层能负担的水平，但正是后者提供了整个工业界运转都需要的基础服务，包括医疗、教育和食物等整个体系。

还有一个政治上的误解，认为硅谷是代表美国左翼的、进步的方面，既然它如此进步，肯定能够把人们都照顾好。但实际上不是。我们看到很多老旧的社会问题，还有很多新问题。比如种族隔绝、资源短缺的公共教育、陈旧的基础设施以及环境污染。这些问题非常严重。

单纯从税率来看，大家会认为加州应该算是高税收，但实际上加州在给富人减税。人们认为像这么富裕的地方，应该有很多钱来支持公共福利，但实际上不是。因为富人、大公司不喜欢纳税。从里根当加州州长时开始，那些保守主义者就开始减税，然后削减公共开支。集体利益在消逝，似乎回到了 19 世纪的自由主义时期，所以人们把现在这种状况叫作新自由主义。每个人都只关注自己，自己的收入、自己的公司、自己的利益、自己的城镇、自己的区域范围。亚洲国家总体在这方面做得更好。美国是所有资本主义国家里面最个人主义的。

问：收入差距的问题在世界上任何地方都存在，硅谷的问题严重性在哪里？

答：硅谷之前不是这样的。在我小的时候，只有极少的人无家可归，在旧金山、奥克兰的一小部分地区，而且大部分都是因为嗜酒成瘾这些特殊原因。但是在过去三四十年这变成了一场瘟疫。我不是一个乌托邦主义者，但世界上其他地方，包括欧洲和美国的一些地方，在解决社会不公平的问题上都做得比硅谷好很多。

另外，硅谷问题的严重性在于，理想和现实存在巨大差距。硅谷被很多人理想化为资本主义的最佳范本，认为只要把高科技搞好，把大学搞好，所有事情都会迎刃而解。在世界上很多地方，都会听到人们说要像硅谷一样。但他们从来不会去看黑暗的一面，还有这些伴随建设出现的新问题。

对规划者而言，他们在规划大学和工业界合作，规划吸引更多聪明的高素质学生，规划建设更好的基础设施。但同时，有没有考虑过谁来做这些工作？当能够吸引大量新的人群涌入的时候，如何给他们提供住房，如何给他们的子女提供相应的公共教育？同时做好这些事情是非常难的。但如果我们都不敢正视这些问题，又怎么解决它们？

问：您观察到的硅谷的住房问题有多严重？

答：整个旧金山大湾区有全美国最贵的房价。至少过去三四十年以来，房价中位数就已经非常之高。湾区的房价大概是全国平均水平的四倍，而旧金山更是全国平均水平的八倍。因此拥有住房的人口比例在下降，越来越多人只能租房。

为什么呢？因为有大量的有钱人花钱买房，所以在最有钱的地方房价肯定会是最贵的。另一个原因是对新建住房的反对，所以无法满足新增人口的需求。在当前市场体系下，我们无法很快建起房子，需要钱、需要规划等，要花费很长时间。相比供给来说，根本问题还是在需求这方面。收入非常不平等，只有收入最高的大约20%的人能够满足自身的住房需求，至少有50%的工薪阶层无法负担中心区这么高的房价，所以他们只能很多人挤到一起住,或者搬到城市的边角,这也意味着更长的通勤距离。在湾区,如果年轻人一年的收入不到 10 万美元的话,就很难有一个体面的住处。

问:湾区的住房需求这么大,但大量的房子还是平房,为什么不提高密集度,建更多的公寓?

答:因为长久以来在美国文化中,有个对大空间需求的传统。在美国人看来,湾区是住房第三大密集的地方,但是放到全球来看,依然是很分散的住房了。我们确实需要提高密集度,很多人也在倡议提高密集度。从环保角度来看,这更加节能。同时,人们也可以离工作地点更近,提高生活质量。但也有很多的阻力,特别是来自那些高收入群体,他们认为改变住房密集度就会改变社会结构,会让更多的工薪阶层住进来,所以高价房就是一堵由他们筑起来的墙。即使是一些租房住的中产阶级也会反对新建住房,因为他们认为这些新建起来的房子会被租给比他们更有钱的人,这意味着该地区的租金也要上涨。

问:为了解决交通拥堵问题,加州这几年一直在谈论要建设一条从旧金山到洛杉矶的高铁,但是进展很慢,您觉得原因是什么?

答:有三个原因。一个是美国过去形成了一种思想观念:我们一直是最好的,我们不可能向其他人学习。所以即使欧洲、日本和中国已经在一些领域超过了美国,也没有人相信这个事实。所以任何去中国、日本甚至法国的人看到高铁后就会觉得,为什么我们不也修高铁?我们太落后了。第一个原因就是这种傲慢。

第二个原因是在新自由主义的影响下,基础设施投资大幅下降。二战后加州修建了最好的基础设施,世界上其他地方都在追赶美国，我们当时是领导者。但之后我们做了什么？我们把钱花去修监狱。以前我们有全世界最好的高速公路系统，但是现在其他地方也都在修建高速铁路，所以你不可能只依赖高速公路。

第三个原因是，当我们已经决定要修建高铁了，却被地方利益压制了整体利益。20年前大家就在讨论修建高铁，拿出法国的例子来说我们也需要这样做。然后有人建议我们应该在中央谷地的西部修高铁，但固守地方利益的人说不能这么做，应该要修到东部去。然后旧金山半岛的人也不想铁路线穿过他们富裕的街区。所以不管要修在哪里，都会遇到强大的地方阻力。

问：您怎么看待硅谷存在的诸多伦理问题？

答：硅谷是资本家最新的一波成功，很多人仰慕这样的成功，所以等到这个体系被批评了，经过很长的滞后期人们才开始意识到不对。当人们开始谈论这些问题，政治体系才会跟上，之后才转变为监管和干预。但这在美国几乎都还没有发生。在欧洲有一些，他们尝试去打破谷歌和优步等的垄断。

具体来看，这涉及隐私，你的信息会被盗窃用来监控你，会被用来推送让你不堪其扰的广告。社交媒体上的骚扰会带来令人意想不到的后果。相当于把人性黑暗的一面暴露出来，你不得不去控制那些言论，你不能让一小部分可恶的人去影响整个公众。在这方面，推特是有责任的。

两年前我开始写书时，能找到的关于伦理的讨论不是很多。但在过去两年内这类话题出现爆炸性增长，很多人都开始关注到，主流媒体也开始研究和调查，发出了很好的报道。

问：我们讨论了硅谷的很多阴暗面，那您怎么看待硅谷的未来？

答：我觉得现在正处于去中心化的趋势之中，不只是硅谷科技公司，技术变得非常普及。在美国之外的其他地方也看到越来越多熟练的劳动力和先进的管理技能。长期来看，越来越多的地方会创新，会跑到硅谷的前面，至少会赶上来。

我们已经看到，比如在纽约，那里有很多高素质的劳动力，甚至比硅谷还要多。然后还有韩国的首尔也非常先进。信息技术成为现代生活的基础科技，也带来扩散效应。回望历史，英国曾经引领了工业革命，但随后德国、美国崛起，英国丧失了优势。

从产业角度来看，美国底特律曾经也有非常辉煌的汽车产业，然后日本的汽车大量进入美国市场，汽车技术是 20 世纪的基础性技术。还有匹兹堡，曾经很辉煌的钢铁城，现在也衰落了。费城在 19 世纪末曾经是美国最大的工业城市，现在虽然也是个大城市，但显然被其他地方超过了。所以你看到这种更替是会发生的。

旧金山大湾区有非常多元的经济，除了信息科技之外还有生物技术，这里也有一流的大学，比如加州大学旧金山分校、斯坦福、伯克利，这三所学校的生物技术研究都很强。这里还有商业文化，有风险投资基金可以帮助企业成长。所以接下来硅谷的生物技术可能会得到大的发展。

但不管是什么产业，都会遇到创新的瓶颈。在硬件上的创新已经在变慢了，包括个人电脑、手机都是这样，然后就出现了社交媒体，但在我看来这并不是很亮眼的创新。

第八章　硅谷的中国公司和华人华侨

　　在硅谷的科技繁荣背后，有大量华人华侨所做的贡献。这里面，既有像朱棣文这样获得诺贝尔奖的优秀科学家，也有像杨致远、黄仁勋这样的杰出创业者，更有千千万万的工程师，他们都是硅谷创新生态中必不可少的组成部分。在本章中，我们将走进硅谷的一些中国科技企业，对话一些创办了新兴企业的华人华侨，并了解华人华侨通过各种组织建立起来的紧密联系网络。

第一节　在硅谷的中国科技公司

在硅谷发展的很长一段时间内，除了一些移民工程师或者移民创办的公司外，来自中国本土的科技公司是缺席的。但短短数年内，百度、阿里、腾讯、华为、京东……中国很多科技企业都在硅谷设立了研发中心。它们是硅谷创新生态的后来者、观察者和学习者，也已经成为重要的参与者。它们在硅谷开发前沿技术、吸引优秀人才，也对接了中美两地资源。

▶ 开发最前沿技术

百度是最早在硅谷设立研发中心的中国互联网公司之一。百度在硅谷的研发方向，是与传统搜索引擎业务相关的商业开发、广告覆盖、信息安全、大数据的云计算等领域的技术；此外，还有相当部分资源聚焦在百度最新的人工智能业务，研究领域覆盖图像识别与搜索、语音识别、自然语言处理和语义智能等。目前，百度的硅谷研究中心有多部无人驾驶汽车在外进行路测，收集实际路况上的各种重要数据。

在提到京东办公室在硅谷创立的历程时，京东相关负责人说："京东不是最早设立美国研发中心的，但是是能够意识到美国研发中心对我们业务的重要性的。"

2015年，京东在硅谷设立研发中心，很长时间内只有少数几个人，研发重点是搜索和大数据。2017年该中心迎来了比较大的发展，因为当时京东提出了"技术！技术！技术！"的转型口号，认为过去依靠用户服务和体验提升来实现业务增长的方式已经遇到了瓶颈。比如"双11"的时候,京东的快递员每天的工作量相当于要跑一个马拉松的距离,这样的方式不可持续。京东认为未来必须靠技术优化。而技术主要靠人才,于是开始有了在海外设立研发中心的需求。

百度美国公司位于硅谷的总部。(图片来源:作者摄)

目前京东在美国的研发中心团队都是紧密对接京东业务需求而设立的。比如风险控制技术可以快速识别账号出现异常登录或者黄牛刷单。搜索团队致力于实现"千人千面",即不同顾客搜索相同关键词时可以得到满足其个人需求的不同搜索结果。虚拟现实可用于购买物品时得到的初步体验,比如试穿衣服或者试摆家用产品。X事业部的机器人、无人仓储、无人车和无人飞机项目,都是在进一步拓展京东在物流上的优势。

设立以来,这个研发办公室已经发挥了重要作用。京东有关负责人说道:"现在感觉很明显,硅谷研发中心的技术越来越多被国内用到,这也是衡量我们存在价值的最重要尺度。"

除了京东外,中国另外一个知名电商苏宁也在硅谷成立了研究院。美国研发中心是苏宁全球研发战略的重要布局,硅谷研究院是苏宁美国研发中心的首站,也是苏宁全球首个海外研究院。苏宁硅谷研究院以搜索、大数据、高性能计算等前沿技术及未来商业模式探索为主要研究方向。

◆ 吸引最优秀人才

不管在斯坦福大学还是加州大学伯克利分校,经常会看到一些中国科技公司在学校内举行招聘或者宣讲活动。比如,华为美国公司曾经到斯坦福大学向学生们讲述华为的人才战略,腾讯也不时会邀请一些硅谷高校的学生们去硅谷研究中心参与公司业务交流。

对在美国学习的中国留学生而言,中国科技公司的优势是提供了在中国工作的机会。一位中国科技公司在硅谷的负责人表示,当初公司硅谷研究中心的设立最主要是为了搭建吸引人才的平台。不少留学生毕业后想直接回国发展,也有很多人希望一方面在硅谷继续积累技术和工作经验,同时去探索中国广大的市场,对这部分人而言,中国科技公司成为他们的最佳选择。

另一方面,中国公司的快速发展和提供的较大成长空间,也对优秀人才有很大吸引力。京东硅谷的一位员工从美国一所名校毕业后,先在一家美国公司工作几年后加入了京东。他说:"之前在美国公司工作的时候感觉日子波澜不惊,而现在在一家快速成长的中国公司工作,更有成就感。"

随着这些中国科技公司陆续设立硅谷研发中心,公司之间对人才的竞争也在加剧。京东硅谷公司负责人说:"我们面临越来越激烈的国内外公司的竞争。大家都是在相互看的,来我们这里的很多人也都有收到国外公司的入职邀请，所以我们提供的薪水待遇不会差，但大家更看重的还是一个干事创业、发挥他们才华的平台。"

京东位于硅谷的研发中心拥有宽敞的办公空间。（图片来源：作者摄）

对接中美两地资源

很多受访者都提到，中国科技公司在硅谷的研发也面临一些挑战。一个是技术距离中国市场远，而美国本土市场又很难进去。比如百度就没有真正进入美国本地的英文搜索市场，腾讯的微信在美国也仅限于华人或者跟中国有关的人士使用，淘宝和京东也没有进入美国本土电子商务市场。第二是跟国内存在时差，所以沟通起来会增加不少额外成本。第三是研发成本相比国内而言要大很多。

在这种情况下，如何最大化实现在硅谷设点的价值？一些中国科技公司总结出来的经验是：中美两国资源必须相互打通，既利用好硅谷研发强的优势，又利用好国内市场大、推广快的强项。

一名在中国科技公司硅谷研发中心工作的工程师说道："如果技

术没有市场前景，那只能束之高阁。所以我们必须经常回国，也必须经常跟国内沟通。比如中国国内下午一点开始开会，往往要开到五点，在我们这里就是子夜一点了。但也只有这样才能够对接起来，如果不回国，你有时候就不能够理解为什么国内的同事会对我们的技术研发进度催得那么紧。"

总部位于深圳的深创谷是一家专注早期硬件创业的技术服务公司，为硬件创业者提供资金、研发、制造以及推广等全方位创业服务。近些年来，深创谷在硅谷设置了办公室，遴选硅谷优质的硬件创业项目，然后把这些项目引入中国，将创意变成实实在在的产品。

深创谷负责人说："硅谷强的地方在创意，但是要把这些硬件科技真正落地，世界上没有比中国更快的地方了。"

第二节　华人华侨初创企业

除了从中国过来设立研发中心的科技公司之外，硅谷更多的是一些华人华侨创业者。他们有些在美国留学毕业后直接利用掌握的技术开始创业，有些是在谷歌、苹果、特斯拉等硅谷高科技公司历练后辞职开创自己的事业，有些是从国内到硅谷来寻求新的商业机会。人工智能、区块链、生物医药、在线教育、电子商务等是这批人创业的热点方向。我在此选取了三家各具特色的公司作为案例，他们代表了华人华侨在硅谷创业的新生力量。

▶ Pony.ai

不妨设想这样一个场景：交通拥堵得到大大缓解，交通事故减少

90%，汽车的能源使用效率大大提升，通勤时间变得愉快，并且可以用来干其他事情。

实现这种场景的技术，就是自动驾驶。

Pony.ai 是一家于 2016 年 12 月在硅谷成立的自动驾驶企业。创始人彭军在斯坦福大学获得博士学位，他曾经在谷歌、百度工作，后来离职创办了 Pony.ai，2017 年 6 月公司获得加州自动驾驶测试许可。

为什么取名 Pony.ai？彭军说，在当初起名字的时候，他们就想起一个有意义的名字。马是最早的交通工具之一，小马寓意会不断成长。他们希望这匹马还能长出角来，变成独角兽。

现在这个梦想已经实现了。Pony.ai 已经获得了包括红杉资本、IDG 资本等在内的投资机构的投资，在创办一年半后的 2018 年 6 月，估值超过 10 亿美元，成了独角兽。目前公司在硅谷以及北京和广州设立了三个研发团队。

彭军认为，当前的驾驶环境有三大缺点，首先是汽车保有量的上升导致交通拥堵；其次是驾驶安全性堪忧，有研究显示，90%以上的致命事故是由于操作失误造成的；最后，私家车也是一种并不高效的能源使用方式。

而自动驾驶将会改变我们生活的方方面面。根据麦肯锡 2018 年全球分析报告，人工智能会对现有各种产业带来高附加值，其中居于首位的是旅行，其次是交通和物流，第四是汽车产业，而这些产业都跟自动驾驶技术息息相关。

正是因为看到了这个巨大的机遇，资本和人才讯速向此人工智能的高地涌入。有数据显示，投资于自动驾驶产业的资金，从 2014 年的 4.74 亿美元，快速增长到 2018 年的 58.4 亿美元。

从技术上讲，自动驾驶如何实现？不妨把拥有自动驾驶功能的汽车想象成一个人。当我们在驾驶时，会不断在问自己这么几个问题：我现在在哪里？我要去哪里？我周围环境怎么样？其他车辆和行人会如何行动？我应该如何行动？

因此，自动驾驶汽车需要跟人一样，感知周围、分析环境、提前预判、做出决策并付诸实施。相应地，它需要有激光雷达、传感器、中央电脑，这些部件能够用来接收、分析和处理数据，并通过汽车本身的机械部件完成操控。

在所有这些环节之中，Pony.ai 主要聚焦于算法和软件。通过在广州和硅谷团队的测试，公司已经收集到大量的开放路测数据，自动驾驶汽车也在不断学习如何处理各种意外情况。比如跟着一部货车行走时，车辆左侧突然出现一个逆行的骑车者；在经过交通信号灯路口时，突然遇到闯红灯过马路的行人；有时候甚至是多种复杂情况陆续出现。

彭军认为，自动驾驶要进入人们的生活，还需要经过一段时间。跟其他人工智能技术不同，自动驾驶因为牵涉道路交通安全，因此准确率即使达到 99.99% 也还是不够的。不过他认为，全自动驾驶可能会从一些限制性的场景慢慢起步。现实中，我们也看到有一些交通工具是被限制在某些条件下使用的，比如机场不同航站楼之间的穿梭巴士等。自动驾驶在两年之内，就会在一些区域内成为现实。

目前自动驾驶汽车有三个主要参与者：以谷歌为代表的大型科技公司，以 Pony.ai 为代表的初创公司，以及以通用 Cruise 为代表的传统汽车巨头。

"这是一场马拉松。"他说，"目前只跑了几公里，谁会先跑到终点，我们拭目以待。"

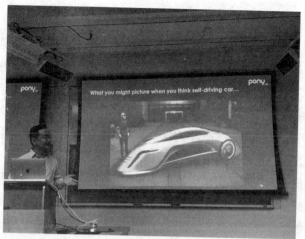

Pony.ai 创始人彭军在斯坦福大学举行的交流会上介绍公司的无人驾驶技术。(图片来源：作者摄)

▶ Robby Technologies

Robby Technologies 成立于 2016 年 3 月，是一家做自动物流机器人的企业，其所产的无人小车可应用于外卖、包裹或副食品的短途配送，应对劳动力成本上升问题。

公司联合创始人李瑞表示，创办公司跟他本人的一段经历有关。2016 年当他还在波士顿的麻省理工学院读博士的时候，有一次因受伤没法出门，整整一个月吃饭都是靠点外卖。由于美国的人工成本贵，结果一个月下来费用不菲。这个经历让他想到，还有很多老人或者其他行动不便和不愿意出门的人，都存在大量的这种配送需求，而通过无人车来送货将可以大大节约成本。后来他和同学德希拉·文卡特拉曼 (Dheera Venkatraman) 商量后，双方一拍即合，于是开始创业。

"我们有一个愿景和想法，就是想通过技术来改变人类的生活方式。让大家方便快捷、足不出户就能够完成很多事情。"李瑞说。

公司在创立不久即入选了 YC 加速器，产品在加速器内不断完善。团队也从波士顿搬到了硅谷，在斯坦福大学附近租了一个办公室。现在公司已经招募到来自波士顿动力、苹果公司等知名企业的人才。

公司的无人小车经过不断改进，2019 年已经更新到第二代，并且和百事可乐公司达成了战略合作，百事可乐利用这款无人小车在加州的一所学校内试验送货。学生只要用手机下单，装着百事可乐饮料的小车就会把东西送到指定的地点。

李瑞认为，除了大学之外，主题公园、机场、高尔夫球场等封闭场景都是无人小车可以先应用起来的领域。在他看来，相对自动驾驶汽车对安全性的极高要求，自动送货机器人对差错和故障的容忍度会高很多。比如，自动驾驶汽车的容错率也许达到 99.99% 还不能上路，但送货机器人达到 90% 就可以满足大部分场景的需要。当机器人出现故障的时候，可以通过后台接管的方式进行处理。

目前，公司正在对机器人的安全性、稳定性和准确性进行不断提升，他估计在不久的将来，越来越多的人就会在路上看到这些机器人了。

Robby Technologies 的无人物流小车在硅谷周围测试。（图片来源：作者摄）

Fusion Fund

Fusion Fund 是一只成立于 2015 年的风险投资基金，专注于工业互联网、生物医药和人工智能的投资。创办人张璐在斯坦福大学获得材料科学硕士学位后，创办了一家生物科技公司，获得了检测糖尿病的专利。因为在工作中的出色表现，她被硅谷一家知名的风险投资公司看中，成了这家公司的投资合伙人。

在经过一段时间的投资历练后，张璐成立了自己的投资公司 Fusion Fund。张璐认为，过往的学术和创业背景对她做风险投资提供了很多帮助。她说，材料科学为她打下了很好的知识基础，因为很多新技术归根结底是材料的革新。此外，自己创办过企业，知道企业创办之初的艰难，也知道有哪些常见的陷阱，这些都可以在投资初创公司时起作用。

"我一直认为我是在科技圈，而不是金融圈。"张璐说，"像我们这种投资早期项目的基金，考验的更多是眼光和对趋势的判断，而这需要对技术的理解。"

张璐认为，商业模式创新是分蛋糕，到一定程度后，市场总会遇到瓶颈，发展陷入停滞。而技术创新是做蛋糕，可以做大增量，潜力无限。因此基金成立之后，就定位于专注做硬技术的投资。

在 2017 年的时候，她入选《福布斯》评选的风险投资领域 30 名 30 岁以下杰出青年。2019 年上半年，Fusion Fund 之前的投资也迎来了收获期，有三个项目成功退出，其中有两个被并购，一个上市。回望这几年的经历，她几乎是每过两三年就会迎来一次个人发展的飞跃。

"时间是公平的。表面上看似乎我得到了很多认可，但背后的付出也是很多人难以想象的。"张璐说。她在斯坦福大学的两年，没有参加过一次派对，大部分时间都是在实验室度过。在工作后，日程也是排得满满当当，工作时间之外基本没有个人生活。

她说，虽然工作中面临很多挑战，但内心的驱动力给了她勇气去直面困难。"来到硅谷后我深受身边人的感染，很多人做事就是希望能够改变世界，所以我也希望成为一个对社会有用的人。"

张璐创办的 Fusion Fund 办公室内景。（图片来源：作者摄）

第三节　硅谷的中国移民组织

早期华人来到硅谷时，很多人无依无靠，彼此又有着共同的文化根基，于是在困境中抱团取暖，由此也形成了一个个唐人街和同乡会。改革开放后，随着中国政府放松留学政策和硅谷吸引大量高技术工人，大量中国大学生和工程师来到硅谷。他们也组成了各种各样的协会组织，彼此之间相互支持，在新的国度站稳脚跟。

由于硅谷移民教育和技术背景方面的显著特点，因此硅谷的中国移民组织也显示出跟其他地方不一样的特性。与来自同一个地域、拥有同一种口音等传统联系不同，这里更加强调同一个职业或者同一个教育背景而产生的联系。比如，工程师协会在硅谷是最常见的华人组织。

在硅谷，比较知名的有华人工程师协会（Chinese Institute of Engineers）、中美半导体协会（Chinese American Semiconductor Professional Association）、硅谷中国工程师协会（Silicon Valley Chinese Engineers Association）、硅谷中国无线电技术协会（Silicon Valley Chinese Wireless Technology Association）、中美创新协会（China America Innovation Network）和中国软件工程师协会（Chinese Software Professionals Organization）等。

目前硅谷最活跃的华人组织是创办于1999年的华源科技协会，它帮助投资者、企业家、年轻人才和教授们之间建立联系。现在华源的会员中有3万个企业家，1.5万名专业技术人员，聚集了650家公司及300名投资者。华源每年都会举办年会，探讨最前沿的技术领域。受邀演讲嘉宾包括美国前副总统戈尔、李开复、李彦宏等知名人士。

华源在连接中国和美国的商界人士上起到了非常好的作用。在一次华源年会上，马云和杨致远进行了深度交谈，这次交谈促成了雅虎出资10亿美元购买阿里巴巴的股票。对于雅虎而言，这笔交易在数年后增值了数倍，而对当时亟须扩张阿里巴巴业务的马云而言，也得到了一笔至关重要的资金。

除了专业技术协会外，在硅谷有很多中国高校校友会，比如北京大学北加州校友会、清华大学硅谷校友会、复旦大学北加州校友会、交通大学校友会、南京大学海外校友会、中山大学校友会和中国科学技术大学校友会等。

以北加州清华校友会（THAA-NC）为例，其于1982年成立，具有30多年的历史，涵盖了北京清华大学和台湾新竹清华大学两地的校友，目前联系校友接近3 000人，是海外最大的清华校友组织之一。北加州清华校友会是硅谷地区清华校友之间交流和联谊的主要平台，也是校友联系清华大学的重要桥梁。更重要的是，通过系列讲座和活动，为校友提供了职业发展和助力平台。

比如，校友会设立了领航计划，从校友中招募学员，学员有机会和富有经验的导师进行深度互动，在导师指导下明确职业发展方向。在之前的活动中，校友会邀请了35位公司高管、投资公司合伙人和知名企业创始人担任导师。很多学员在接受指导后都得到了晋升或者换到了更适合自己的工作岗位，不少学员成功创办了公司。

由于涵盖了两岸的两所清华大学，清华校友在两岸高新科技的研究发展和壮大上扮演了非常重要的角色，越来越多的校友把湾区经验成功地带回了中国大陆和台湾。校友会在联络北京新竹两校校友、促进经验交流以及鼓励发展创业方面，做出了不少努力。自2009年以来，"Tsinghua Round Table"系列活动为有创业意向的校友提供了与成功校友和企业家直接交流的机会。

北京大学北加州校友会也很活跃。2018年10月，北京大学前任校长林建华到访硅谷，通过北大北加州校友会组织了北大校友见面会。这也是林建华在担任北大校长期间最后一次对校友发表演讲。回国后，他就从校长岗位上离任了。2019年5月，校友会邀请了著名经济学家、北京大学汇丰商学院院长海闻为校友讲解中国最新的经济形势。

各种专业协会和校友会在促进中美之间的贸易、科技、教育、人文等各领域交流中扮演重要角色，是经济全球化的重要组成部分。

加州大学伯克利分校教授安娜李·萨克森尼安认为，移民跟原来祖国之间的联系,会产生巨大的经济利益。研究已经证明,从某个国家来的第一代移民与从加州出口到该国的贸易有正相关性。第一代移民每增加1%,则加州往该国的出口会增加0.5%。这种效应在亚太地区尤其明显,加州对亚太地区的出口是对世界上其他地方出口的四倍。⊖

⊖ AnnaLee Saxenian, Silicon Valley's New Immigrant High-Growth Entrepre-neurs, Economic development Quarterly, Vol. 16 No. 1, February 2002 20-31

专访中关村科技园驻硅谷首席顾问谈锋：华人华侨对硅谷创新"功不可没"

谈锋简介：谈锋历任《人民日报》（海外版）主任编辑、四通集团副总裁、北京中关村科技（控股）有限公司副总裁。1988年以来，他代表中关村企业和科技园区来到美国硅谷，曾出任中关村国家自主创新示范区驻硅谷联络处主任。30年来，谈锋一直在硅谷专职从事中国高新区和科技企业的国际化工作，对硅谷地区的创新、创业以及人才发展的生态体系进行了深入研究，经常作为演讲嘉宾为中美相关的科技论坛和培训活动讲述硅谷创新创业机制及人才发展等课题。谈锋目前任中关村科技园驻硅谷首席顾问。

问：您是最早一批从中国到硅谷的企业家之一。您当时来硅谷的时候，看到硅谷这边的华人华侨企业是什么情况？

答：我在硅谷的经历以2004年为分界线。2004年之前，差不多有14年，我是代表中国的民营企业四通集团来硅谷开拓业务。四通是市场化运作的民营企业，需要在北美做融资和开拓。

我们当时做了几件事情，第一是跟美国金融界密切合作，希望四通这样的民营企业能够获得美国的融资，当时没有成功。第二是跟美国信息产业大公司建立合作关系，取得了一定的成果，比如在电脑业务上，我们跟康柏在深圳建立了生产工厂，也跟微软成立了合资的软件企业。第三，我们跟美国的打印机公司签订了独家的销售协议，跟摩托罗拉和AT&T都有合作，还参加了当时的电脑展，展现中国民营企业的风采。

大概在1999年的时候，我回国了。那些年我们在硅谷的工作开展得并不是很有成效，因为一家孤军奋战的民营企业在美国单打独斗是比较困难的。四通的产品还是以国内产品为主，所以我从1989年到1999年这10年在美国做的工作有限。以四通在中关村龙头老大的地位，我们基本上代表了中关村企业走向海外的第一个尝试。当时没有其他中国企业来硅谷，至少我没有听说过。

2004年再回到硅谷，我的角色有了重大变化。我受中关村管委会的聘请出任中关村国家自主创新示范区驻硅谷联络处主任，正式代表中国科技园区在美国扎根。在我的任内，主要做海外科技人才的引进和交流，以及为海外华人留学生创业提供服务。

问：在硅谷这么多年，您观察到的硅谷这边带有中国元素，或者跟华人华侨关联比较密切的有哪些企业和组织？

答：在硅谷，跟"中"沾边的企业可以分成三种类型。第一种我们可以追溯到20世纪60年代，台湾华人创立的这部分企业，当时最早做芯片。

第二是在美国本土出生的华人，就是俗称的ABC（American Born Chinese），还有从斯坦福和伯克利等美国高校毕业后留在美国创业的，典型的如杨致远等人，这些人跟美国本土的年轻人没有区别，只是族裔不同。华裔的创业团队从事的领域也跟美国本土创业者差不多，比如电子商务、互联网、人工智能以及其他硬科技。

第三种类型是中资企业。典型的是中国企业家协会CEA（Chinese Enterprise Association），在旧金山湾区有300～400个成员。我是协会理事成员，见证和参与了协会从40多家中资企业发展到400多家的成长过程。

问：CEA是硅谷最主要的华人企业家协会之一，能否介绍一下协会中的这些企业在硅谷的大体运作情况？

答：CEA拥有五到六个专业委员会，房地产、金融、高科技、生物委员会等。在不同领域发挥了联谊、互相支持、资源整合的作用。这些企业在硅谷有两个目的，一是开拓市场，二是利用这里的人力资源将研发工作前移。

在CEA里面的企业可以分为三种类型。第一种是以央企为代表的大公司。它们在这里主要拓展国际业务，比如三大运营商进行北美市场开拓，它们也给美国公司和在美国的中国公司提供直通中国的专线专网服务，销售电话卡。比如，中国至少有五大银行在这里有业务，在旧金山唐人街可以看到有工行的分支机构。

第二种就是民营大公司，以苏宁、华为等为代表，它们有一部分市场在硅谷，另外最重要的是做研发。华为有上百人的研发团队，苏宁电器也有近百人。这些企业利用美国人力资源的优势来做研发。其他做得比较好的比如新浪和完美世界。完美世界这家公司在硅谷做游戏市场，北美收入占很大一块，从员工到销售战略到产品提供，都是本土化的。

第三种是各种小企业，比如做房地产的、土地开发的，还有一些以贸易为主的企业。他们加入CEA，算是找到了组织，抱团取暖。

问：相比较其他族裔，华人华侨或者中资公司在硅谷是相对比较密集的，互相之间联系也很多，您认为这些公司在硅谷形成了自己的创新生态系统了吗？

答：这些企业里面有老的有新的，一部分是中资的，一部分是美国本土的华人创办的，我认为把它们都加在一块，都不能够形成独特的生态系统。刚刚讲的跟"中"字沾边的第二类企业，就是在美国出生或者来美国学习毕业后的年轻人新成立的科技公司，或者即将被收购、上市的公司，比如视频会议软件公司Zoom，这些原本就是硅谷生态系统的组成部分，因为硅谷的生态系统中就有移民创业这一块要素，硅谷的多元化、全球化都有体现。华人无论从哪个方面来讲，技术、资金、团队、管理方式等，都还没有到形成独立生态系统的时候。

问：它们有没有形成一些独有的特征？比如因为跟中国的天然接近性，使得它们在某些方面会跟美国本土的企业不同？

答：在美国出生的华人和以在美国大学毕业的中国留学生为代表的移民成立的公司，跟美国年轻人的自主创业和创新创业没有任何区别，我认为不应该过于强调他们的种族特性。如果一定要有，就是他们把中国本土市场作为重要销售目标。但这个也不排除是跟美国年轻人创业相同的特点。因为它们的产品和团队从第一天开始就是全球化的。

至于第一种人，就是以台湾和香港移民为首的老一代公司，现在所剩不多了。以台湾的张忠谋为代表的华人回到台湾创办了台积电，他们在硅谷学到了本事、积累了财富，转移到台湾，为台湾某些高科技领域打下了基础。比如芯片制造工厂、监控、配套的显示屏、光电、电视和存储这些行业，基本是这部分人回台湾去办的，推动了台湾信息产业的某几个领域在全球兴起，并且占据了领头羊的地位。我们可以预见在未来五到十年，中国大陆留学生被吸引回国，在生物医药、半导体、人工智能和大数据这些领域同样会产生40年前在台湾产生的效应，这个是肯定的。

问：硅谷华人背景的风险投资也很活跃，您观察到这些投资公司跟美国本土的风险投资公司相比有什么特点？

答：所谓的风险投资，是一个专业团队把管理资金投给了另外一个专业团队，是高度职业化的过程。比如一只风险投资基金要投资生物科技，这只基金的组织者和管理者，本身首先是一个生物科技的专家，而不是金融专家。这是硅谷风险投资的特点。

风险投资全世界都有，但是美国占据了大部分份额，华人风投只是其中小小的分支。华人的风险投资公司无论是资金的募集、管理办法、投资程序还是决策过程，跟主流资本没有任何区别。成功的华人投资者，以清华校友为首，在这里做了几只不错的基金。他们投资很积极，融入了美国的主流。华人搞的风险基金，华人只是管理者和组织者，真正的资金来源还是来自美国的主流社会，来自机构和养老金。当然也有少部分天使投资人，但是规模很小。

华人风险投资公司和华人创业者之间的关联性，一个是通过开项目路演会，华人风险投资者往往是做创业比赛的评委，或者各种校友会等协会的联络人。这些途径使得他们接触到的华人创业项目来源会比较多，但并不是说他们只投华人创业者的项目。

问：除了华人企业和风险投资公司外，硅谷这里的华人协会有很多，它们起到了什么样的作用？

答：华人协会在这里相当常见。在旧金山湾区的华人机构或者组织、社团，能够找到单位、名称和实体的不少于150个，分成五种类型。第一类是华人专业协会，比如华美半导体协会，还有软件协会、存储协会、生物医药协会、无线通信协会、工程师协会等。以同类职业的工程师和专业人士组成的协会有很大重复性，你可以是半导体协会成员，同时也是软件协会成员，这个统计数据没有可参考性，不能够相加。另外成员组成和变化特别大。

第二类是不以专业为特征的创新创业组织，现在数量不多，应该有二三十家，做得比较好的有高创会、高层次人才协会、创业者联盟、硅谷食堂等。这些组织有时候找得到，有时候就不见了，处在不断变化中。它们没有专业边界，但以创新创业为主题，也团结了很多华人华侨。

第三类，以高校为纽带的协会，可以统计到的有42~45个，单个高校的校友会以清华大学和北京大学为首，还有四川大学、中山大学、武汉大学等。另外，共有42家中国高校组成了一个高校联合会。还比较活跃的有上海地区一些高校组成的联盟。高校协会的总人数大概在5万人左右。

第四类，是以同乡会为特征的协会，功能比较单一，基本上就是联络乡里乡亲，它们跟创新创业没有直接关系，但是它们跟某个省份的互动超出了前面的协会。来自家乡的政府官员来硅谷访问，它们接待的比较多。

第五类比较杂，以旅游、房地产、育儿、唱歌、登山、烹饪等兴趣为主题的各种团体。

这些华人华侨的力量对硅谷的贡献功不可没。一个是丰富了硅谷的华人华侨生活，还有在移民劳工、福利、住房等社会议题的讨论上，能够团结一致来表达自己的声音。另外他们对中国高科技的发展贡献很大，能够有组织地协调、沟通、接待来自中国各个省市的访问团。

问：这两年来，美国政府明显收紧了跟中国的科技合作。当前的特殊时期，给在硅谷的华人华侨企业带来了哪些困难？您对他们有什么建议?

答:到目前为止,美国对待华人和华裔科技人士,要说迫害还谈不上,但压制和设限成为他们对华政策的一个组成部分。这就给我们与美国主流社会进行科技交流和人文交流带来了很多困难,甚至给中国新一代留学生到美国留学、在美国求学以及留在美国工作带来了不确定因素。在这种情况下,已经在美国的华人,还是要按照历史惯例,尊重所在国法规,合法合规从事商业、经济和科技活动,遵纪守法,低调行事。

第九章 硅谷对中国的启示

中国可以从硅谷的成功中学到什么？京津冀、长三角、粤港澳大湾区，中国的这些科技聚集地，能否成为未来世界的科技中心？回答这些问题，先要客观认识中国当前的科技实力。但是当前，以媒体报道为代表的公众舆论中，却常见一种"中国科技威胁论"，对中国科技实力进行了不实的渲染。我们必须正本清源，理性判断中国科技创新事业面临的真实挑战。在此基础上，硅谷的创新模式对中国政府领导创新事业，对中国企业提升创新能力，对中国大学培养创新型人才和产学转化，以及对中国风险投资产业提升发展质量，都有一系列积极的借鉴意义。

第一节　舆论场的"中国科技威胁论"

2018年4月，脸书创始人马克·扎克伯格被传唤到美国国会作证，这位缔造了传奇的创业者迎来了他创立脸书以来最煎熬的一天。在面对国会议员们尖锐的提问时，细心的媒体记者发现，在扎克伯格准备的问答笔记中，有这么一段内容：

"解散脸书？科技公司是美国的核心资产，解散脸书意味着会增强中国公司的实力。"

这个不经意的细节，折射出硅谷对中国的焦虑心态。

近年来，美国对中国科技崛起的防范日益加深。特别是自特朗普上台以来，几乎采取了全面围堵中国科技发展的策略。美国对中国不断升级的"贸易战"的背后，实质上是"科技战"，这跟一段时间以来媒体渲染的"中国科技威胁论"密不可分。

▶ 外媒对华科技报道三大谬论

美国有线电视新闻网、全国公共广播电台、福布斯、彭博新闻社、《华尔街日报》、《纽约时报》、《大西洋月刊》……几乎所有美国主流媒体都关注了中国科技实力将会挑战美国的题材，甚至有人给中国起了一个名称——"硅龙"（Silicon Dragon）。[⊖] 这些报道为我们勾勒

[⊖] Rebecca Fannin, Watch For China's Silicon Valley To Dominate In 2018 And Beyond, The Forbes, Jan 1, 2018, https://www.forbes.com/sites/rebeccafannin/2018/01/01/watch-for-chinas-silicon-valley-to-dominate-in-2018-and-beyond/#49d473cb5f1d.

出美国媒体所描绘的中国科技大体图景，其中存在几大谬论。

谬论一，间谍论。在西方媒体的报道中，中国科技公司经常被渲染为随时为中国政府服务、可以在产品中安装"后门"的公司。2018年10月，《彭博商业周刊》的一篇报道指出，超微公司被中国植入恶意芯片，而苹果和亚马逊都是这些设备的使用者。此报道将中国利用科技公司从事"间谍活动"的指控推向了高潮，后来苹果等科技公司都强烈指责报道不实。

尽管外媒到目前为止没有拿出任何证明华为或者其他中国高科技公司是刺探情报工具的确凿证据，但这样的声音却总是不绝于耳，暴露出外媒对中国科技公司和科研人员存在根深蒂固的偏见。

谬论二，背景论。外媒认为中国模式最"令人害怕"的，是政府和科技企业在推动创新方面的高度一致。[1]企业的纯商业行为，在他们的想象中也会被"阴谋论"描绘为中国政府在背后指挥。一些科技企业很容易被解读为具有"官方背景"，理由可能仅是企业获得过政府的科研项目支持。

美国全国广播电台报道的一篇文章援引了一家美国经济研究公司的分析师的话，代表了这种"莫名的恐惧"。他说："中国公司跟政府都有一些联系，而这些联系可能会导致它们听从政府的话。"他还说，他并没有遇到中国公司把美国敏感技术掠夺回国内，但"虽然如此，但一个广泛的共识是这个风险是存在的……"[2]

---

[1] Jillian D'Onfro, Silicon Valley investors explain why they're scared of China, CNBC, May 25, 2018, https://www.cnbc.com/2018/05/25/why-silicon-valley-investors-are-scared-of-china.html.

[2] Jackie Northam, China Makes A Big Play In Silicon Valley, NPR, Oct 07, 2018 https://www.npr.org/2018/10/07/654339389/china-makes-a-big-play-in-silicon-valley.

反观美国国内,即使有成千上万家企业获得过联邦政府的科研项目支持,美国媒体却鲜少对其进行报道,更没有将获得政府资助作为企业跟政府关系密切的证据,反映了外媒赤裸裸的"选择性忽视"和"双重标准"。

谬论三,超越论。虽然中国在极个别领域超过美国是事实,但在事关科技发展全局的关键技术领域,中国距离美国还有很大差距。但是,在媒体报道的一份针对美国风险投资人做的2018年全球科技趋势研判的测验中,认为中国在一些关键技术领域已经超过美国的判断获得了72%的共识率,在十个选项中高居第二位。

《福布斯》的一篇文章这么写道:"说中国正在赢得科技竞赛不再是一个笑话了。有很多的例子可以说明中国正在引领科技领域。显然,中国不再是模仿复制西方的想法,而是中国的想法被西方复制……中国企业家会以'光速'完成创新,每天不间断地工作。中国在人工智能、金融科技、虚拟现实等领域已经超过美国,而且中国资本还在不断培养独角兽。"

▶ 中国媒体科技报道常见误区

上述外媒报道反映出"中国科技威胁论"在美国甚嚣尘上,而中国国内一些媒体对中国科技实力的不实报道也对此起了推波助澜的作用。可以说,一些中国媒体对中国科技实力真实位置的定位,存在以下三种误区。

误区一,缺位。针对外媒的误解,我国的科技报道往往缺乏针锋相对的驳斥。比如,2018年10月份以来有一篇关于中国建立社会信用系统的报道被美国媒体广为引用。该文煞有介事地称,中国正在利用无处不在的摄像头和人工智能技术为每个公民打分,分数将会和生活中的很多事情联系起来，建立了一个"奥威尔式"的社会。㊀我在美国访学时发现，该报道对美国人的影响很大，连出租车司机都向我询问真假。

而熟悉中国情况的人就会知道，实际上这是把公共安全监控、交通违法抓拍以及芝麻信用等混了一起，胡乱加以发挥。但是搜索几家中国主流外宣媒体的报道，都没有针锋相对地进行驳斥，反倒是有西方的有识之士直接刊文，称西方媒体可能误解了中国的"社会信用系统"。㊁

误区二，越位。过度夸大成果，动不动世界第一、世界领先、中国称霸，形成一种"吹牛文化"。比如对中国在某些领域的进步夸大，把片面当整体、把数量当质量、把特色当优势。类似《中国再夺世界第一！国产芯片立下大功，网友一片沸腾！》这样的网文曾经在一段时间充斥网络，甚至有学者认为"2016年中国科技实力已是美国的1.31倍"。

对此，《科技日报》总编辑刘亚东在一次演讲中说："如果只是鼓舞士气也就罢了，可麻烦的是，发出这些论调的人忽悠了领导，忽悠了公众，甚至忽悠了自己，这就成了问题。"㊂也有评论指出，科技创新必须丁是丁卯是卯，传播创新成果的科技网文也应当严格遵守真实性原则。那些夸大其词、耸人听闻的"自嗨文"，从某种意义上讲，

㊀ Alexandra Ma, China has started ranking citizens with a creepy 'social credit' system — here's what you can do wrong, and the embarrassing, demeaning ways they can punish you, The Business Insider, Oct 29, 2018, https://www.businessinsider.com/china-social-credit-system-punishments-and-rewards-explained-2018-4.

㊁ Bing Song, The West may be wrong about China's social credit system, Nov. 29, 2018, https://www.washingtonpost.com/news/theworldpost/wp/2018/11/29/social-credit/?utm_term=.532b06c771ac.

㊂ 刘亚东，在"是我们卡了我的脖子？"科学传播沙龙上的演讲，2018年6月21日，http://www.stdaily.com/index/kejixinwen/2018-06/23/content_683567.shtml

与假新闻无异。[一]

误区三，错位。突出敌对意识，把美国当成假想敌。中国一些媒体出于博取读者眼球的目的，喜做"标题党"，渲染中美争霸的主题。翻开报纸、打开网络，容易看到不少类似这样的标题：《中国的新科技让美国人慌了，阿拉伯呆了！》《这个深圳的中国科技公司，让美国彻底慌了！》《中国航天科技有望超过美国，美国开始慌了》《他带回来的黑科技，让西方国家慌了！！！》《美国慌了！又有两位高科技人才回国！》……

类似这些言论其实都被美国媒体和研究人员密切关注，产生了很负面的影响，助长了美国一些人本来就有的对华敌对情绪，有些刚好可以被一些美国政客拿来当成遏制中国的口实。美国发布的"301报告"，许多是以"据报道"开头，就证明了这点。

第二节 中国创新面临的挑战

我在硅谷期间，感受到中国的科技发展也已经是硅谷的热门话题。在斯坦福胡佛研究所举行的一次有关"美国科技发展和社会"的话题讨论中，本来主角应该是美国，但不同的演讲者却都频频提到中国。而在讲座最后，观众提问也多是跟中国有关的问题，从中可以看出硅谷对认识中国科技实力的迫切需求。

中国的创新能力在世界上的真实位置在哪里？近些年来，世界知识产权组织、康奈尔大学、欧洲工商管理学院（INSEAD）每年都会共同发布全球创新指数报告，这是目前全球较为权威的创新排名。自

[一] 赵永新，报道科技成果切莫夸大其词，人民日报，2018年12月21日，http://opinion.people.com.cn/n1/2018/1221/c1003-30479628.html

从有该排名以来，中国的排名持续上升。根据 2018 年全球创新指数报告，中国从 2016 年开始位列前 25 位，持续上升至 2018 年的第 17 位。[⊖]

报告指出，中国在不同领域的创新能力愈加凸显。在全球研发公司、高新技术进口、出版物质量和高等教育入学率等方面进步最大。在研发支出及研究人员、专利和出版物数量等领域，中国现在位居世界第一位或第二位，其数量超过大部分高收入经济体。

在承认中国科技创新的进步时，报告也显示出了中国和发达国家的巨大差距。瑞士、荷兰、瑞典、英国、新加坡、美国、芬兰、丹麦、德国、爱尔兰等高收入经济体仍然位居全球创新指数的前十位。

事实上，对照硅谷的成功经验，现在中国的创新事业面临大学创新机制有待健全、企业创新能力有待提升、政府创新角色有待优化、资本创新服务有待增强四大挑战。

2018年全球创新指数排名

国家/经济体	得分(0-100)	排名	收入	排名	地区	排名	效率比	排名	中位数:0.61
瑞士	68.40	1	高	1	欧洲	1	0.96	1	
荷兰	63.32	2	高	2	欧洲	2	0.91	4	
瑞典	63.08	3	高	3	欧洲	3	0.82	10	
联合王国	60.13	4	高	4	欧洲	4	0.77	21	
新加坡	59.83	5	高	5	东南亚大洋洲	1	0.61	63	
美利坚合众国	59.81	6	高	6	北美	1	0.76	22	
芬兰	59.63	7	高	7	欧洲	5	0.76	24	
丹麦	58.39	8	高	8	欧洲	6	0.73	29	
德国	58.03	9	高	9	欧洲	7	0.83	9	
爱尔兰	57.19	10	高	10	欧洲	8	0.81	13	
以色列	56.79	11	高	11	北非西亚	1	0.81	14	
大韩民国	56.63	12	高	12	东南亚大洋洲	2	0.79	20	
日本	54.95	13	高	13	东南亚大洋洲	3	0.68	44	
中国香港	54.62	14	高	14	东南亚大洋洲	4	0.64	54	
卢森堡	54.53	15	高	15	欧洲	9	0.94	2	
法国	54.36	16	高	16	欧洲	10	0.72	32	
中国	53.06	17	中偏上	1	东南亚大洋洲	5	0.92	3	
加拿大	52.98	18	高	17	北美	2	0.61	61	
挪威	52.63	19	高	18	欧洲	11	0.64	52	
澳大利亚	51.98	20	高	19	东南亚大洋洲	6	0.58	76	

世界知识产权组织、康奈尔大学、欧洲工商管理学院发布的 2018 年全球创新指数排名，中国大陆排在全球 17 位。（资料来源：Cornell, INSEAD, WIPO, Global Innovation Index 2018）

⊖ Cornell, INSEAD, WIPO, Global Innovation Index 2018, 2018, https://www.globalinnovationindex.org/gii-2018-report

大学创新机制有待健全

这些年来,中国高等教育取得了长足进步。从世界各大权威大学排行榜单、自然指数排名等来看,中国大学的位次都在不断上升。尽管这些榜单都存在一些指标不科学、不全面的问题,但中国大学总体的进步有目共睹,清华大学、北京大学、复旦大学、中国科学技术大学等成为国际同行公认的高水平研究型大学。此外,深圳的南方科学大学、杭州的西湖大学、汕头的以色列理工学院等,也正在开展高等教育改革的试验。

不过,跟美国尤其是硅谷的顶尖高校相比,中国的大学还存在一些制约创新创业的因素。

第一,原创能力弱。 衡量一所大学科研原创能力的一个重要指标就是诺贝尔奖获得者数目。加州大学伯克利分校校友或教师中的诺奖得主人数达到107人,仅次于哈佛大学和剑桥大学,跟斯坦福大学密切相关的诺奖得主也有80多位。中国大学在这方面跟美国大学差距巨大,背后原因引人深思。

许多从中国到美国接受研究生教育或者进行访学的科研人员都向我反映,从硬件上来说,中国顶尖高校已经不逊色于美国高校。从办学投入、科研经费、实验设备、实验场所等硬件条件来看,中国有些高校甚至比美国的还要好,但是在软件上的差距却非常巨大。

一名在伯克利任教的华人教授向我谈了他的感受。他说美国的高校有着上百年的学术积淀,有厚实的底子做基础,在研究方向的选择上,美国大学的老师对自己研究领域内的学术前沿非常敏锐,因此他们往往能更好地选择研究的方向。中国也不乏好论文,但大量论文是沿着别人的思路去做,在原始创新方面差距巨大。

另外，中国当前的科研评价体系挫伤了科研人员的积极性。目前中国科技研发体制存在着重影响因子轻科学内涵、重跟风轻创新、重形式轻内容、重成果轻推广、重单一指标轻分类评价、重短期轻长远等问题。一名科学家曾对我直言："我们现在的评价变为简单的统计几个数字，实际上是数据在评价人，而不是人评价人，这对国家的科技发展、创新发展很不利。"

从一些管理制度的精细化程度看，美国高校也远领先于中国。比如实验设备的管理，美国高校的实验设备并不一定是最新最贵的，但利用率非常高，经常是多个中心共享实验设备。相比而言，中国却经常出现高校花高价购买的实验室设备闲置不用的情况。在科研经费的管理上，中国高校管得过死、过细，报销流程过于复杂，以至于经常有科研人员抱怨自己变成了会计人员，连连发出"科研的时间都去哪儿了"的感叹。

第二，技术转移弱。 2012年，时任北京大学产业技术院院长、科技开发部部长陈东敏曾提到一组数据。他说，北京大学一年申请300多项专利，大概转移出去30项，专利收入共2 800万元。但这些专利转让的收入占不到研发投入的1%，与斯坦福大学从谷歌一家公司就拿到2.5亿美元的高额回报相比，中国科研大量投入却换不来巨大产出，成为迫切需要解决的问题。㊀

据统计，近年来中国高校科技成果平均转化率仅为10%左右，部分高校的专利转化率甚至不到5%，还有大量专利没有得到转化而成为废弃专利。以2015年为例，当年中国高校获得专利授权8.236 9万件，而专利转让数量仅2 257件，转化率仅为2.74%。

中国高校技术转移率较低有两个原因。一个是转不了。高校跟产

㊀ 陈东敏，中国研究型大学技术转移的挑战与创新，中国高新区，2012年11月

业界的交流合作有限，高校难以生产出产业界所急需的专利成果。大量专利价值不高，被称为"垃圾专利"。此外，大量高校并没有建立起完善的技术转移规章制度和机构体系，设立技术转移办公室等类似服务机构的高校还是少数，导致缺乏足够专业的技术转移服务支撑。

另一个是不想转。受到当前的科研评价体系影响，决定高校科研人员职业晋升的主要途径是发表论文，因此科研人员对成果转化缺乏积极性。此外，在利益分成上，高校和研发人员各占转移收益的多少，有时候依然界定不清。高校担忧稍有不慎，会犯"国有资产流失"的错误。一些科研人员抱着多一事不如少一事的心态，干脆就不推动成果转化。

第三，创业教育弱。从加州大学伯克利分校的经验来看，其在扶持学生创业方面建立了包括创新课程、创业大赛、孵化器、投资资金、创业导师等在内的完整体系。在创新课程上，紧密结合时代潮流，推出了"商科+工科"的交叉学位项目。在孵化器上，美国硅谷高校的创业孵化体系是"高校孵化的社会化"，运作专业水平已经跟社会上的孵化器没有什么差别。在创业比赛上，学生们不是为了完成课堂作业或者获得加分奖励，而是为了毕业后真正的创业。正因为此，校园内也成立了投资这些公司的天使投资基金，创业比赛会邀请对学生创业感兴趣的投资者参加，也有大量创业导师会在这个过程中发挥作用。

反观我国，在创业教育上距离硅谷大学还有明显差距。中国高校缺乏有针对性的创新课程，工程教育和商科教育泾渭分明，没有有效融合起来。上课老师背景来源单一，缺乏有丰富产业界经历的老师任教。创业比赛虽然很多，但质量不高，学生展示的多，真正去实现的少。中国高校内缺乏专业孵化器，缺乏校园内的风险投资基金，也缺乏真正有创业经验的导师给予学生辅导。

企业创新能力有待提升

中国人民大学发布的《中国企业创新能力百千万排行榜(2017)》,是目前国内规模最大的企业创新能力排行榜之一,其从创新前端投入、创新成果呈现、创新价值扩散、创新网络宣传以及创新市场收益等方面,首次对中国8万多家高新技术企业的创新能力进行全覆盖、全方位的评价。

从评价结果来看,除了华为、腾讯等极少数企业的创新能力评分较高之外,绝大部分企业的创新能力评分偏低,创新能力较弱。比如若以专利数衡量,数据显示,中国高新技术企业的专利分布极不均衡,少数优秀企业掌握了绝大多数专利,绝大部分企业的专利数量较少。数据显示,中国高新技术企业前1000强中仅有55家企业申请专利数达到了2000件以上,这55家企业申请的专利数量占前1000强企业申请专利总数的45.3%。与之形成鲜明对比的是,申请专利数不足500件的企业多达635家。[⊖]

研究发现的问题还包括:企业的创新成果质量较低,核心技术的对外依存度偏高;企业在技术前沿领域活跃度不高,创新能力仍落后于世界先进水平;企业的研发投入虽然有所上升,但与高收入国家尚存在不小的差距,等等。

为何中国企业的创新能力仍然不强?这里有市场体制机制不健全、知识产权保护环境有待提升等外部因素,但更多是因为一些企业在思维、组织和文化等方面还没有完成创新型企业的转型。

⊖ 陈彦斌,刘哲希,中国企业创新能力不足的核心原因与解决思路,学习与探索,2017年10月

第一，缺少研发资金投入的条件和勇气。中国大量企业依然处在产业链的中低端，利润率较低，难以持续投入大量资金进行研发，这是很多中国企业面临的客观困难。这就形成了一个尖锐矛盾，利润率越低，越难以腾出资金创新。越不投入创新，利润率也只会在激烈的竞争中进一步萎缩。要打破这种恶性循环，需要企业家的魄力，也需要对趋势的准确把握和判断。而中国的创新型企业家人才缺乏，更是加剧了这种矛盾。

一名在国内经常给企业家们上 MBA 课程的教授对我说，和学员交流时他发现，很多企业家抱着"小富即安"的心态，虽然也可以从各种机会中赚到钱，但真正拥有改变世界的格局、雄心和抱负的人并不多见，这也必然导致他们缺乏持续创新的动力。

第二，一些企业形成了"短平快致富"的路径依赖。改革开放以来，中国经济取得飞速发展，此前被压抑许久的市场需求爆发出来。此外，大量劳动力从农村转移到城市，产生了充足的劳动力资源优势。庞大的市场和低廉的劳动力成本等优势，使得中国企业不需要太依靠技术创新就能获得快速增长和财富。随着中国房地产市场的火热发展，一些企业家看到了致富机会，大量资金脱实向虚，没有继续投入企业的研发和再生产，而是偏离主业热衷炒房，从虚拟经济中掘金。更有甚者，一些企业家善于钻营各种制度漏洞，通过不正当政商关系攫取非法和灰色利益。与硅谷企业早已形成创新就是核心竞争力的发展模式不同，不少中国企业家形成了利用各种短平快的机会来获得财富的路径依赖。

第三，没有形成鼓励创新的文化。受中国传统文化影响，大部分企业建立的是"威权式文化"，强调等级制度，强调下级对上级的服从和执行，并不鼓励质疑和挑战上级。在这种文化影响下，员工也渐渐变得麻木和懒于思考。

比如，一名曾经在谷歌工作、后来去国内一家知名互联网公司工作的工程师对我说，在谷歌，员工会自己主动去思考和解决问题，哪怕这些问题不是他分内的事。但在国内那家互联网公司，他说："一般员工想到的就是你告诉我做什么，我去做出来。很少有员工自己思考。员工没有思考，是因为他觉得自己的思考没有人理会，所以只是听从指挥就好了。"

第四，没有形成跟知识生产相配套的管理体系。知识经济时代，一家企业也需要建立跟知识生产相应的组织架构，但中国大部分企业采取的是传统的生产组织架构，强调效率和快速产出。在资源的分配上，企业更多会把资源导入能够快速产生经济利润的业务，而非投入多、见效慢的创新研发。在外部联系上，没有跟大学建立起良好的产学协同关系，无法导入外部的创新成果。

值得一提的是，硅谷很多科技公司实行的都是灵活的上班时间制，但这并不影响公司的创新效率。谷歌的一名工程师对我说，虽然公司没有规定上班时间，但员工明白他需要对自己的工作负责，公司也认为员工不会把紧要的工作丢掉去休息，公司和员工之间存在的这种相互信任是非常重要的。与此形成鲜明对比的是，2019 年上半年，中国一些互联网公司对员工实行的"996 工作制"（早上 9 点上班，晚上 9 点下班，每周工作 6 天）引起了广泛的讨论。虽然中国互联网公司处于创业阶段，但加班应该建立在员工自愿的基础之上，用强制方法来实行未免生硬。从这点来看，中国公司的管理模式跟创新型公司还有距离。

政府扮演角色有待优化

新中国成立以来，中国喊出了"向科学进军"的口号，充分发挥了"集中力量办大事"的体制优势,在短短时间内建立了一套完整的工业体系,并且诞生了以"两弹一星"为标志的重大科技进步成果。"文化大革命"后,中国召开了被誉为"科学的春天"的全国科技大会,邓小平做出了"科学技术是第一生产力"的重要论断,国家部署实施科技攻关计划、863计划、星火计划、火炬计划、设立国家自然科学基金、建立高新技术产业开发区、973计划等重大决策。随后,中国相继提出科教兴国战略、自主创新和建设创新型国家战略、创新驱动发展战略等一系列鼓励科技发展的战略决策,科技创新被摆在中国发展全局的重要位置上。

除了战略层面的决策,在战术层面,中国推出了促进科技创新能力飞跃的重要举措。首先,促进了大量劳动人口从农村转移到城市,提高了劳动生产率。其次,政府大量投入教育,由此也进一步提升了劳动人口素质。再次,建立了较为完善的科学技术体系,使得中国在论文和专利产出等指标上进入全球前列,科技综合实力位于发展中国家前列。

在政策的选择上,中国政府没有采取类似苏联的"休克疗法",而是采取"摸着石头过河"的渐进式改革,促进经济平稳发展,为创新提供了有利条件。此外,中国政府鼓励地方政府在发展经济上的积极性,经济发展指标成为衡量官员政绩的重要指标,使得地方官员在推动科技、发展经济方面有较大积极性。

虽然中国政府在加强科研基础投入、扩大高校办学规模、提升劳动人口教育水平、制定扶持创新的法律制度等方面的成绩有目共睹,但也存在不少跟创新发展的要求不匹配的地方。

第一,地方政府对市场微观活动的干预还存在。清华大学经管学院创新创业与战略系教授陈劲认为,硅谷的经验是地区政府不干预和指导企业发展,其主要职责在于营造一个公平竞争的法律和市场环

境，从而确保市场经济中企业之间的竞争能够自由而有序地进行。〇

在硅谷，政府和企业之间泾渭分明。但在中国有些地方，却出现了政企不分、政商不分的问题。一些地方政府和企业甚至形成了利益捆绑关系，企业为了配合完成政府的某些政绩指标，出现了一些脱离实际的错误决策。有学者曾经分析了无锡尚德的案例，可谓是"成也政府、败也政府"。依靠地方政府的扶持，无锡尚德曾经一度成为全球最大的光伏企业。但后来出现了一系列经营问题，在面临金融危机时，地方政府还要求多提供5万多岗位，这导致其盲目扩张，成为其2013年最终破产的原因之一。而它的美国竞争对手走了一条不同的路线，慢慢提升产品质量和科技能力，最后取代尚德成为世界第一。〇

对创新造成巨大伤害的，还包括禁而不绝、整而未治的腐败。十八大以来，中国在反腐上显示了超强的决心和意志力，反腐败斗争取得了阶段性的胜利，"不敢腐"的态势初步形成。但是"不能腐""不想腐"的制度篱笆和社会环境还未形成。长期以来，一些政府官员的腐败抑制了企业的创新活动，扭曲了市场规则，提升了额外成本，腐败依然是一只横在中国成为创新强国道路上的拦路虎。

第二，政府对基础科研的投入力度过低。联合国教科文组织把科学研究分为三种类型：基础研究、应用研究和试验发展。从硅谷的发展经验来看，美国政府对斯坦福大学、加州大学伯克利分校、加州大学戴维斯分校以及以劳伦斯伯克利国家实验室、劳伦斯利弗莫尔国家实验室、斯坦福国家加速器、国家航空航天局埃姆斯中心等一系列硅谷科研单位的研发投入巨大，这些为科技产业的繁荣奠定了很好的

〇 陈劲，从"硅谷经验"看"双创"中的全要素配置，中国经济报告，2016年6期
〇 China's Innovation Challenge: Over Coming the Middle-Income Trap, Edited by Arie Y Lewin, Martin Kenney, Johann Peter Murmann, UK, Cambridge University Press, 2016

基础。

近些年来，虽然中国社会在科研经费投入上增长势头强劲，从投入总额来看已经成为继美国之后的世界第二大科研投入国。但是仔细分析科研投入的结构可以发现，政府投入在社会总投入中的比例在不断下降，而且这些研究经费大部分为试验发展投入，基础研究比例过低。

根据大连理工大学管理与经济学部发布的《中国研发经费报告(2018)》，1995年到2016年间，全社会科研经费中政府投入比例从25%下降到20%，而企业投入则从30%提升到70%。中国基础科研投入占全社会研发投入比一直维持在5%左右，即使算上应用研究，也只占15%。在美国和日本，该比例为30%以上，而英国和法国则高达60%。[1]政府对基础科研投入力度低，严重影响国家的科技原创能力，而科技原创能力是一切科研能力的基石。

第三，知识产权保护环境仍待改善。虽然硅谷鼓励人才在不同公司之间的流动，但这并不意味着硅谷纵容对知识产权的侵犯。如果高科技公司职员在离职的时候带走大量公司机密文件，接下来肯定会面临诉讼之灾。比如近些年比较有影响的案例是，谷歌自动驾驶业务Waymo起诉优步，称优步收购的一家初创公司的工程师在其离职Waymo前下载了1万多份文件，这些文件包含谷歌自动驾驶的很多技术。此案最后以优步赔偿2亿多美元且不得使用谷歌关键技术告终。[2]在硅谷几十年的发展历史中，科技公司的成长往往伴随着无数

---

[1] 大连理工大学管理与经济学部，中国研发经费报告（2018），2019年3月6日，http://news.dlut.edu.cn/info/1003/54708.htm

[2] Alexandria Sage, Dan Levine, Heather Somerville, Waymo accepts $245 million and Uber's 'regret' to settle self-driving car dispute, Reuters Business News, Feb 9, 2018 https://www.reuters.com/article/us-alphabet-uber-trial/waymo-accepts-245-million-and-ubers-regret-to-settle-self-driving-car-dis-pute-idUSKBN1FT2BA

知识产权的纠纷和保护努力，硅谷存在大量专注于知识产权诉讼的律师事务所就是最好的证明。完善的知识产权法律法规和较好的执行，也保护了硅谷的创新生态环境。

近些年来，中国在知识产权法律法规上加强了立法力度，中央政府在保护知识产权上的态度也坚定而明确。但目前中国还面临知识产权法律体系不够完善、知识产权执法力度有待加强等挑战，专利非正常申请、商标恶意注册和囤积行为等时有出现。一些企业在知识产权受到侵犯的时候遭遇维权难、维权慢等困难，导致剽窃者面临的违法成本过低，也伤害了企业创新的积极性，这些都需要在发展中下大力气解决。

▶ 资本创新服务有待增强

近年来，中国创业投资市场呈现出快速发展的态势。中国证券投资基金业协会的数据显示，截至2019年5月份，在中国证券投资基金业协会已备案的创业投资基金有7 055只，基金规模1.01万亿元。

在中国，创业投资成为创新创业的助推器，对推动创新驱动发展战略实施、推动经济结构升级转型起到不可或缺的重要作用。在快速发展的同时，跟硅谷成熟的风险投资行业相比，中国风险投资行业还存在四方面明显的挑战。

第一，资金来源上，短钱多，长钱少。根据近些年美国证券交易委员会对私募基金行业的统计报告，美国各类养老金计划在私募股权投资基金中的出资占比达到35%左右，并且在持续提升，成为私募股权投资基金最重要的资金来源。

反观中国，私募基金的运行信息显示，在中国的私募股权投资基金、创业投资基金中，慈善基金、捐赠基金等社会公益基金、养老基金、社保基金、企业年金等出资占比合计仅为 0.58%。钱的属性决定了投资的属性，中国创投行业里 80% 的钱都是热钱、短钱，这个结构导致大家去抢所谓的成熟项目，跟支持初创企业的初衷背道而驰。

第二，退出渠道上，被动式退出多，主动式退出少。近年来，中国多层次资本市场的发展为创业投资基金提供了更为丰富的退出渠道。根据中国证券投资基金业协会 2017 年提供的数据，从私募创投基金看，协议转让退出占比最高，达到 33%，新三板退出占比 13%，境内上市退出较少，而通过整体收购退出的占比仅占 4%。根据相关研究，历年美国私募股权基金的退出渠道中，并购退出占比始终超过 50%，是最主要的退出方式之一。

协议转让和境内上市都是标准的退出机制，属于主动式退出，退出回报高。但目前，中国创投基金对企业回购的依赖度高，属于被动式退出，且融资人还款的退出方式更接近债权投资，表明中国股权投资基金债性较强，未充分发挥股权投资功能。整体收购和协议转让的退出机制有待加强。

第三，投资对象上，国内项目多，国际项目少。硅谷风险投资公司红杉资本，其在中国、印度、新加坡、以色列等都有业务，特别是红杉中国投资了阿里巴巴、京东、滴滴出行、大疆创新等明星企业，业绩表现亮眼。另一家知名风险投资 Accel 也在伦敦、印度班加罗尔等设立了办公室，其投资触角伸向了全球。而目前中国本土的创投基金主要是以人民币基金为主，外资美元基金较少，国际化程度较低，与欧美及以色列等创投发达国家开展合作也较少，跨国投资能力比较薄弱。

第四，服务能力上，利益追求多，附加服务少。硅谷的风险投资公司非常注重对被投公司的投后服务，把帮助被投公司成功当成其整个风险投资公司长期运营的重要部分。硅谷风险投资人大多具有深厚的技术和产业背景，拥有丰富的经验和较广的人脉，这都会在实际中帮助到初创公司。在中国，由于人才、资金、经验、资本市场以及体制机制创新等方面的积累还相对不足，目前中国创投企业的投资价值取向以追求短期利益最大化的财务投资为主，为被投资企业整合多方面资源、通过提供管理服务帮助企业持续创造价值的能力存在不足。

第三节　对中国创新事业的建议

如果问在硅谷工作和生活多年的建设者和参与者们这样一个问题：硅谷模式可以被复制吗？得到的答案几乎都是一致的：硅谷无法被复制。事实上，硅谷的成功有太多偶然和机缘巧合，硅谷自成一个活跃的生态系统，我们无法去复制一个系统。不过硅谷之所以成功，也有很多必然性因素，这里面蕴含的支持创新的规律，却可以被中国借鉴和学习，从而创造出一个具有中国特色的创新系统。

▶ 健全大学创新机制

第一，树立"学术卓越"的意识。相比美国东部传统常春藤等名校，位于硅谷的学校建立历史都相对短，大多数真正崛起都发生在二战以后。比如斯坦福大学在建校的头 50 年时间里，还是默默无闻的高校，二战后随着半导体产业发展才飞速崛起。另外加州大学旧金山分校、加州大学圣克鲁兹分校等都是在二战后才建立起来的，现在都已经在很多领域跻身世界一流行列。尤其是加州大学旧金山分校，没有贪大求全，采取的是小而精的发展模式，数千人规模的学校只专注生物医药领域，至今已经产生多个诺贝尔奖得主，在生物医学领域建立了难以撼动的地位。

这些高校迅速崛起的最主要经验，在于很早就树立了"学术卓越"的意识。对一所大学而言，人才无疑是最重要的。为此，他们敢于花大力气和大成本，延揽各行各业的领军人才。这些领军人才又会带来更多优秀人才，随着研究成果在世界上的曝光度、能见度和显示度提高，大学的地位也节节攀升。为了支撑学校的高质量教学和科研，这些学校都普遍拥有多元的办学经费筹集机制，而非仅仅依赖于联邦政府或者某个捐赠基金。此外，这些学校都给予了教授们较高的自主权，鼓励自由探索，淡化考核目标，而且绝对不会以"数量"来评价教授的成绩，这些经验都值得中国大学学习。

第二，建设若干所"创业型大学"。硅谷既拥有斯坦福大学这样的创新创业孵化旗舰，又有加州大学伯克利分校这样在创业教育上树立典范的高校，中国应该大力借鉴硅谷大学的创新创业模式，提升创业教育的质量，完善高校内的创新创业环境，让一些高校成为双创的"桥头堡"。

在打通跟产业界的合作和联系上，中国高校设置技术转移办公室的还不普遍。技术转移是一项专业性很强的工作，必须由专人来负责。不管是斯坦福还是伯克利，其设置技术转移办公室来专业协助大学成果转化、获取外部研发资金支持，这一经验已经被证明是有效的，值得中国高校仿效。如前文所述，斯坦福大学还通过斯坦福工业园、荣誉合作项目、斯坦福研究院等方式，密切跟产业界的合作。而中国虽然有不少高校设置了科技园，但大量大学科技产业园的质量有待提升。中国大学的在职工程类教育刚刚起步，在课程设置、导师来源、社会实践等方面还需要进一步完善。在设立结合业界需求的研究院方面，中国大学已经开始了一些尝试，比如清华大学的深圳清华大学研究院、华中科技大学在东莞的工业技术研究院，这些新型研究机构已经在服务产业发展上起了重要作用，值得进一步总结经验加以推广。

值得注意的是，并不是所有高校都适合走"创业型大学"的路子。即便在美国这样一个拥有最多世界顶尖大学的国家，真正可以算"创业型大学"的，也就是斯坦福大学、麻省理工学院和加州大学伯克利分校等少数学校。这些高校都有共同点，即拥有较强的工科，且周围具备较强的产业化配套。因此，中国建设"创业型大学"，也不能一拥而上，而应该因地制宜，先从少数几所位于核心创新圈、拥有较强工科的高校开始进行打造，产生示范效应。

第三，促进产业界和学界的人员双向流动。大学教授应该被允许直接参与产业活动甚至短期离职创业。同时为了防止利益冲突，对这些老师承担的教学任务和时间可以设置一些基本要求，在满足要求之外的时间，大可放手让教授参与产业活动。在斯坦福和伯克利的一些学院，老师一周可以有一天时间在外兼职，每几年可以放学术休假，以此找到了一个相对的平衡点。在中国，大学老师在外兼职兼薪已经从一些中央政策上打开了口子，但是在实际执行层面，依然存在着政策文件相互打架、老师动力不强、学校管理者存有疑虑等困难，还需要系统梳理和解决。

大学也应该更多聘请产业界的资深研究人员当老师。在硅谷，产业界和学术界的人员流动是非常频繁的。谷歌从斯坦福大学聘请到了李飞飞，几年后李飞飞又重新回到斯坦福大学担任教职，就是一个自由跨越的例子。近些年来，中国有很多退休官员前往高校任职，比如国务院前副秘书长江小涓、中国人民银行前副行长朱民、商务部前部长陈德铭、国务院新闻办公室前主任赵启正、重庆市前市长黄奇帆等分别在清华大学、中国人民大学和复旦大学等任教，可以说从政界到学界的通道已经打开。但是从科技产业界到学界任教的例子，目前还较为少见，应该突破这方面的制度和政策障碍，加以大力鼓励。

▶ 提升企业创新能力

第一,树立创新思维。从硅谷科技创新公司这几十年的发展来看,虽然历经半导体、个人电脑、软件、互联网等多个浪潮,硅谷的产业重心在不断转移。但有一点是始终未变的,那就是硅谷的企业没有从根本上改变思维模式。在硅谷,企业家们对这样一种理念简直到了迷恋的程度,就是要瞄准最好的想法,用最快的速度发展,最大化地促使其增长。

如前文所述,不少中国企业在过去数十年发展中,形成了"靠市场、挣快钱、钻漏洞"的路径依赖。但是中国企业现在面临生产成本上升、国际竞争加剧的"双重挤压"。过往依靠消耗大量资源、依靠大量低成本劳动力和庞大国内国际市场所形成的竞争优势已经不复存在,利用房地产等非主业领域获取财富的机会越来越少,下一个比较优势必然是技术优势和创新优势。为此,必须牢牢树立创新是突破发展瓶颈的唯一出路的思维意识。

第二,打造创新文化。大多数中国企业还没有形成真正的以人为本的企业经营理念。对中国企业而言,必须把营造好鼓励知识生产和创意迸发的企业环境当成企业管理的重要环节。从谷歌的例子中可以看出,一家把员工和用户放在心里的企业,必然能激发出员工无穷的创造力。开放、透明、平等、分享、沟通……这些帮助大部分硅谷公司成功的普适性原则,也应该逐渐成为中国创新型企业的标准文化,让员工能切实感受到创新文化的熏陶和激励。

第三,建设创新组织。管理大师彼得·德鲁克在谈到创新型组织时说,创新型组织就是把创新精神制度化而创造出一种创新的习惯。一个创新组织,组织架构设计应该有利于激发所有员工的创新活力,应该有利于利用好外部的创新资源。正因为此,硅谷大量科技公司采用了扁平化、去中心化的组织架构,让企业能够在瞬息万变的市场环境中保持灵活性。创新组织还要求企业密切跟外部的合作。在科研方面,企业一方面需要加强自主研发,另一方面闭门造车是不行的。从英特尔利用高校资源促进自身突破发展瓶颈的经验来看,企业组织必须秉持开放性创新的特征,密切和高校交流合作,从科研人员的研究中获得进一步提升的灵感和技术支持。

第四,明确创新战略。创新既要仰望星空,又要脚踏实地,发挥工匠精神。中国企业必须聚焦主业,慎重多元化经营,更不能抱着投机和"哪里赚钱哪里去"的心态经营企业。英特尔自成立 50 多年来,一直聚焦在半导体和芯片领域,苹果公司成立 40 多年来,在乔布斯和蒂姆·库克领导下一直聚焦在硬件设计和制造领域,20 多年来谷歌也一直聚焦于信息互联和人工智能,这些企业都是在明确战略主业的情况下发挥工匠精神的典范。在硅谷,还有很多中小型企业在各自领域里持续深耕,做到了业内顶尖。国内企业方面,华为经过了几十年艰苦卓绝的努力,"只瞄准一个城墙持续冲锋",在先进通信、手机等领域已经做到了世界领先,这都为其他中国企业树立了很好的榜样。

优化政府创新角色

第一,海纳百川,择天下英才而用之。硅谷之所以成功,是因为吸引了全美国乃至世界范围内的顶尖人才。目前,中国已经形成至少三大创新圈:京津冀、长三角和珠三角,各个地方对人才的竞争也日益激烈,甚至产生了"抢人大战"。但是,站在中国要深度参与全球科技竞争与合作的角度来看,中国更应该把"抢人"的目标放到全球其他城市，吸引世界范围内各领域的顶尖人才来华学习和工作。近些年来，中国在吸引这些国际人才上做了很多努力，尤其是中央层面的一些人才项目汇聚了很多国际一流人才，为中国现代化建设事业做出了巨大贡献。要在之前成功经验的基础上，吸引更多外国人来实现"中国梦"。

我之前跟一些在华工作的外国专家交流过，他们现在还有很多现实困扰：语言不通、文化不通导致的难以适应，以及在个人医疗、子女教育、退休养老等问题上面临的现实困难，都迫切需要得到解决。中国不仅需要支持外国人才来中国的高校和科研机构从事研究工作，还需要支持外国人创业。实际上，中国具有很好的把想法变为现实的土壤。一些外国人也说，只有在中国才有可能让你的想法在数周之内实现，因为产业链配套非常强，这都是中国所具备的优势，需要在吸引人才时充分发挥出来。

第二，加大改革力度，形成有利于创新的体制机制。一方面要深化市场化改革，破除企业发展的制度障碍。要充分相信市场的力量，只要有足够好的环境和土壤，企业是能够自主生长的。十八届三中全会也提到，要让市场在资源配置中起决定性作用。中国政府也已经明确提出了创新驱动发展战略，并不断深入推进放管服，这些举措必将对中国的创新事业起到深远影响。但也要看到，当前各地政府在营造鼓励企业创新的环境上还有很多问题需要克服，在一些领域的市场准入需要进一步放宽，需要大力打击腐败以进一步压缩权力寻租空间，需要严格禁止干涉一些企业的微观经营活动等。

科研评价体制改革方面，科技部门和教育部门也需要彻底改革侧重论文数量的考核体系，实行"精细化评价"，激发科研人员的创造性和活力。在评价科研成果时，可以借鉴美国经验，在遴选评议专家时做到内行评内行，评审专家对项目和人员的评审意见可以公开查询,并实行对评审专家的终身问责和信用档案追踪制度,使得评议专家们对自己的信誉像爱护羽毛一样重视,遏制现在同行评议走过场、不严肃的风气。此外,科研活动分为基础研究、应用研究、产业化攻关等多种类型,如果仅以承担国家项目、发表论文等为单一的科研评价体系,势必会挫伤科技工作者创新的积极性,应该根据不同类型科技创新活动的特点,实行差异化分类的评价标准和方法,提高科技评价的针对性和科学性。

人才制度改革方面,中国也需要大力改革移民制度和绿卡制度。根据中国与全球化智库 2015 年发布的数据,自 2004 年中国开始发布外国人永久居留证至 2014 年的 10 年间,只有 7 300 名外籍人士获得永久居留证。因为发放数量跟在华实际工作的外国人形成鲜明反差,中国的绿卡被调侃为"世界上最难拿的绿卡"。该机构 2018 年发布的《中国国际移民报告 (2018)》还显示,中国是世界第四大移民来源国,但中国大陆地区国际移民占总人口比重仍是世界最低。⊖此外,比如在高铁站取票的机器能否支持外国护照、能否开设专门针对刚到中国工作的外国人的语言学习班、是否会有更多人开起售卖某国特色食品的餐厅和超市,这样的问题都需要逐步完善,需要整个社会转换意识和系统配套,特别是充分发挥市场的力量。

第三,鼓励创新、拥抱创新,做创新的使用者和支持者。政府需要进一步加大对科研、特别是基础科学的投入力度,并通过有效的管理办法来提升资金的使用效率。政府需要进一步加大对知识产权的保护力度,严厉打击侵犯知识产权的行为,给企业家们创新吃下"定心丸"。从硅谷的经验来看,正是国防工业的采购扶持了半导体产业的发展,直到现在,美国政府采购依然在硅谷企业中发挥着重要作用,

---

⊖ 中国与全球化智库,CCG 发布《中国国际移民报告 (2018)》,2018 年 6 月,http://www.ccg.org.cn/Research/View.aspx?Id=9155

因此，中国还应该完善政府采购扶持中小企业和创新型企业的制度。

此外，政府应该在全社会营造鼓励创新、容忍失败的氛围，为此，政府应该首先起表率作用。新生事物发展过程中，难免有这样那样的问题，甚至在早期可能会带来一些失败和风险。监管部门如果因此而直接叫停新生事物的实验，不免因噎废食。中国近些年来在移动支付、人工智能、"互联网+"方面之所以能走到世界前列，关键经验就在于政府能够采用"包容审慎"的监管模式，先让新科技发展一段时间看看，在发展中纠正出现的问题。在美国人眼里，中国在自动驾驶、人脸识别等人工智能的初步应用上，已经走到了世界前列。我在硅谷和美国科技公司从业者交流时，他们都羡慕中国可以在类似雄安新区这样的地方规划无人驾驶地区。类似这样"包容审慎"的做法，值得继续推广下去。应该在全社会加大弘扬科学的力度，加强以在读学生为重点的科普教育，形成崇尚科学、热爱科学、以科学家和创业者为榜样的社会环境。

第四，吸取硅谷在住房、交通、社会不平等、科技伦理和反全球化方面的教训。在住房方面，硅谷的高房价和高生活成本已经对当地创新经济产生了严重伤害，中国一些重点创新区域房价的过快增长已经显示出负面效应，需要各地采取坚决措施平抑房价的进一步快速上涨，并通过大力兴建人才保障房等方式完善住房保障体系。在交通设施建设上，加州和硅谷犯下了摇摆不定、投资不足、协调不力的教训，中国政府需要以前瞻性眼光，提前谋划区域创新经济发展所需要的交通基础设施建设需求，加强各个地方政府之间的协调力度。在社会不平等方面，已经从高成长性科技公司获得可观税收的地方，更应该在财政支配上向城市基础设施、教育、医疗、住房、养老等公共服务以及困难人群和弱势群体等倾斜，切勿"劫贫济富"和"锄弱扶强"。在科学伦理方面，中国少部分不负责任的科学家造成了国际社会对中国不重视科技伦理的消极印象,必须下大力气扭转,加强科研伦理监管和审查,并切实让中国科技公司在隐私保护、遏制虚假信息和促进良性竞争等方面承担应有的社会责任。在全球化方面,面对美国政府极端保守派的逆流,中国政府应该坚守战略定力,做全球开放贸易和科研体系的坚定拥护者和维护者,以进一步开放的胸怀和举措,为全球人才提供良好的工作和生活条件,特别是把受美国做法影响而离开美国的留学生和科研人员吸引回中国发展。

增强资本创新服务

第一,拓展资金筹措来源,提升资金利用效率。目前,中国风险投资行业的活跃度、交易额、投资公司数量都已经达到了世界领先水平,但是跟以硅谷为代表的美国风险投资行业相比,还有不小差距。

从美国经验看,养老金、家族基金、大学基金等机构资金在美国风投行业起了"挑大梁"的角色。近年来,中国大学捐赠规模越来越大,但大学基金管理的专业化程度还没有跟上,大学基金投入包括风险投资在内的私募股权投资,还有很大潜力可挖。另外在中国,可以通过遗产税、赠予税鼓励家族财富转化为慈善捐赠基金,通过税收递延推动个人账户养老金建设,引导这些真正的长期资金投向创新事业,培育创新土壤和增长动能。改变银行和保险等国内金融机构急功近利的考核方式,大力发展可以有效分散风险和扩大收益的母基金,形成良好的投资渠道。

此外还应提升资金使用效率,杜绝"沉睡"现象。近年来,中国各地政府有很多政府引导基金,为风险投资行业提供了丰富的资本。但是,地方政府对引导基金的运作进行了诸多限定,导致资金花不出去,资金的利用效率堪忧。这就要求政府引导基金必须明确自身作为出资人的定位,不能过多干预风险资金的具体运营,让资金进行充分市场化运作。

第二,完善退出机制,善用税收激励。一方面是完善多层次资本市场,创造有利于风险投资退出的市场环境。基金的退出渠道包括份额转让、股权转让、回购、并购、挂牌、IPO等多种,其中通过IPO退出能够获得较高收益。中国的科创板已经启动,在畅通资本退出渠道上又做了一次重要的探索。同时,IPO是一个不确定的退出渠道,数量庞大的风险投资基金,完全期望通过IPO或并购退出并不现实。在硅谷,大量的风险投资机构的成功退出是靠并购实现的,大部分初创公司最后会成为大公司的一部分。这需要一个良好的市场环境,让大公司和小公司之间形成一个良性的既竞争又合作的生态系统。

另一方面,创投的对象绝大多数是高新技术企业,享受15%所得税税率。而机构投资者承担相同的风险,但其所得税税率为25%。此外,不少地方的税务机构在单个项目退出时即向创投机构征税,但被征收对象往往是靠一个项目的成功覆盖多个项目的失败,单个项目的退出收益可能还无法覆盖所有投资本金,这种征税方式在业界看来不尽合理。参考欧美等国家的经验,建议一方面对创投机构或其机构合伙人,比照高新技术企业享受15%的所得税优惠税率。另一方面,对创投机构从业人员制定税收优惠政策,为符合条件的风险投资者提供税收优惠,鼓励其对小企业股权投资,基本原则是风险越高税收政策越优惠。

第三,提升国际化水平,提高管理服务能力。目前,中国风险投资行业国际化仍显不足,投资的创业公司大多集中于中国国内,境外投资较少。但中国顶级风险投资公司要想获得更高质量的发展,其发展定位不应该只是局限于国内,而应该放眼全球,到全球市场上跟世界先进风险投资公司竞争,并不断提升自身水平。

之前，中国资本已经显示出了投资硅谷初创公司的苗头，但在美国政府对中国发动"贸易战"后，速度已经明显放缓。在这种背景下，应该看到在全球范围内，欧洲、日本、以色列、印度等国家和地区都具有高质量的创业项目，中国风险投资依然可以在这些地方寻找投资机遇。在这方面，也需要国家外汇监管政策做出适当的调整。例如，可以考虑开设海外投资基金向外汇管理局和发改委争取项目审批和外汇政策方面的便利通道，授权其一定的专项额度，当符合相关管理规定的海外投资项目通过评审后，可以在限额内实现资金迅速出境。

此外，当前中国风险投资公司质量良莠不齐，一些风险投资公司专业化、职业化水平不够，没有能力和动力为初创公司提供更多附加值服务。对此，一方面风险投资公司需要加大吸引技术专家、成功创业者、大学教授、金融从业者等各行业优秀人才加入创投行业的力度；另一方面也需要政府通过营造良好的市场环境，让风险投资行业有序竞争，在竞争中优胜劣汰，从而提升整个行业的质量。

专访创新工场董事长李开复：中美创新生态"几乎相反"

李开复简介：李开复是中国知名风险投资人，于2009年9月在北京创立创新工场，出任董事长兼首席执行官。在此之前，他曾长期在苹果、微软、谷歌等美国大型科技公司工作，曾经创办微软中国研究院，担任微软公司全球副总裁和谷歌全球副总裁兼大中华区总裁。李开复曾出版过多部书籍，他的最新著作是《AI·未来》。

问：您提到，中国正从一个模仿者转变为创新者。在当前中美科技体系之间面临一些新情况，竞争和合作都越来越明显。在您看来，两个国家之间在创新创业的生态体系方面有什么不同？

答：几乎是相反的，美国是越轻越好，中国是越重越好。美国是以理想主义为主，中国是务实，只要能做成事情、能够为用户创造价值就好。在过去纯互联网创业时代，当技术还相当欠缺的时候，美国的创业模式更适合。浏览器、搜索引擎、电商、竞价购物都是美国先发明出来。美国重视创新，如果别人做了后再做一个类似的，就觉得不合适。而且即便被山寨和抄袭也不怕，因为美国总有新的东西出来，创新能力比别人强，会跑在别人前面。所以，当颠覆式创新是创业唯一法则的时候，硅谷具备全球最大的优势。这里有最好的大学、最优秀的人才、最充足的资金，全世界都围绕着硅谷在旋转。

中国初期是以模仿者的身份出现的。在谷歌创办的时候，美国的互联网渗透率已经达到30%，中国是0.2%。中国为什么没有产生出一家跟谷歌一样创新的公司，是因为它的土地不够肥沃，它的互联网用户不够多，而且风险投资不够多，钱不够多。要产生一家类似谷歌的公司，有难度，所以中国一开始用模仿的方法来学习。只要没有侵犯知识产权，我觉得模仿是一个非常合理的做法。我们每个人学音乐艺术的时候，不都是从模仿开始的？谁一开始就自己创作和谱曲了？但要是模仿够了，懂得里面的道理了，那就到了创新的时候，这其实就是中国人走出来的路。有时候中国创业者被硅谷的人讲得比较不堪，其实这么说是不公平的。但是我也深深地相信，模仿无法成就一家伟大的公司，必须要在模仿的过程中了解到创业的精髓，也就是用户的痛点跟产品功能的对接，搞清楚后你就有可能自己创新了。

第二个阶段可以算是微创新，就是把人家不同的点子拿来，把其中的精髓抽出来后做一个产品。自己也有创新，别人也有创新，全部混到一起去后不断地迭代，基于互联网的特性能够得到用户的回馈，知道每一次尝试是否成功，成功了就继续推进，失败了就放弃。精益创新这个模式在中国就生根了，我们就发现出了不少非常好的微创新产品，甚至比美国的还要好，包括微信、微博、知乎等。

第三个阶段，中国开始走出了自己的创新模式。这些创新可能不一定在技术上非常伟大，但也是让人非常自豪的，比如蚂蚁金服、今日头条、快手、VIPKID、摩拜、拼多多这一类的公司，创出了前所未有的模式。而且除了蚂蚁金服可能有六七年了，另外几家公司成立的时间都很短，所以就是两年、五年、七年的时间就走出了中国的创新之路。

如今互联网到了下半场，从尤到有的颠覆式创新的机会已经没有以前那么多了。我们看到的反而是，因为互联网已经相对固化了，经过这一波一波的技术变革，从网站到浏览器，到门户网站到搜索、到电商、到游戏、到O2O、到社交,差不多已经把我们能看到的大部分的机会都用完了。走到下半场之后,互联网需要做的是线上与线下结合,就是说你要在线上卖东西,还要有线下的渠道,比如外卖食物或者交通出行。当你考虑到线上线下结合的时候,轻模式已经不能够适应市场,但硅谷还在固守着他们轻模式的偏好。如外卖平台。美国也有一个评估餐饮的网站,告诉你哪家餐馆好,你该怎么去,开车去吃完后回家,只是给了大家更多选择。这就是轻产品和轻功能。而美团就是重产品重功能,就是要颠覆中国人饮食的习惯。怎么改变?让你有几百个选择,而且我能够把餐送到你家,让你在30分钟内吃到,而且到你家只收你五块钱的运费,这三点都必须做到。美国人可能说,哇这个太重了,我做不了,我还是做选餐功能好了。

问:美国原始创新很强,但中国在实施创新上很强。

答:是的,美国的点子很多,现在美国的点子中国能借用,中国自己也能出点子,所以这就是优势。还有,硅谷的人是基本不认可中国创业的,他们不愿意去抄袭中国的创业。当我跟一些硅谷人讲中国这些故事的时候,他们听完就说这个没什么,我们也有。但是我们也有不代表全部会做,也不代表全部愿意做。所以现在中国创新其实是有优势的,因为美国的创新中国是能够参考的,美国出什么东西,中国的创业者都在看,中国出什么东西,中国也在看。等于是中国的创业者有两个老师,美国的创业者大部分就一个老师。

问:硅谷对中国创新有一种固有的成见?

答:肯定是成见,但是可以理解。如果你做世界霸主做了四五十年了，全世界都没有人会创新，只有你会，你创造的价值是别人的很多倍，这种傲慢也是很自然的，是人的天性。当然如果再继续下去，就会付出代价。

问：您这些年一直在中美两地之间往返和投资公司。从风险投资的角度来讲，您觉得中美的风险投资现在的差距在哪里？

答：我觉得中国的风险投资一定程度上在做重创业方面比美国的风险投资更在行，因为风险投资公司投一家公司一年之后，大概就知道这家公司的狼性够不够、破坏力够不够、野心够不够、执行力够不够。够的话，中国风险投资公司就会努力让这个创业者走上独角兽之路，巩固所有壁垒，让它一枝独秀，难以被仿造或者抄袭。当然这件事情有风险，达到了的话就成为类似滴滴和美团这样的公司，达不到可能就死了。如果投了一年以后发现一家公司的创业者不错、产品不错，但缺少刚才说的那些素质，可能就努力让它赶快盈利，能够活下来，甚至卖掉，而不会去逼它走独木桥。

美国的风险投资可能更会识别顶级的科技创新，然后帮它们找到商业模式，是比较标准的 PhD 加 MBA 的打法，而中国可能更看它能不能够打败所有对手，能的话有一种帮助它的方法，不能的话有另一种帮助它的方法。对于重创业，中国风险投资肯定更在行。对于轻创业，可能美国的风险投资更在行。两者都有很多的钱，它们融资都没有问题，它们都是被世界的各种基金会追捧的，中国、美国的钱都追着这些顶级的风险投资公司，中国顶级风险投资公司的回报甚至比美国还要多，可能一部分来自于中国近年来的红利，所以风险投资的成长是非常快速的。

我觉得中国的风险投资公司可能欠缺的是美国风险投资公

司这种对轻创业的辅助，比如说现在的人工智能，人工智能的初期是属于轻创业的，后期就会属于重创业。在轻创业的时候，美国人工智能可能会走得相当好，但是像创新工场是能做轻也能做重的。所谓轻的人工智能创业，就是我有一套技术，然后我要把它发扬光大做成最好，别人都做不出来，我来用它来寻找什么生意最好。所谓重的就是我一开始就不止做人工智能，要做一个人工智能赋能的业务，比如人工智能赋能的商店，人工智能赋能的企业级软件等。这两种我们都很适合。这是创新工场比较独特的一点，是我们具有硅谷标准的风险投资的优势，也具有中国标准的风险投资的优势。

问：政府在扶持创新上的作用是有目共睹的，而您所理解的中美两国政府在扶持创新上的角色有什么不一样？

答：我觉得美国是比较相信政府应该扮演一个比较被动的角色。这有很多理由，硅谷的成功并不是来自政策，因此大家认为不需要。另外也能看到当美国政府去扶持某一个产业或某一家公司，结果失败了，下一次选举就会面临很大的挑战。所以一般美国的商人跟风险投资会认为，政府选择公司肯定是选不好的，选择产业也可能犯错，所以政府还是做别的事情比较好，这是美国的思维。

我觉得中国的思维是，因为中国过去是比较落后的，如果要赶超美国，一定要政府来挑选价值最大的产业来做投资。但是我觉得中国政府也很明智，知道政府来选公司是不太容易的，所以中央政府会把方向定好，然后像创业一样，让每个地方政府、每家企业有自己选择的机会。比如说现在我们国务院的人工智能文件说人工智能特别重要，这是经过非常多研究的。因为政府政策的效果太强大了，所以政府通常会看清楚赛道后再选择。

还有就是在选择产业的时候，我觉得政府也很明智，我不要来挑公司，我也不要来挑领域的细节，我不知道哪一种算法最好，我也不见得最懂哪一个领域最好，这些由专家来做。所以就会有几种做法，一种就是用引导基金的模式来帮助风险投资公司能够更快募资，这样风险投资公司可以把时间花在投资而不是募资上，而且在政府认可的领域可能会有一些让利，让风险投资公司更愿意进入，可能是风险较高的行业。这一点在人工智能领域体现得不明显，但是在早期投资是可以得到这类奖励的。第二个，中央政策是让地方政府跟国企判断自己的能力。美国人常常以为，在中国政策一下来后就什么都由中央包下来了，不是这样的。当中国政府说人工智能很重要的时候，也许南京看到高校有好几个厉害的人工智能方向的教授，那干脆以这些教授为核心技术力量弄个人工智能创业园；重庆可能会说我们制造业很强，要不要引进一些人工智能公司来帮我们把制造业做好；都是非常有针对性的。

还有最后一点，对于任何一个科技项目的退出，中国政府采取的一般方法是鼓励先尝试，成功了让它快速成长。如果有问题，会及时采取措施。我们可以看到移动支付的例子。政府不会阻止，让它跑一跑，后来没出问题就让它走下去。但是如果出了问题，比如说加密货币，就会来管了。所以我觉得政府是非常务实的，让技术尽量推动技术，愿意尝试新技术。如果一个政府的执行力不够强大，那就是另外一回事了。在美国，我们说先试一试，试一试出了问题到时候再来管，管的速度跟执行力跟个上，真的出了问题再来管可能有点来不及了，所以这也是中国跟美国的一个很大的差异。

问：一些科学家认为在中国，政府比较后置，就是除非看到了这个产业特别明确的前景才会去推动它。他们认为这样可能会丧失一些先发制人的机会，更重要的还在于投资基础研究。

答：这么说我觉得有它的道理，但是中国政府这么做更有它的道理。如果把所有的资源都用于去争取未来的诺贝尔奖，可能也可以得到一些成果，但实际成果要转换成经济价值可能要15年还不止。你看一个诺贝尔奖得主，他往往是凭二三十年前的工作得奖的，而那个工作可能也需要15~30年才能开花结果。如果我们把资源全部放在基础科研上，经济的实际效应可能是一个滞后15~20年的状况。当然我觉得基础研究肯定还是要做的，要不然长期还是会面临竞争力的问题，但是要赶上美国的基础和成就，可能是一件需要50~100年的事情。

还有一个教育的问题，即便你花了钱也不见得能够达到效果。之前有个突破科学奖的颁奖，华人的比例是非常高的。但是很多杰出华人科学家都是在美国受的教育，杨振宁、李政道、丁肇中等，无论之前是在大陆还是台湾受的教育，最后都还是到美国。我觉得这就是环境的欠缺造成的。所以不只是说把钱要放到科研上，还要让每个高校有重视科研的心态，让年轻教授有能够崛起的心态，整个管理方法可能要更开放，给教授更多的决策权，门槛要更高，要采取国外的这种淘汰制度。美国高校名校里助理教授进去，可能只有一半能够拿到终生教职。这种种建设都是需要时间的。当年德国拥有全世界最好的科研大学，美国赶上也花了七八十年的时间，所以，这些事情要做起来，需要经费、需要环境、需要资源、需要制度的各种推进。我非常同意投入资源做基础研究，但是肯定不能把全部的资源拿去做这个，因为这个是长周期的，50年到100年的。我们刚才讲的那些创新创业产生经济价值，真的是一个 10 年周期的。尤其人工智能现在的投入，我们 10 年都不用，5 年之内可能就可以看到成果了。所以我觉得，任何一个政府把更多的经费放在确定的 5~10 年周期的事业上，也有部分经费放在 50 年周期的事情上，都是一个很合理的比例。

问：硅谷的成功，很多人都归因于斯坦福大学，您对教育一直投入很多，跟中国大学生也一直保持很密切的交流，那么您觉得中国高校在扶持创新创业方面有哪些亟待克服的挑战？

答：我觉得有些事情要改很难，因为这是一个制度的问题，是一个如何考虑基础和应用的问题。最近创新工场联合教育部、北大做了一次人工智能培训，我们来教中国的 100 名高校老师怎么去教人工智能。我们的看法是，中国肯定需要顶级的人工智能老师，也需要应用层面的人工智能。老师教学生，学生毕业后，不是每个人都会去做教授的，很多人会去创业，或者去 BAT，或者到跨国公司工作。我们觉得这些人在学校接受的人工智能教育是不够的，所以就开了一个人工智能应用人才的培训，教会老师如何去开人工智能应用的课，因为这才是业界最需要的。

问：从全球化角度，您对中国科技公司有什么建议？

答：我觉得 BAT 在美国大概在做两件事情，第一个是把研发机构设在这里，因为美国人才比较多。第二个是在美国做一些科技投资，等于是布局跟硅谷学习，但他们的市场一直是走"一带一路"的线。所以我会这么看中国科技公司的市场，一个是标准的城市白领市场，跟美国的用户是比较接近的；为这些用户打造产品的公司，比如说搜索、社交或者是电商，它们很难走进已开发的国家，比如美国、欧洲、日本、加拿大等。因为这些国家都已经被美国公司的势力占领了，而且已经习惯性用美国公司的产品，所以这些市场本来也是进不去的。

但有意思的是，中国另外有一些市场成长起来。比如快手、抖音、Vivo、Oppo、拼多多的用户，有三四线的小城青年、有四五线的中年妇女，可能还有一些乡村的用户，他们的用户特点其实跟东南亚、中东、非洲地区的人群有契合度。所以很多中国公司现在都在发展这些国家和地区的业务。中国的互联网是大体领先这些地区的，领先非洲可能五年，领先东南亚可能三年，领先印度可能一年。而美国的软件并不见得很适合这些国家的用户，因为这些用户的网龄比较短、比较年轻、比较娱乐化、比较社交化、比较需要消磨时间，对这些用户，美国人是不太懂的。所以你把谷歌、脸书这些产品弄去给这些用户用，他们会觉得很烦，抖音用起来多爽，所以中国的一些产品天然是给上述这些国家和地区的消费者使用的，我们必然会得到外销市场的成功。

后 记

写作本书的时候，中美贸易摩擦正愈演愈烈。中美贸易委员会主席克雷格·埃伦在斯坦福大学的一次研讨会上直言："这不是一场贸易战，这是一场科技战。"从限制留学生和访问学者签证，到通过更严格的外购投资审查法案，再到对华为、中兴等中国公司挥舞起"制裁"大棒，美国从人才培养、技术输出、资金流动等多方面打出了遏制中国科技发展的"组合拳"。

为什么似乎突然之间，美国对中国的科技发展如此警惕？一名长期在美国商务部工作、代表美国政府参与WTO谈判事务的退休官员表示，面对发展中的中国，美国人"害怕了"。她1994年第一次到中国，2017年第二次到中国，完全被中国的发展所震惊。很多美国人有这样的体会：这十多年来中国的成就是惊人的。中国的体制被证明是成功的，并且也将会持续成功。由于担心中国对美国霸主地位构成威胁，美国对中国的打压就是不可避免的了。

虽然中美关系的演化还有待观察，但长远来看，中国创新能力的发展，事关中国能否突破发达国家的技术封锁，事关能否转变经济发展方式和实现经济结构调整，事关能否进入高质量发展和跨越中等收入陷阱，也事关能否实现中华民族复兴的伟大目标。

研究硅谷这个人类历史上最成功的科技创新之都，无疑对促进中国的创新驱动发展有强烈的借鉴意义。在加州大学伯克利分校访学的一年间，我采访了上百名硅谷的建设者、学习者和研究者，他们都从各自的角度分析了硅谷成功的秘密。

正如本书一再强调的，硅谷成功的秘密在于其成功建立了一个完善的区域创新生态系统，在这个生态系统中，各个组成要素既都充满创新的活力，又相互协调配合，创造了一个让创意源源不断迸发的活跃体系。在这个过程中，大学、企业、政府、资本，以及支撑硅谷的律师事务所、咨询公司等，形成了一套自己的方法论。本书就是总结这些方法论的一种尝试。

值得注意的是，并非硅谷的所有做法都可以直接复制到中国使用。正如中国近几十年经济发展的巨大成功，从来都不是靠套用某个西方经济理论或者模仿哪个地区的发展而取得的，而是中国人民在借鉴先进经验的基础上，靠实践和不断思考探索出来的独特道路。同理，中国也应该走出一条契合本国实际情况、具有中国特色的创新发展之路。

如果本书能够对中国的科技创新探索提供一些启发，那么这个研究也就值了。

马晓澄

2019 年 9 月于硅谷